박승극 문학전집 · 2
수 필

박승극 문학전집 편집위원회
김재용 · 김학민 · 용환신 · 이덕규 · 홍일선

학민사
Hakmin Publishers

{ 박승극 문학전집
{ 편집위원

- 김재용 (문학평론가 · 원광대 교수)
- 김학민 (칼럼니스트 · 학민사 고문)
- 용환신 (시인)
- 이덕규 (시인 · 노작홍사용문학관 관장)
- 홍일선 (시인 · 한국문화평화포럼 회장)

박승극 문학전집 · 2

초판 인쇄 | 2011년 12월 10일   초판 발행 | 2011년 12월 15일   지은이 | 박승극
엮은이 | 박승극 문학전집 편집위원회   발행인 | 양기원   발행처 | 학민사
등록번호 | 제10-142호   등록일자 | 1978년 3월 22일   주소 | 서울시 마포구 합정동 373-4 성지빌딩 715호(121-897)
전화 | 02-3143-3326~7   팩스 | 02-3143-3328   홈페이지 | http://www.hakminsa.co.kr
이메일 | hakminsa@hakminsa.co.kr   ISBN 978-89-7193-204-9(03810) , Printed in Korea

- 잘못 만들어진 책은 구입하신 서점에서 바꿔드립니다.
- 저자와 출판사의 허락없이 내용의 일부를 인용하거나 발췌하는 것을 금합니다.
- 책값은 표지 뒷면에 있습니다.

이 책은 화성시문화재단의 지원금으로 제작되었습니다.

『박승극 문학전집·2』를 펴내며

이 땅의 문학인들에게 해방은 분단의 대단원을 알리는 아픈 단초에 다름아니었다. 그리하여 반세기를 넘어서도 치유되지 못하고 있는 민족의 분열은 문학을 포함한 예술분야에 자폐적 불구상황을 초래하여 곳곳에 거대한 진공지대를 만들어 놓았다. 그리고 그 진공지대에 박승극의 문학 또한 오랜 세월의 푸른 이끼를 쓴 채 폐사지처럼 아프게 누워 있는 것이다.

해방 전후 가파른 민족문학전선에서 탁월한 리얼리스트로서 민족모순의 정곡을 찌르는 예리한 필봉으로 소설 창작과 문학평론을 펼쳤던 박승극 선생은 그렇게 돌보지 않은 채 철저히 유폐되어 있었던 것이다.

이제 우리의 가슴과 시각 속에서 망망히 잊혀져 버린 박승극 선생의 문학을 복원한다. 『박승극 문학전집』은 전 3권으로 구성되어 있는 바, 제1권 소설 작품집에 이어 이번에 발간하는 제2권에는 박승극선생의 첫 수필 작품집인 『다여집』과 1948년 입북 직전까지의 당대의 '소설'적 현실보다도 더 핍진한 실록체 산문들이 수록되었다. 이 작품들은 엄혹한 일제 하에서 수탈받는 농민들과 무산대중, 그리고 작가 자신을 비유한 듯한 '주의자' 들의 고민들이 근기지방 특유의 풍속과 인정이 혼융되면서 당대 농민문학의 진경을 보여준다.

더불어 2012년에는 박승극 선생의 오래된 미래이면서 고향인 문학평론집이 발간될 것이다. 1920, 30년대 박승극 선생의 활동을 증언하는 김시중 선생과, 박승극 선생의 귀한 사진을 제공해주신 정영진 선생에게 감사드린다. 아울러 박승극문학전집 발간을 지원해준 화성시문화재단에 깊은 감사를 드린다.

2011년 11월
박승극 문학전집 편집위원회

차례

『박승극 문학전집·2』를 펴내며 …… 3
일러두기 …… 8

제 ❶ 편 다여집多餘集

고독孤獨 …… 11
나환자癩患者 …… 13
천곡 방문기泉谷 訪問記 …… 15
생사生死 …… 40
거지 …… 42
작부酌婦 …… 44
기구羈拘 …… 47
기만欺滿 …… 49
노상수어路上愁語 …… 51
악몽惡夢 …… 58
감상感傷 …… 61
열녀烈女 …… 63
산촌의 일야一夜 …… 65
보석寶石 …… 73
성의誠意 …… 75

일전―錢 …… 77
우슨 사람 …… 79
허황虛荒 …… 82
집배인의 사死 …… 84
노배달부老配達夫 …… 86
생명보험 …… 88
설 …… 90
망월望月 …… 92
여행하고 싶은 마음 …… 94
치악기행雉岳紀行 …… 96
「시대와 문학」에 대하여 …… 114
꾀꼬리는 울건 말건 …… 120
이전생梨專生의 자살自殺 …… 123
청년이여! …… 125
과세 잘 했느냐? …… 127
불안기不安記 …… 130
소련 반간부파의 처단 …… 133
그 시절의 단발령 …… 136
귀향歸鄕 …… 140
옛 벗에게 …… 147
배재培材와 조선과 나 …… 150

야행차夜行車의 풍경·기타 …… 152
영천잡기永川雜記 …… 157
원고료와 묘표墓標 …… 161
불타는 불만 …… 164
호남의 풍경 …… 165
비장悲壯의 춘절 …… 168
작가시간표 …… 170
삼방폭도행三防瀑布行 …… 172
사회·인생·자연 …… 177
사파잡기娑婆雜記 …… 184

제2편 농촌기農村記

마음 속에 묘苗를 심어 …… 195
맹꽁이배들 …… 199
요술쟁이 왔던 날 밤 …… 203
김씨부인 이야기 …… 206
기러기 날아오고 …… 211
고구마 …… 218
강남제비 돌아오면 …… 221
공의公醫는 자전거를 타고 …… 226

전두田頭에서 …… 229

제3편 농촌수필農村隨筆
• 번역_신일철

개구리蛙 …… 235
참외瓜 …… 243
스님僧 …… 259
쌀米 …… 271
묘墓 …… 284
목화綿 …… 295
등燈 …… 299
가마니叺 …… 308
풀草 …… 317
소牛 …… 323
토끼兎 …… 328
흙土 …… 333
물水 …… 338

• 해제 _ 유격적 쟝르로서의 수필과 우회적 저항 · 김재용 …… 347
• 박승극 연혁 · 홍일선 …… 353

일러두기

1. 『박승극문학전집』 제2권은 발표 당시의 문예잡지, 신문 등을 원본으로 삼아 편집하였다.
2. 게재 당시의 원문을 그대로 살리는 것을 원칙으로 하되, 오늘의 독자들을 위하여 현재의 맞춤법에 따라 표기하였다.
3. 문장 지문은 표준어를 기준으로 삼되, 해방 전후 근기지방의 사투리나 속어는 그대로 살려 작품의 원래 의미를 보존하였다.
4. 문장 대화는 원문을 그대로 살려 근기지방 특유의 언어, 문화, 풍속 등을 지속적으로 보존하도록 하였다.
5. 한글 표기를 원칙으로 삼되, 근래 사용하지 않는 단어, 옛 지명, 인명 등 부득이한 경우 괄호 속에 한자를 병기펴내하며 이해를 돕도록 하였다.

제1편 다여집 多餘集

일러두기

이 「다여집(多餘集)」은,

1. 다여적(多餘的) 생활의 소상이라고 할 인생에 대한 것만을 골라 모은 것인데,
2. 대부분 신문잡지에 발표되었던 것이며,
3. 연대(年代)의 역순(逆順)으로 배열한 수상(隨想)·기행집(紀行集)이다.

1938년 6월 저 자

고독 孤獨

고독은 깨끗하다고 한다. 나도 고결(高潔)한 줄을 알고 사랑하였다. 그러나 이 고독처럼! 고독처럼! 오늘날, 나는 고독에 못 견디어 혼자 한숨짓고, 성내고, 괴로워한다.

아, 아, 아- 고독이여!

대지는 광활(廣闊)하다고 하나, 발 한 자욱 마음대로 떼어 놀 곳 없다. 우주는 활한(活瀚)하다고 하나, 숨 한번 크게 내쉬기 어렵다. 창생(蒼生)은 억조(億兆)라고 하나, 속 털어 놓고 말 한 마디 할 사람 드물다.

아, 아, 아- 고독이여!

믿었던 것은, 나종에 보면 딴판이 되고.

마음 붙일만한 일은, 거의 절망이고.

그 위에, 사회보다도, 정치보다도, 인생이라는 것이 머리를 아프게 하고.

문학이라는 것도 뜻대로 안 되고.

아, 아, 아- 고독이여!

굳은 신념(信念)까지도 얇아간다. 희망의 불길은 꺼지려 한다. 오래지 않아 식은 재가 될는지도 모른다. 고독의 정신! 이것만이 나를 지배(支配)하고-. 그러나 나의 자신조차 나의 믿음을 배반(背叛)치 않으면 안 되게 되는 것이….

아, 아, 아- 어찌 고독에만 그칠 것이냐?

필부(匹夫)의 고독을! 넋 잃는 고독을! 호소할 곳이나 있느냐? 없다! 아마 지상에는 없으리라.

아, 아, 아- 이 절애(絶哀)의 고독을 어이 할 것이냐?

(1938년 5월)

나환자癩患者

    연전, 나는 시마키 캔사쿠(島木健作)의 「라(癩)」라는 소설을 읽으면서 예리한 면도칼날에 부딪치는 것 같은 감(感)을 느낀 일이 있다. ㅇ에 있는 나환자! 또 폐병환자! 다른 사람에게 비하면 몇 만 배나 더 쓰라린 생활!

    일전에, 호죠 타미오(北條民雄)의 「도화지거(道化芝居)」라는 소설을 읽고 보다 갑갑한 '어떤 캄캄한 깊은 곡간(谷間)'에 다다른 것 같은 기분을 맛보았다. 다 같이 과거의 희망에 불타던 그들! 이제 한사람은 생활고에 허덕이고, 또 한사람은 문둥이라는 불치의 고질(痼疾)에 얽매고…

    여기서 그들의 초민(超敏)한 혼(魂)은 더욱 날카로워졌다. 그들이 다방에서 주고받고 하던 말! 아, 아, 아! 인생은 단지 허무한 것으로만 단정해야 옳을 것인가?

    아! 문둥병자의 고백에 나의 머릿속은 폭탄을 맞은 것 같았다. 폭탄인들 이보다 더 무서울까?

    일찍이 들으니, 이 소설의 작자는, 나환자라고 한다. 과연, 그럴 일이다. 자신이 그렇지 않고서야 그렇듯 심각하게 쓸 수 있으랴? 그러나 그는 천재였다. 천재인 작자는 그예나 세상을 떠났다고 한다. 이 소설에 나오는 '辻'이라는 나환자와 같은 최후를 마치었는지는 알 수 없으나, 어쨌든 그런 소설을 쓸 만큼 혼이 시달렸으니, 몸이 더 지탕키 어려울 것은 사실이다.

나는 그처럼 불쌍한 나환자는 아니다. 핏속에는 아무런 무서운 균(菌)이 섞여 있지 않다. 피가 깨끗하다는 것은 신뢰하는 의학박사의 설명까지 있다. 그러나 나의 혼만은 어찌 그 나환자보다 더 건전타 할 수 있으랴? 이, 부끄러운 일일까? 애처로운 일일까?

'행복과 자유를 전부 잃어버린 때에 비로소 인간은 인간이 된다.'

그러나 나는 아직도 인간을 모른다.

그럼으로써 나의 고민은 인생에 대하여 체관(諦觀)한 나환자보다도 더한 것이다.

- 아! 나환자 아닌 나환자! 나의 혼이여!

(1938년 5월)

천곡 방문기 泉谷 訪問記

- 최용신(崔容信)양의 유적을 찾아 -

해변의 일

오정(午正)이 좀 넘어서였다. 봄볕은 다소하나 바람이 모지게 분다.
'아마, 바닷가라 그런가 보다?'
나는 R씨와 나란히 서서 레일 위를 걸으며 해풍이란 말을 생각하였다.
바람이 품속으로 자꾸 기어든다. 제법 치운 기가 들었다.
'봄에 봄철 옷을 입은 탓은 아니언만?'
봄바람이 치마 속으로 들면 시굴 색시가 난봉난다는데, 만일 이런 바람이라면, 어떤 난봉날 충동은커녕, 연약한 살(皮膚)에 치위만을 느끼게 할듯하다.
"어째 이리 바람이 심해요?"
양복윗저고리 단추를 끼면서, R씨에게 물었다.
"글쎄? 오늘은 웬일일까?"
"다른 땐 이렇게 불지 않나요?"
"아니요. 다른 때는 괜찮아요."

"바닷가라 그렇잖을까?"

"아니, 어디나 마찬가질 걸."

R씨는 단장을 휘휘… 저으며 간단히 대답하는 것이었다.

'이 양반이 벌써 바다 살림에 무져진 모양인가?'

바람 부는 것을 아무렇지도 않게 여기는 것은 필연코, 해풍을 쐬는데 익은 때문일 것이다

바루 해변에 오뚝- 하니 집 한 채를 짓고 외로운 생활을 하는 이 탈속한 지주, 기벽(奇癖)의 사(士)를 다시 한 번 쳐다보았다.

철로(鐵路)를 놓은 지가 일천(日淺)하니까, 레일도 새롭다. 발자국을 띠어 놀 적마다 달가닥… 소리가 난다.

마침, 하물차가 기적소리 한마디 없이 앞으로 달려온다.

바람소리에 기차 오는 것을 알지 못했던 우리는,

"하마터면!" 하고, 재빠르게 철로 뚝 아래로 내려섰다. 차돌로 쌓아올린 것이라, 구두가 말을 듣지 않아 미끄러질 뻔했다.

"빼- "

기차는 우리를 지나쳐 놓고서야, 방정맞은 소리를 치는 것이다.

우리는 도루 뚝 위로 올라섰다.

하루에도 몇 번씩 갔다 왔다 하는 철마!

억센 조수(潮水) 밀리는 소리, 또한 뱃사람들의 우렁찬 뱃노래와 구슬픈 북(鼓) 소리, 그리고 바닷새의 와각어리는 소리만이, 원시적인 이 포촌일대를 뒤흔들던 것은, 어느덧 과거의 일이 되어버렸다. 근대 과학문명의 소산인 철마의 함성은 이 모든 소리를 능가하고야만 것이다.

대자연은 정복된다. 인간생활은 유변(流變)한다.

사람들이 겨우 통행하는데 족했을 좁은 길이 훤- 한 신작로로 변해

지고, 밭과 논과 산 가운대에 무지꿍 철로가 놓일 줄을 이곳 백성들은 어찌 꿈에나 상상인덜 했을 것이냐?

　해안선을 끼고 부설(敷設)된 철로는 물론 돈 벌기를 첫째의 목적으로 한 것이리라. -배로 가는 승객과 하물을 끌기 위한. 그만치 고기나 잡고, 농사나 짓는 이 땅 인민들의 생활상에 격변을 일으키게 된 것이다.

　'아! 유동변천(流動變遷)하는 인간사회의 종국(終局)은 어떤 것일까?'

　나는 그것이 궁금했다.

　"또 걸렸군!"

　R씨가 중얼대는 바람에 앞을 쳐다보니, 철도 공부(工夫) 수삼인(數三人)이 웅기중기 서서 무엇을 하고 있다.

　'창피하게 봉변(逢變)이나 당하지 않을까?'

　철로 위로 걸어가다가 공부(工夫)에 붙들려 매를 맞고 똥오줌을 쌌다는 내 동네사람의 생각이 불연듯 났다.

　"괜찮을까?"

　"글세?"

　우리는 사내답지 못하게, 그러나 앞이 꿀리니까 하는 수없이 뚝 아랫길로 내려섰다.

　공부(工夫)들은 물끄러미 쳐다보더니만, 아뭇말 없는 것이다.

　'우리가 양복을 입은 탓인가? 그렇다면 양복 덕을 보는 것이로군?'

　세상일이 우스웠다.

　그들 옆으로 지나가도 힐끗 쳐다보고 그만 두는 것이다.

　우리는 지렛길로 들어섰다.

　솔나무가 다북- 한 얕은 산. 산 아래서 보리밭을 매고 있던 사람이 호

미를 쥔 채 일어서며,

"아, 오서요?"

하고 R씨에게 반가이 인사를 한다.

보리 싹은 파랗다, 그의 얼굴은 누렇다.

'이분의 소작인(小作人)인가? 그렇지 않으면 이분을 존경하는 사람인가?'

여기까지 올 동안, 보리밭 매는 사람들을 만날 적마다, 공순한 인사를 받는 R씨에 대하여 마음속으로 생각해보는 것이었다.

"훙, 훙, 훙… 밭 매쇼?"

R씨는 그 농민의 인사를 다정스럽게 받었다.

사(死)의 가(家)

잔디 덮인 산. 적은 소나무 사이로 납짝납짝한 묘들이 쪽 깔리었다. 말할 것 없이 임자 없는 고총(古塚)들이다.

'뱃사람들이나 가난한 농사꾼들이 되는대로 살다가 되는대로 죽어 파묻힌 것이리라.'

이 무명의 인간들이 단 하나 최후로 남긴 흙덩이조차 불쌍해 보였다.

누구다 다 자기가 묻힌 땅은 가졌다는 성자의 말이 틀린 수작은 아닌 것 같다.

간곳마다 이런 고총들이 많은 것을 볼 때, 나의 마음은 비할 데 없이 서글프다. 사람들은 무엇을 하려 끊임없이 살고 죽고 하는가?

그러나 사람이 나서 그처럼 초라한 최후를 남길진대 차라리…

태고 적부터 인간은 자연과 싸우고 인간끼리 싸우고 하면서 살아왔다, 또 죽어버렸다.

지금도 여전히 그렇다.

'대체 생사의 진리는 무엇이란 말인가? 아! 허무한 인생이여!'

"참, 거기 모이가 많다."

나는 부지중 외쳤다.

"그래요."

R씨는 기계적으로 대답하는 것이었다.

내 마음 속을 그는 알지 못하리라.

산등성이에 올라서니, 올망졸망한 초가집들이 보였다.

저 사람들의 살고 있는 집이 또한 죽어서 묻히는 묘보다 무엇이 나을까? '사(死)의 가(家)' 그들의 생활! 사는 것이나 죽는 것이나 무의미하기론 마찬가지가 아니냐?

"아, 어짠 출입이서요. 하하하."

다 쓰러진 집 앞에서 수숫대로 울타리를 치고 있던 사람이 반기며 R씨에게 인사를 하는 것이다.

이 불쌍한 백성, 또한 삶이 죽엄보다 더 날 게 무엇이랴?

그러면 나는 사의 찬미자란 말인가? 그럴까? 그러나 아니다, 아니다, 결코 그런 것이 아니다.

"여기가 천곡(泉谷)이요."

R씨가 단장을 짚고 서서 하는 말이다.

나도 한숨을 돌르고 우두커니 섰다.

한번 보아 샘골(泉谷)이란 이 동네는 황폐할 대로 황폐한 빈촌이다. 그리고 근 수십으로 헤아릴 호수(戶數)의 조그만 한촌(寒村)이다.

맞은 편 산 고개에 우뚝 서있는 함석집. 이것이 고 최용신 양이 남겨놓은 '천곡강습소(泉谷講習所)'라는 것이다.

동네 맨 끝 철로 옆 창송(蒼松)을 끼고 있는 회벽한 집 '도데라(縕袍)'를 입은 노인이 거기로 들락거린다. 그 집 담 뒤에서는 두루마기를 입은 남자와 치마저고리를 입은 신여성들이 한데 어울려 왔다 갔다 한다.

우리는 마을 가운데로 내려갔다.

R씨는 동네사람의 인사를 받으면서 앞서 걸었다. 나는 그 뒤를 따라갔다.

동네가운데 들어와 보니 더 쓸쓸한 기가 돈다.

곧장 강습소로 올라갔다. 이미 하학을 해서 청소당번 아이들 몇 만 남아 있을 뿐 괴괴하다.

"저기 저게 최의 묘요."

R씨는 교사(校舍) 뒤로 돌아가서 건너편을 가리키는 것이다.

"아, 저것!"

봉긋봉긋한 묘가 꽉 들어찬 공동묘지 꼭대기 한복판에 조그만 비석 하나가 홀로 수호하고 있는 한 테미의 봉분!

이것이 미완성 성녀가 묻혀있는 슬픔의 '가난복지(福地)'다.

나와 R씨와 미완성 성녀(聖女)와…

샘골(泉谷)은 수원군 반월면, 서해안에 연해 있는 농촌으로서 수년 전 고 최용신 양이 생명을 걸고 계몽운동을 하던 곳이다.

당시 각 신문 잡지에 단편적으로 소개된 일이 있고 고 심훈(沈薰)씨가 이곳에서 취재하였다는 장편소설「상록수」를 써서 낙양(洛陽)의 지가(紙價)를 올린 일이 있으므로, 조선의 대부분의 지식분자들은 이곳을 기억할 것이다.

내가 여기를 찾게 된 것은 전부터 욕심내던 소설 재료를 취하기 위해서이다.

실상은 최가 살았을 때 R씨가 한번 놀러가자는 것을 나는 거절하였던 것이다. 전같이 농촌의 일을 질겨 찾아다니는 판이라면, 물론 흔연히 갔을 것이지만, 그때 나의 서리 맞은 생활은 고민으로 일관하여 그런 데에 여념이 없었으며, 또한 생각만은 그러한 나로드니크적(的) '사업'을 찬성치 않는 울트라였기 때문에, 그저 한 기특한 여성, 젊은 급진적 기독교 신도의 기분으로만 여기어 경멸(輕蔑)히 보았던 것이다.

그러나 최가 죽은 뒤 시세(時勢)는 더 엄청나게 변했다. 나의 생각조차도 이것의 영향을 받지 아니치 못했다. 다만 '문필을 드는데 충실하자!'고 애썼다. 그때 최용신이 문학작품의 훌륭한 주인공이 될 수 있고, 또 그 사적이 거대한 스케일의 테마가 될 수 있다는 것을 발견하였던 것이다.

나는 재능이 부족하면서도,

'그것으로 소설을 하나 써보았으면…'

하고 별렀었다

별러오던 중 심훈의「상록수」(동아일보)가 나왔다. 차차 읽어보매 '청석골'이 '샘골'이요, '채영신'이가 '최용신'이라는 것을 알 수 있었다. 나는 그만 단념해 버리었다.

그 뒤 나의 소위 문필생활은 위미부진(萎微不振)하였다. 이렇다할만한 작품 하나도 내놓지 못했다. 처음 기획을 바꾸어 보다 큰 스케일의 장편소설을 하나 쓰기는 했으나, 아직껏 세상에 내놓지 못한 것이다. 그것이 즉 이번에 출판할랴다가 못한 「희망」(제1편)이란 소설이다

근간 '쓰지 못하는 문학가'가 된 나는 정체된 문학수업을 어떠한 방식으로나 재출발코자 고심하는 차다.

나는 지금 내가 품고 있는 '생각'을 만인의 앞에 숨기고 싶지 않다. 첫째 나는 이 땅에서 살지 않으면 안 되는 자이므로 뻔한 이 사실을 카무플라즈할 수 있으며, 또 한덜 무엇하랴? 보다도 나는 그런 능수(能手)의 인간이 아니다.

이번에 천곡을 찾은 것은 무슨 특별한 농촌문제에 관심이 있어서라거나, 또는 어떤 딴 일이 있어서가 아니라, 단지 작품의 재료를 얻기 위한 때문이라는 것을 여기에 명시해 두는 바이다

각설. 나는 여러 해 만에 만나는 R씨와 서정(敍情)하다가, 문득 천곡의 소식을 물었던 것이다.

R씨로 말하면 그만해도 십년이 지난 그때부터 친교가 있는 분이다. 그는 이곳에서 유수(有數)한 지주로서, 기독교적 교육사업에 많은 공헌이 있으며, 내가 알기에는 이상한 성미를 가진 분이다.

그와 친하기는 하나 그의 참마음을 알 수 없는 이상한 사람이다. 그러나 어디로 보든지 세태가 변한 오늘에도 구정(舊情)만은 잊지 못할 그와 나와의 사이다. 나는 그때 그의 읍내 집에서 식객노릇을 하였다. 미안스러운 생각은 언제나 잊히지 않는 것이다.

그가 이 해변으로 이주를 했다는 말은 벌써 들었지만 한번 찾아가보지도 못하던 차에, 이번 우연한 가사(家事)로 이 부근까지 왔다가 배방(拜訪)할 기회를 가진 것이다

"어째 이런 바닷가로 이사를 했습니까?"

나는 그의 심정을 알 수 없어 이렇게 물었더니

"그저 그랬지."

또한 알 수 없는 대답이다.

'필연 첫째는 자기의 영지를 근거로 돈을 벌기 위해서이겠고, 둘째는 해변생활에 취미가 있는 때문이겠지?'

나는 나 혼자 뜯어 생각했다

"그저 그랬다니?"

그러나 다시 한 번 물어 보았다.

"뱃놈이 이런 데가 좋지. 흥흥흥…"

"뱃놈이라니? 배불이쇼?"

"흥흥흥… 세상이 다 귀찮아서 은둔생활을 하러왔소. 흥흥흥…"

여전히 알 수 없는 말이었다.

'그런 성미는 변하지 않았군.'

그의 신변에 대하여 더 묻고 싶지가 않았다.

그렇지만 그의 그런 성격이 구수하도 했다

이에서 천곡 이야기가 꺼내진 것이었다.

R씨가 고 최용신 양의 사업을 위하여 독지(篤志)의 파트롱, 아니 유일의 고문(顧問)이었다는 것, 또 천곡강습소의 전적인 책임자였다는 것, 최의 사후에 친딸을 장사지내듯 도맡아보았다는 것, 따라서 최용신 양의 인간으로서의, 사업으로서의 세밀한 것까지 모두 다 알게 되었다. 또한 천곡 일대의 상태와 그 후의 천곡강습소의 형편을 들어 알았다.

비로소 심훈씨의 「상록수」의 여주인공 채영신이가 최용신과 다른

인물이라는 것과, 남주인공 박동혁이가 최의 애인과도 다르다는 것을 간취(看取)하였다

　최용신은 유족(裕足)한 생활을 하는 양반 가정에 태어났으며, 미인이 아니라 박박 얽은 곰보였다. 그의 애인은 박동혁과 같은 씩씩한 청년이 아니라, 상인 출신의 심약한 사나이였다. 그들의 사랑에는 비애가 얽히었었다.

　나는 「상록수」보다 훨씬 재미있는 작품의 재료가 그대로 파묻혀 있구나! 하고 놀랬다. 위선 그것과는 주제의 설정부터 달라질 것이다. 사실 그대로만 기록한데도 하나의 르포르타쥬가 될 것 같다.

　"그럼 점 천곡을 구경할 수 없을까요? 여기서 멀잖지?"

　나는 바짝 마음에 당기었다. 전에 막연하게 소설 재료가 될 수 있겠다고 생각만 하던 것과는 다른 문학적 감흥의 용출(湧出)을 금키 어려웠다. 물론 R씨에게서 듣는 것만으로는 작품이 되지 못할 것이다.

　"글쎄? 바루 조긴데 멀기야 멀겠소만… 별것 없어, 예배당 허고, 학원 허고… 그저 그렇지. 하여튼 구경할 겸 가봅시다."

　R씨는 한참만에야 응답하는 것이다.

　나는 그의 주저하는 본의를 모른 바 아니다. '저 사람과 같이 가는 것이 어떨까?' 하는 그것을.

　"괜찮아요. 아무 일 없어요. 지금의 나는 그전의 내가 아니니까… 허허허…"

　"흥흥흥…"

　나도 웃고 그도 웃었다.

　R씨 역시 지금의 나의 심경과 처지를 이해치 못할 리가 없다.

　그리하여 우리는 최양이 애끼고 보던 사진첩을 그만 덮어놓고 천곡

방문의 길을 떠난 것이다.

인생이란?

솔밭 언덕을 내려가 논틀 하나를 건느면 공동묘지다. 잔디가 쪽 깔리었다. 주변에는 얕은 성이 둘려있고 전면으로는 파란 '지팽나무'들이 우거져 있다. 이것으로써 이승과 저승을 구별하랴는 것인가?

그러나 그 구별할랴는 인간들의 심리가 가소롭다.

앞으로 터진데 - 말하자면 저승 문 - 을 한 걸음 들어설 때 나의 감정의 칼날은 더 예리해졌다. 새파랗게 날이 선 면도칼날 같았다.

성안은 괴괴하다. '묘지와 같은 침묵'이라는 말이 옳다고 생각했다.

말없는 사람들의 집 - 묘. 쓴 지 오랜 것도 있고 혹은 갖 쓴 것도 더러 있다. 이 공수(空手)로 왔다 공수로 가버린 쓸데없는 인간들! 그래도 산 사람들은 죽은 사람들을 고히고히 땅속에 묻어줄 줄을 안다. 그것은 자기도 이와 같이 죽으면 고히 묻어달라는 예약적 의무심(義務心)의 장구한 발전에서인지도 모른다.

"내가 죽거덜랑 잘 묻어다구."

세속 사람들의 이 우언(愚言)을 들어보라!

어찌 고생을 하면서도 '안장(安葬)'을 염원(念願)하는 인간들의 비애가 아닐까 부냐?

'어리석은 인간들이여!'

나는 아무런 해 놓은 것 없는 흙테미들을 지나 맨 꼭대기의 묘 앞에 마음을 가다듬고 섰다

농촌사업가(農村事業家)　　지묘(之墓)
최용신선생(崔容信先生)

나의 고개는 잠깐 동안 숙여졌다.

똥그랗게 모아 놓은 봉분! 그곳에는 고추보다도 더 맵고, 돌보다도 더 단단하고, 샘보다도 더 깨끗한 마음세를 가졌던 미완성 성녀 최용신이가 들어 있는 것이다.

최후의 유언의 하나로서 자기의 시체를 강습소 부근에 묻어달라고 했기 때문에, 공동묘지기는 하지만, 강습소에서 가장 잘 보이는 이곳에 매장한 것이라 한다.

생명을 걸고 일하던 그도 자기의 몸을 귀중히 여기는 것은 다른 사람들과 마찬가지인 것 같다.

아! 사람은 살아서 지긋지긋하게 제 몸을 위하는 것과 같이, 죽어서도 굳이 위하고 싶어 하는 본능을 가진 것일까?

그러나 그 매운(烈) 용신이도 죽어지면 그만이다. 우리가 여기 온 것을 알 수 있을까? 내가 지금 생각하는 것을 알 수 있을까? 그처럼 애쓴 강습소가 저기 서 있다는 것을 알 수 있을까? 아니 자기가 이 쓸쓸한 곳에 썩어진 뼈 부스러기 채로 묻혀 있는 것조차 알 수 있을까? 아, 아니다. 모두 다 모를 것이다.

'그러기에 옛사람도 인생은 허무하다고 말한 것이겠지?'

다시금 어리석은 인간이나 똑똑한 인간이나 죽엄 앞에는 동일한 것을 생각하매 눈앞이 캄캄해진다.

'인생이란 이다지도 무력한 것일까?'

머릿속이 꿈을 꾸는 것처럼 몽롱(朦朧)하다.

"이 비(碑)는 여자 기독청년회에서 돈 십원이나 보내줘서 거기에 좀 보태 해 세운 거요."

R씨는 별다른 감상이 없는 것처럼, 평범한 어조로 우두커니 서 있는 나에게 이런 말을 하는 것이다.

"네, 그래요."

그러나 나는 그 비문이 마음에 들지 않았다.

'농촌사업가 최용신 선생'이란 이 얼마나 평면적인 모욕적인 명사(命辭)냐?

농촌사업가란 만일 그가 살아서 이 말을 들었다면 평소에 추락(墜落)된 기독교에 대한 항쟁을 하던 것에 조금도 지지 않는 싸움을 했을 것이다.

그를 한 사람의 농촌사업가로만 볼 수는 없을 것이다. 그의 매운 가슴 속에는 커다란 야심(野心)이 잠겨 있었을 것이다.

또 그런 생각에서 생명을 걸고 일했을 것이다. 그가 철저한 기독교도였다는 것, 즉 세계관, 인생관은 별문제이다

'이 어떤 소견 없는 사람의 초안(草案)일까?'

하고 후면을 보니 '주후 1935년 1월 25일 조선여자기독청년회'라고 새겼다.

'참으로 머리를 쓸 줄 모르는 여자들이로군!'

나의 표정이 달랐든지 R씨는 자꾸 무엇을 그래너냐고 물어댄다.

차라리 '농촌사업가'니 무엇이니를 다 빼버리고 '崔容信之墓'라고만 했어도 나는 덜 섭섭했을 것이다.

상록수 없는 「상록수」의 묘

바람이 분다. 해가 서쪽에 기울어졌다. 저녁때도 거의 다 되었나 보다.

옆에 있는 무명의 묘에는 퍼런 잎이 우거진 상나무가 심겨 있건만, 최의 묘 앞에는 이 탐탁치 못한 적은 비석 하나뿐, 나무 한 주도 없다.

나는 이것이 또 섭섭했다.

심훈씨는 최용신의 피의 결정에서 재료를 얻어 「상록수」를 썼다하건만, 작자의 생전에 상록수 하나 심어주지 않았으니, 이 얼마나 무심한 사람이냐? 나는 지금이라도 오히려 그를 나무라고 싶다. 그는 원고료 오백원을 타서 어디다 썼는지 모르겠다.

'만일 최용신이가 그런 돈이 생겼었다면 어떻게 썼을 것인가?'

나는 이것까지 생각해보지 아니치 못했다.

심은 「상록수」를 쓰기 위하여 자기의 어떤 친척을 천곡에 보내서 최의 사적을 심문해갔을 뿐, 그후로는 몸소 발 한번 들여놓지 않았다고 한다. 아! 세상일이란, 사람의 일이란 모두 다 이런 것일까? 그만한 성의가 있다면 그처럼 소홀하게 되지는 않았을 터인데?

그러나 나는 작품으로서의 「상록수」를 여기서 폄(貶)하는 것은 아니다.

저 아래서 기적소리 들린다.

나는 그리로 고개를 돌렸다. R씨도 나 있는 옆으로 와섰다.

바다가 멀리 내려다보인다. 바닷가로 뻗친 산 밑에는 '2리(二里)' 역이 빤하게 서 있다. 역을 끼고… 굼틀거리는 것같이 보이는 검은 레일

이 깔렸고, 한들거리는 것같이 보이는 흰 전선이 걸렸다

"빼…"

기적소리 또 난다. 상여뚜껑 같은 적은 차가 달려온다.

'최가 살았을 때에는 저런 것도 없었으리라.'

과연 그때만 해도 이 고요한 바닷가에 저런 씨끄러운 것들이 단기지 않았다. 다만 벽지의 교통왕인 자동차가 천곡과 새 뜬 동네 앞으로 내왕했을 뿐이다.

최가 타고 서울을 다니던 그 자동차는 지금도 전과 변함없이 날마다 들락어린다.

그 동안 기차가 개통된 것과 같이 춘풍추우(春風秋雨) 4년이 지난 오늘날, 천곡은 엄청나게 변해 버렸다. 비록 상전벽해는 아니 되었다 할지라도, 그때의 정형을 찾기 어려울 만치 달라졌다고 한다.

지하의 최양이 만일 이것을 알 수 있다면 통곡해 마지않을 일이다.

우리는 다시 발길을 아래로 띠어 놓았다.

나는 '저승 문'을 나와서 꼭대기를 몇 번이나 돌아보았다.

언덕에서 재빠르게 내려오는 흰 저고리 검정 치마를 입은 신여성.

"저 사람이 최의 아우요. 오늘 자기 어머니가 와서 서울 간다더니 지금 자동차를 타러가는 모양이군."

R씨의 하는 말이다.

우리는 그와 막 달질리었다.

형의 사업을 계승한 아우! 나는 눈여겨보지 아니치 못했다. 사진에서 보던 최용신 양의 모습을 좀 닮았다.

'골육을 나눈 동기간이라 그럴 테지?'

그는 R씨와 몇 말 나눈 후 차탈 시간이 촉급(促急)해서 곧 달음질

쳐 가버렸다.

강습소와 예배당

우리는 산언덕 소나무 밑에 가서 섰다.

'최양은 여기서 무엇을 했을 것인가?'

눈 내리는 치운 겨울밤! 달 뜬 쓸쓸한 가을밤! 따뜻한 봄날! 더운 여름날!

그는 가슴 속 깊이 불타는 희망을 견디지 못해 주먹을 아서져라 쥐었을 것인가? 사업의 어려움을 애태웠을 것인가? 사랑의 난관을 괴로워했을 것인가? 인생의 무상함을 한숨지었을 것인가? 혹은 흐르는 땀을 씻으며 더위를 들였을 것인가?

소제당번 아이들이 뛰어다니고, 그들에게 섞이어 부잣집 맏며느릿감 같은 수더분한 여자가 천연스럽게 배회한다.

벽 밑에서 공기를 하던 계집애들도 치마를 툭툭 털며 일어섰다.

"목사님 계신가요?"

R씨는 그에게 인사를 받으며 대처 물렀다

"아마 서울서 온 손님들과 같이 신도 방문을 나스셨죠."

나는 아까 본 담 뒤에서 돌아다니던 한 남자와 두 여자가 그들 일행이라는 것을 직각(直覺)하였다.

"응? 아까 그분덜이러군?"

R씨는 고개를 끄덕이더니,

"저이도 선생이요."

하고 가만히 나에게 일러준다.

그와 용신의 아우 두 여성이 방금 천곡강습소의 교편을 잡고 있다.

최양이 죽은 뒤 여성기청에서는 손을 떼고, 또 간섭은 심하고 해서 부득이 교문을 닫게 되었었는데, R씨와 이곳 '농촌사업가'의 노숙(老宿)인 오오야마(大山)씨라는 일본 내지인과 제휴해서 오오야마씨가 책임을 지고 교섭한 결과 강습소는 그대로 계속하게 되었으며, 그후 오오야마씨는 아주 천곡으로 반이(搬移)를 하여 퇴폐한 천곡의 부흥과 강습소의 진전을 위해 노력한다고 한다. 용신 양의 유업은 이렇게 변모하였다. 아까 보던 동네 맨 끝에 있는 회벽한 집이 오오야마씨의 신주택이요, 도데라를 입은 노인이 곧 오오야마 영감이다.

이 사실 이야기를 들으면서 나는 많은 '흥미'를 느꼈다.

그런데 갸륵한 일은 용신의 아우가 형의 끼친 사업을 계승코자 멀리 원산에서 이곳까지 온 그것이다. 솔직히 말하면 그는 여러 가지에 있어 자기 선형(先兄)에게 미치지 못한다. 그러나 그 아름다운 마음! 어찌 상찬(賞讚)치 않을 수 있으랴?

그들 두 여성은 다 같이 여자 고보(高普)를 다녔다 하며, 가정도 유족(裕足)하다고 한다. 그러나 그들은 고생을 거리끼지 않고 용감히 발 벗고 나섰다.

정신없이 멋만 내고, 돈이나 써가며, 소위 학교라고 다녀가지고 타락의 길을 밟는 경망한 계집이나, 안락한 가정생활을 영위하는, 현대조선의 인텔리 여성 속에서는 그들이야말로 가위 군계의 일학이 아닐 수 없다. 여기에도 최용신의 혼은 살아있는 것이다.

그들이 이 사업을 용신의 그 수준에서 더 진전시킬 수 있느냐? 없느냐? 현재의 형편으로는 그 수준은 고사하고, 다분히 변질, 복잡다단하게 된 모양이다.

그렇다! 현재의 천곡은 달아나던 말이 구렁 속에 다닥질린 격이다. 계몽사업도 후퇴, 부진이다.

그러나 나는 오늘날이란 이때를 보지 못하는 색맹이 아니다.

"자! 좀 더 구경하고 가십시다."

나는 R씨를 재촉했다

"그럽시다."

우리는 교정으로 내려왔다

여선생은 운동장 끝에서 아이들과 무슨 이야기를 하고 섰다.

"그러니까 이 학교터는 누구 거죠?"

"이것도 다 기부 받은 것이라우."

R씨는 단장을 휘두른다.

"학교 짓기에 돈 많이 들었겠는데?"

"흥흥… 그저 엉터리로 졌지. 지붕은 최 살았을 적엔 짚으로 엮다가, 그후 베껴버리고 함석으로 인 것이요."

지붕꼭대기를 쳐다보니 함석이 햇볕에 번쩍인다.

바람은 제 타령으로 분다.

나는 아직도 새집인 이 교사에서 최의 손길이 닿았던 데를 찾아낼랴고 했다. 아니, 어디나 다 그의 손이 가지 않은 데가 없을 것이다. 툭 수술어 회담의 돌멩이 하나일지라도.

교정에는 제충국(除蟲菊)이 쪽나란히 탐스럽게 심겨 있다. 군데군데 조그만 복숭아나무, 무궁화나무, 뽕나무…도 보인다.

왼편으로는 묘포(苗圃)가 있다. 규모가(規模家)인 R씨의 코치로 묘목을 심고, 누에를 치고, 고구마를 심고 해서, 그것을 팔아 강습소 경비에 보태 썼다고 한다.

역시 규모가였던 용신은 없어졌건만 그때의 나무는 그저 남아 있다. 아! 서글픈 일이다.

R씨는 '왜 마저 캐서 팔지 않았는가?' 하고 중얼댄다.

우리는 예배당으로 내려갔다.

예배당 돈대 위에 있는 조그만 외챗집! 이것이 최양이 여기 와서 두 번째 들어 있었던 기숙사라고 한다. 뺑 돌려 지팽나무들이 우거졌다. 그 새로 사철나무가 걸쳐 있다.

안을 기웃 해보니, 마루 위에는 유리병에 -그것은 사이다 병이던가? - 뿌리 없는 꽃이 조는 듯 꽂혀 있고 마루 아래에는 흰 고무신 한 켤레가 단정히 놓여 있다 그리고 기둥에는 잇솔(뿌러쉬)이 걸려 있다. 용신의 살림살이가 연상된다.

"이렇게 들여다봐서 실례 되잖을까? 최가 있었던 방은 어떤 거죠? 안빵인가? 거늠방인가?"

앞서가는 R씨에게 물었다.

"홍홍홍… 봄 으때요? 괜찮어요. 최는 안빵에 있었죠. 지금은 여선생 둘이 이 집에서 살지…"

막! 예배당 문턱에 가서 걸터 앉자 여선생이 내려왔다.

"목사님 오시랬가요?"

R씨에게 묻는 말이다.

"홍홍홍… 그만 두서요."

예배당을 들여다보니 초가인 겉 모양과 같이 안 모양도 극히 간소하다. 칠판 한가운데에 걸려있는 파리를 잡으라는 그림 그린 포스터가 언뜻 눈에 띤다.

담 옆 나무 위에는 종이 걸려 있다.

이 예배당! 저 종!

'그것은 이 퇴폐해가는 농촌에서 어떤 역할을 하고 있는가?'

바로 예배당 옆에는 천곡의 권력자인 홍씨가(洪氏家)가 있다. 용신은 처음 이곳에 와서 목사의 호의로 이 예배당을 빌어 고고(呱呱)의 성(聲)을 질렀고, 이 홍씨로 말미암아 일하기에 몇 배나 더 힘이 들었다고 한다. 한때는 오로지 이 홍씨를 대상한 ○○이 그의 일의 전부였다. 결국은 그에게 얽맸던 가난한 동민들이 이 방해자를 떠나 용신의 산하(傘下)에 모이게 되었다고 한다.

여기에도 썩 '재미' 있는 이야기들이 숨어 있다.

나는 이 동네에서 가장 큰 채인 안팎채 집인 그 집을 우심(尤甚)히 쳐다보았다.

여선생은 기숙사로 천천히 들어갔다.

그 뒤의 천곡(泉谷)

"저기 앉인 게 바로 그 ○가(哥)요. 홍홍홍…"

R씨는 어느 집 모퉁이를 돌아가다, 길 옆에 쭈그리고 앉은 늙은 사나이를 가리키는 것이다.

나는 이곳의 지주인 R씨와 또한 이 동네의 권력자인 홍씨와의 사이에 원래부터 우호가 깊으리라고는 생각지 않는다. 더구나 의협심이 많은 R씨인 것이다.

홍씨 집에서 웃고 나오던 목사가 R씨를 보자 소리쳐 인사한다.

'저 홍씨네도 예수를 믿는가?' 했더니 실상은 그네야말로 이 동네 기독교의 개조(開祖)라는 것이다.

나는 조선의 기독교가 신구 각파를 물론하고 농촌에 있어서는 거의 다 중촌(中村), 민촌(民村)에 뿌리를 박고 있는 것을 잘 안다 그러므로 홍씨가 30년 전에 어째서 예수를 믿게 되었나를 또한 알 수 있다. 지금의 그의 처지는 어떻게 변하였는가?

모자를 삐딱하게 쓴 키 큰 목사는 R씨더러 이따 만나자고 하면서 여자 두 사람과 같이 또 다른 집으로 들어간다.

'쓰러져 가는 두메 농촌에 화려한 순회자들이로군!'

나는 그 일행의 행색이 초라한 이 동네에 조화되지 않는 것을 느끼었다.

"만주 갔다 언제 오셨예요? ○○도 잘 있어요?"

칠십이 넘었을까? 한 노부인이 R씨를 보고 쫓아 나오며 반기는 것이다.

"흥흥흥… 얼마 전에 왔습니다. 네. 그 사람도 잘 있어요."

R씨와 그 노인은 잇대여 무슨 이야기를 한다.

들으니 여기서 만주로 살러 간 사람의 소식을 묻고 대답하는 것이다.

R씨는 일찍이 만주에다 농장을 만든 일이 있는데, 아마 거기에 따라간 사람을 말함인가 보다.

이 적은 단면만 보더라도 천곡이란 동리가 어떤 곳인 것을 짐작할 수 있다.

자기 땅 가진 사람이 홍씨 일문을 제하면, 전혀 없다고 해도 과언이 아니라고 한다.

노부인은 손에 짚 뭉치를 들고 서서 연상 웃으며 말한다.

"그게 뭡니까?"

나는 한 뼘쯤 되게 자른 짚 뭉치가 이상해서 물었다.

"맥주병 싸개래요. 요새 이렇게 만들라구해서 만드는데 이것도 예산이 안 돼요. 헤헤헤…"

그는 매우 상냥하게 대답한다.

그 맥주병 포(包)는 오오야마(大山)씨의 주선(周旋)으로 영등포에 있는 맥주회사에 대는 것인데 대포(大包), 소포(小包) 등으로 나뉘어 있다고 한다. 종일 해야 이, 삼십 전 벌이도 어렵다고.

'물레' 같이 생긴 틀(機械)까지 보여준다.

그래도 그 노부인의 태도는 생활고를 모르는 것처럼 태연자약(泰然自若)하다. 나는 예수를 믿는 때문이 아닌가? 하고 생각했다

"최 살았을 적엔 저런 이두 강습소에 댕겼다우."

R씨는 돌아서서 말하는 것이다.

"아! 그래요!"

용신의 활동력이 컸던 것을 다시금 놀랐다.

'저 이도 용신의 의식의 흐름을 받아들였구나!'

나는 동네를 자세히 둘러보았다. 그러나 아무리 보아야 활기가 없다. 오오야마씨는 부흥 공작의 하나로서 부업을 장려시킨다고 한다.

최양이 처음 와서 순회(巡廻)를 마치고, 우선 계몽사업에 착수하였다는 것과는 좋은 대조이다.

최는 방해자를 거리낌 없이 밤낮으로 오전, 오후, 밤… 이렇게 삼반을 나누어 문자 그대로의 침식을 잊으며 계몽에 혈력(血力)을 다하였다고 한다.

참으로 용신은 기특한 미완성 성녀였던 것이다. 기독교 신자면서도

기독교 반대자였던 것이다.

　그는 또한 사랑이란 것에 얼마나 고민하였을까?

　나는 여기서 그의 인간 사업에 대한 상세한 보고(기록)를 아직 주저할 수밖에 없다. 그것은 첫째 일후(日後)에 따로 작품을 쓸 작정이므로, 더 세밀한 것을 각방으로 탐사수집(探査蒐集)해야 될 때문이다.

　이곳 농민들의 생활은 날로 더 어려워간다.

　지금 R씨와 오오야마씨와 여자기청년 및 예배당 측, 따라서 젊은 두 여선생들은 여기서 움직이고 있다.

　최양의 뿌린 씨! 유업은 어떻게 진전되려는가?

　천곡은 어디로 갈 것인가?

기독(基督)의 사자(使者)들

　목사댁을 찾았다.

　천곡의 연혁과 예배당의 유래를 물으니까 목사는 심히 애매한 대답을 하는 것이다.

　'그도 잘 모르는 모양인가?'

　이곳에 와서 선교사업을 하는 분이 그처럼 이곳 사정에 어둔 데는 자못 놀랐다.

　나는 그들과 특별히 이야기할 것도 없어 우두커니 R씨의 옆에 앉아 있었다.

　그들은 자기네끼리 이 지방 순회담을 한다.

　신학교 출신의 여목사는 말하되,

"천곡 사람은 노동을 신성한 줄 아니 퍽 꼣습디다."

다른 데는 그렇지 않은데 이곳 사람은 여인네도 죄다 일을 한다는 것이다.

'깬 것이 아니라 살기가 어려우니까 어쩔 수 없이 하게 되는 것이겠지?'

나는 속으로 그를 철없는 말이라고 생각했다.

그 여목사는 올드 미스 같으나 퍽 쾌락(快樂)한 성격이다. 튼튼하기가 건장한 남자와 같다. 그는 나더러 성경을 읽어보라고 권한다.

한 여자는 이전(梨專) 문과 출신인데 퍽 우울한 성격의 소유자다. 침묵을 좋아하는 것이 아마도 문학을 사랑하는 심약한 여성인 것 같다.

목사는 오늘날 기독교역자의 전형적인 타입이다. 나는 그런 성격에 호의를 갖지 못했다.

R씨는 그와도 다른 성격이다. 이따금씩 그들의 말을 툭툭 찬다.

그러나 그들이 최용신의 장함을 칭찬하는 것은 공통되었다.

나는 우두머니 그북하게 앉아서 그 군상을 흥미 있게 바라보았다.

해도 거진 다 넘어갔나 보다? 목사 부인이 쌀바가지를 들고 왔다 갔다 하는 것을 보니.

'최양과 같이 있던 목사였다면 최의 이야기나 더 자세히 들었을 걸?'

이 목사는 최양이 죽은 뒤에 부임(赴任)했다고 한다.

나는 R씨를 재촉해서 이 집을 나왔다.

이 집은 최용신 양이 처음에 들었던 숙사라고 한다. 한 번 더 둘러보다.

마당에 나서니 쓸쓸한 바람이 훽 끼친다. 바람은 아직도 잘랴면 먼

모양인가? 동네 작은 초가집들에서는 저녁연기가 난다. 아직 끓일 양식은 있는 것인가?

　'이같이 쓸쓸한 저녁 때에도 최는 여전히 바빴으리라?'

　다시 고 최용신 양을 생각하면서 논틀을 건너갔다

(1938년 5월)

생사生死

한 사람이, 생활고와 병고를 견디기 어려워 차라리 죽는 것이 났겠다고, 주머니칼로 배를 갈랐다. 창자가 다 나오고, 피가 막 쏟아져 이미 기지사경(旣至死境)인데, 아무리 가난하더라도 가족들은 이 꼴을 보고 그대로 있을 수가 없어 공의(公醫)를 불러댔다.

피비린내, 땀내, 먼지내, 고린내가 한데 어울려 나는 굴속같은 자리 깐 방을 공의는 코를 막고 들어서려 했다.

이때 배를 가른 사람이

"의사님, 저를 살려주십시오. 아이구. 우떡하든지 살려주시기 바랍니다."

하고 소리쳐 애걸하였다.

이것은 내 동리에서 생긴 사실이다.

나는 그렇게 다 죽게 된 사람이 의사를 보고 살려 달랬다는데 대하여 재삼 생각해 본 일이 있다.

'사람이란 이다지도 지독하게 죽기를 싫여하고, 살기를 원하는 것일까?'

그러나 죽어가면서도 살기를 바라는 그 어리석다면 어리석은 인간의 생의 욕망을 나는 해득키 어렵다.

떠 얼마 전 오스토롭흐스키 작 「폭풍 속에 사라지는 것들」을 읽다가, 사람들의 생에 대한 욕망이 절대적으로 크다는 것을 느꼈다.

'그는 뒷간으로 뛰어 들어갔다. 공포가 그를 악취 분분(芬芬)한 곳으로 쫓아낸 것이다. 참기 어려운 악취 때문에 자기가 금방 지쳐 넘어지지나 않을까 하고 걱정하면서도, 꼼짝 않고 들어 있었다. 그러나 오히려 산다는 것을 생각하고 있었다.'

이것은 원래 상습 사기한인 제베크란 자가 스파이 노릇을 한 공으로 파란(波蘭) 에드워드 군에 가입하였다가 ○○의 습격(襲擊)을 받고 위기일발의 피신한 장면이다.

남의 생명은 초개같이 여기는 아무리 악한 자라도 자신의 죽음 앞에는 인색한 일(一) 전형(典型)이리라. 나는 쥐새끼 같은 제베크가 몹시도 미웠다.

생? 사?

어째서 사람은 생을 좋아하고 사를 싫어하는지? 그것을 알지 못하겠다.

그러나 생사가 다 동일하지 않는 것만은 알 수 있겠다. 뜻있는 생과 사! 뜻없는 생과 사! 이에서 나는 인간의 무의미한 생과 사를 조소하는 바이다.

(1938년 5월)

거지

나는 저녁밥을 먹고 사랑 마루에 나와 걸터 앉았다가, 잠자리를 찾아 헤매는 늙은 거지 한 사람을 보았다.

그는 올해 일흔 넷인가 다섯인가 되었는데, 삼십년이 넘도록 머슴살이(雇傭)를 하다가 늙어서 그것도 못하고 빌어먹는 것이라 한다.

늙도록 머슴을 살았으니 만년(晩年)을 의지할 자식이 있을 리 없다. 여편네가 있어야 자식을 나을 것이 아닌가?

그는 걸인들의 '전용숙사'인 이 동네 매방앗간을 향해 가면서

"그것두 아니 허허허… 그런 델 두고 괭연이 헤맸지."

하고 중얼댄다. 매우 반가운 모양이다.

어둠속이라 똑똑히는 보이지 않으나, 그의 허리는 활등처럼 굽었고, 그 굽은 등 위에는 동냥자루가 매달려 있다. 지팽이의 힘이 아니면, 금방 앞으로 거꾸러질 것 같다

'저 이의 생의 희망은 무엇일까? 무엇을 바라고 저렇듯 살랴는 것인가?'

나는 서그픈 마음으로 어둠 속에서 움직이는 그를 물끄러미 바라보았다.

그에게는 단 한 가지의 희망도 없을 것이다. 자식이 있는가? 돈이 있는가? 집이 있는가? 지위가 있는가? 나이가 젊은가? 높은 이상이 있는가?

아무 것도 없다. 그의 앞에는 오직 야견(野犬)의 죽음만도 못한, 객사(客死)란 애처로운 운명이 가루놓여 있을 뿐이다.

그러나 그는 하루라도 더 살랴고 문전걸식을 하며, 피곤한 늙은 몸을 쉬이고자 방앗간을 찾는다.

그러면 그가 죽지 않고 살랴는 것을 죄라 할 것인가?

짐승도 먹고사는 일정한 것이 있거든 하물며 사람이 없다니?

'아! 가여운 금일(今日)의 인생이여!'

(1938년 5월)

작부 酌婦

 의외에 술집에를 가게 되었다. 멋쩍은 일이었다.

 시골 시장의 술집에는 어디나 소위 '영업자(營業者)'라고 하는 작부가 있다. 문 안에 들어서기가 무섭게, 젊은 계집이 선웃음을 띠며 맞아들이는 것이다. 실로 오래간만에 만나는 애인을 반가워하는 듯, 그렇지 않으면 귀한 동무를 대하는 듯.

 어쨌든 기분이 좋았다.

 우리는 그를 물리치지 못하였다. 억지로 물리치자면 불가능한 일이 아니겠지만, 그런 류(類) 다른 짓을 해서 괴짜라 웃길 필요까지는 없겠고, 또 그런 귀염성 있는 려인(麗人)의 무료 써비쓰를 물리칠 마음도 내키지 않았다.

 그와 우리는 술상을 가운데로 하고 삥 둘러앉았다. 쓸데없는 말을 주고받고, 술집에서 의례히 하는 수작들이었다.

 전일에 나는 이런데 오기를 퍽 끄렸었다. 겉으로만 끄린 것이 아니라 속으로도 그러하였다. 첫째 나는 술집이란 그곳을 현대의 부산물의 하나로 인정하여 무한히 증오하였던 때문이었고, 둘째 나의 처지가 그런 데 다녀서는 안 될 때문이었고, 셋째 그런 곳에 가서 여러 가지를 보면 마음이 불안하여 견디기 어려운 때문이었고, 넷째 술도 좋아하지 않을 뿐더러 잔돈 한 푼이라도 있으면 다른데 써야 될 형편이었던, 즉 그만한 여유가 없었던 때문… 등등에서였다.

그러나 근년의 나의 생활! 깊고 깊은 우울!

아! 이 우울을 어이할 길 없이 술이나 마시고 계집이나 보고… 엄벙덤벙 세월을 보냈으면… 이런 충동을 받는 때가 적지 않다.

아! 그만치 내 마음은 변하고 처지는 달라진 것인가?

아리따운 여인의 애교가 구수하면서도, 마음속 한편으로는 서그펐다.

"어서 드세요. 호호호."

작부 두 사람은 직업적으로 써비쓰를 하는 것이었다.

한 여자는 맺고 끊은 듯 맵짜하게 생겼고, 한 여자는 칠칠맞고 흐프게 생겼다.

나는 전자가 마음에 들었다. 그에게 여러 가지 신상을 물어보다가, 돈을 벌어 자기 동생의 학비를 댄다는데 놀랬다. 거짓말은 아닌 것 같아였다.

그러나 나는 이런 짓을 해서라도 공부를 해야 옳으냐? 긇으냐를 판단키는 어렵다.

언뜻 생각한 것은 세상형편이 가여운 것뿐이었다.

한 여자는 뒷간에 간다고 나가버렸다.

우리는 또 그 나간 여자의 신변을 물어보았다.

"돈은 덜 생겨두 자신을 위해서는 몸을 깨끗이 가지는 게 존데 걔는 그렇잖아요."

하고 불만이 섞인 어조를 대답하는 것이었다.

뒷간에 간다고 나간 여자는 한참 뒤에 우리가 불러서야 다시 들어왔다. 뒷간에 간다는 것은 거짓말이었다.

가만히 보니 그들 두 사람 사이에는 커다란 알력(軋轢)이 있는 모양이다. 웃는 얼굴에 살이 끼었다.

그러면서도 객(客)인 우리에게 써비쓰 하는 데는 같은 보조를 취하는 것이다.

이 모순된 일! 무엇이라고 설명할 것인가?

그들은 물론 성격상 차이가 있으리라! 그러나 이런데서 같은 생활을 하면서도 서루 못 먹는 꼴!

아! 사람이란 원체 이런 것인가?

나는 그들에게서 인생을 배우려고 했다.

또 다시 우울이 틈을 타고 나타났다.

순결한 인간생활! 질투와 증오가 없는 사회!

아! 돈에 끌리지 않는 '웃음'을 서로 주고받고 할 수는 없을까?

작부들과 가볍게 인사를 나누고 돌아서면서도 무엇을 잃은 것처럼 찌언했다.

(1938년 4월)

기구 饑拘

　아메리카 신문기자가 쓴 어떤 기사에서 '…이곳에서는 지나(支那)에 있어 생물 중 가장 비참한 개조차 활발하게 짖고 있다. 물것(蟲)에 뜯기고, 먹지 못해 말라서, 제 앞으로 오는 자동차를 피해 달아나지 못하게끔 지독하게 파리한 지나의 개를 본 사람은, 내 말의 의미를 알 수 있으리라고 생각한다.' 운운의 절(節)을 읽다가 새삼스럽게 경악했다.
　자고로 개는 인간과의 여러 가지 아름다운, 또는 추(醜)한 일화를 가지고 있는 동물이다. 개를 귀애하기도 하고, 미워하기도 하는 것은 이 때문일 것이다.
　개 있는 곳에 사람이 있고, 사람이 있는 곳에 개가 있다.
　캄캄한 밤 가슴을 졸이며 인적조차 없는 아지 못할 데를 혼자 찾아갈 때,
　"컹컹컹…" 개 짖는 소리가 나면 그 얼마나 반가울 것이냐? 거기에는 사람이 살고 있다는 것을 알으켜 주는 것이 아닐까?
　사람이 굶지 않고 먹으면 개도 배부른 법이다. 여북해야 편한 생활을 하는 사람을 가리켜 개 팔자 같다고 하겠는가? 그만큼, 개는 '먹는다'는 데에 위협을 받지 않는 행복스러운 동물이라 할 것이다.

그러나 어지러운 대륙에서는 개도 편한 생활을 못하는 모양이다.

개가 그처럼 파리했을 적에 사람은 어떠하랴? 사람이 배부르고서야 개를 굶길 리 있겠는가?

'언제나 개를 짖게 하고 살찌게 할 날이 올 것인가? 그리하여 그 나라 백성은 기를 펴고 살게 될 것인가?'

나는 기사를 읽다말고 멍-하니 생각해본다.

(1938년 4월)

기만欺瞞

요새 동리에는 커다란 말썽거리가 생겼다. 둘만 모여도 수군수군 하는 것이다.

웬일인가 하고 귀담아 들으니 그럴 법한 일이다.

늘 사람들의 입에 오르내리던 '교제광(交際狂)'이 무슨 세를 믿었든지, 이번에는 사기 횡령을 감행할랴고 하였다는 것이다. 제방공사의 일을 도거리로 떼여내다가 동리 사람들과 함께 돈벌이를 하자고 해놓고, 뒷구녁으로 실금실금 돈을 먹으랴 한 것이다. 즉 자기는 교섭해내온 공으로 다른 인부들과 같이 피땀을 흘리면서 흙을 판다, 진다, 쌓는다… 하는 노력은 하지 않는 대신, 일이 며칠에 끝나든지, 기간(其間) 한 사람 몫의 품값을 그냥 먹기로 한 것인데, 거기서도 더 갉아먹을랴고 도거리 금을 속였다는 것이다. 물론 청부(請負) 같으면 문제가 없겠지만, 그런 것이 아니기 때문에 인부들이 가만히 있을 리 없다.

인부들이래야 죄다 동네 이웃사람일 뿐더러, 자기의 사촌 또는 친족들이 대부분이다.

그예, 삼십원을 속여 먹으려던 것이 탄로(綻露)되고 말았다. 공비(工費) 백 오십원 남짓한 돈에서 그것을 따먹을랴고 한 것이다. 그러고도 그는 철면피처럼 뻔뻔하다.

어떤 생각으로 무엇을 믿고 그따위 짓을 했는지 알배 아니나, 어리석게 기만하려든 것이 나의 머릿속을 찔른다.

인간의 생활은 도박이니 연극이니… 하는 말이 있다. 과연 그럴듯한 비유다. 그러나 더 적절한 것은 '기만'이 아닐까 한다.

오늘날 누구나 사람마다 속이지 않고 무엇을 하랴? 속이지 않는다는 사람이 어디 있을까? 다만 크게 속이느냐? 적게 속이느냐, 또는 그럴듯하게 속이느냐? 어리석게 속이느냐?'가 차(差)뿐일 것이다

기만! 기만! 그렇다! 이 세상은 기만의 뭉수리다.

자신을 속이고, 골육을 속이고, 남편이 아내를 속이고, 아내가 남편을 속이고, 일가를 속이고, 친구를 속이고, 백성을 속이고… 온 세상 사람이 서로 속인다.

'기만이 근절되는 날이 올 수 있다면?'

생각만 해도 가슴이 탄다.

(1938년 4월)

노상수어 路上愁語

갑갑해서 바람도 쐴 겸 자전거를 타고 나섰다.

봄! 봄이 되니까 우울은 더해졌다.

우울함을 집구석에 처박혀 되새기느니보다, 될 수 있으면 산수(山水) 다른 곳을 찾아 거닐고 싶은 것이다.

어찌되나 들어앉았는데 비해서 나다니는 것이 얼마 더 낫다.

'아! 집시와 같은 나의 신세여!'

날은 따뜻했다. 아지랑이가 아롱아롱 춤추고 하루살이 떼들이 바글바글 노래한다.

온갖 풀은 파랗다. 나뭇잎도 제법 짙었다. 풀, 나무에서 각색 꽃들이 웃고 있다

어디선지 꾹- 꾹- 꾹 꾹 꾹… 하는 새소리가 들린다.

사람들은 농사일을 시작했다. 가래질을 하고, 논을 갈고, 밭을 매고, 들과 들에는 사람 천지다. 논둑에 우두커니 팔 다리를 걷어 올린 젊은 이가 이마를 짚고 무엇을 명상하는 듯 앉았다가, 내가 지나는 것을 힐끔 보더니만 도루 고개를 숙인다.

그의 가슴속에는 어떤 비밀이 잠겼을까? 혹은 농사를 짓기가 고단

때문일까? 혹은 생활고를 괴로워하는 때문일까? 혹은 가정불화가 있는 때문일까? 혹은 사회적 불만을 느낀 때문일까?

아니? 장래를 꿈꾸는 로맨티시즘이 그것이 아닐까?

자전거 바퀴는 나의 생각과 같이 굴러 달아났다. 그 젊은이는 보이지 않았다. 생각도 끊어졌다.

지금 나는 남곡(南谷)을 지나고 있는 것이다.

들이 넓고, 물이 흐르고, 산이 높고, 곡(谷)이 깊고, 나무가 울창하고… 남곡은 나의 고향땅에서도 굴지(屈指)하는 요지이다. 특히 밤나무의 산지로서 이름이 높은 곳이다. '낭국 밤' 하면 모를 사람이 없을 만큼 유명하다.

신작로에 들어서니까 길이 도리어 언짢다. 서실이 시퍼런 자갈들을 부듯하게 펴놓았기 때문이다. 방금 자갈을 깨뜨리고, 깔고… 하는 농민들도 있다. 부역(賦役)인 것이다. 구장인 듯한 사람이 그들을 감독하고 있다.

이 촌민들이 공짜로 신작로를 닦고 수리하는 혜택으로, 벽지의 교통 왕인 자동차도 다닐 수 있는 것이다.

'인민의 힘은 무엇에나 큰 것이 아닌가?'

자전거는 터덜터덜 뛴다. 옛날 유비가 탄(嘆)한 바와 같이 나의 마른 볼기짝(臀)은 아프다.

그는 말에서 내릴 새도 없이 싸우느라고 그랬지만, 나는? 아! 무위도식의 패자가 아니냐?

부끄럽다. 자전거를 집어던져도 시언찮았을 것이다.

아픈 궁둥이를 그대로 참고 이민촌인 안녕리(安寧里)를 지났다. 여기는 수십 년 전 알몸뚱이의 일본 내지인 이민이 선발로 들어온 데다.

큼직큼직한 함석지붕의 가옥, 넓직한 농원… 그들의 생활상은 겉으로 보아도 부유해진 것을 알 수 있다.

학교가 있고, 소방조(消防組)가 있고, 우편소가 있고, 상점이 있고… 조그만 저자거리를 이루었다.

주점에서 노래 소리가 들린다. 초가집 앞에서 '젊은애들'이 희유(戱遊)하고 있다. 일이 없는 탓인가?

토착민들의 생활상에서 언뜻 눈에 띠는 것이라군 이따위뿐이다.

이 어찌 대표적인 이민촌이 아닐까?

'이곳에는 훌륭한 소설이 있을 터인데?'

반드시 있을 것이다. 나는 그 소설의 발굴자가 될 수 없을까 하고 생각했다.

사실, 전부터 마음만은 있으나, 재능이 부족하고 또 재료 수집이 곤란할 것 같아서 늘, 마음만으로 내려오는 터이다.

발을 더 자주 놀려 자전거를 몰았다. 어쩐지 얼른 지나고 싶은 충동이 가슴속에서 용솟음친다.

가마니를 진 장꾼떼와 나무, 돌을 실은 마차의 행렬을 뚫고 달리었다.

오늘이 '떡점거리' 장날, 가마니는 거기로 팔러 가는 것이다.

나의 고향에서는 어디나 가마니를 치지 않는 데가 없다. 가난한 사람들은 가마를 쳐서 산다.

'만일 가마조차 없었던덜 그들은 어떻게 살 것인가?'

기우인지도 모를 이 걱정을 하면서 노송의 울림(鬱林) 속을 지나다가,

"……"

무어라 형용키 어려운 유아(幽雅)한 소리를 듣고 자전거를 멈추었다.

"……"

소리는 나는데 암만 보아도 무엇의 소리인지 알 수가 없다.

'학의 성(聲)인가?'

고개를 들고 까맣게 솟은 솔나무 위를 살폈으나 흰 두루미 한 마리 보이지 않는다.

"……"

'이상한 일이로군?'

행인들이 힐끔힐끔 내 꼴을 쳐다보아 계면쩍었다. 그러나 그 소리의 주인을 찾지 않고는 견디지 못할 듯 했다.

"……"

아! 이제는 알아냈다. 내 눈은 그다지 둔한 것이 아니다. 따짜구리다. 작은 탁목조(啄木鳥) 하나가 기다란 주둥이로 솔나무 가지를 쪼는 것이다. 너무도 희한해서 고개를 제치고 물끄러미 올려다보았다.

그러나 무엇을 줍는 것인가? 아니? 먹을 것을 찾는 것이 아닐까?

먹을 것을 찾는다는 것, 이것이 생물에게 있어 최대의 비극이 아니고 무엇이랴?

'만일 저 따짜구리도 먹을 것을 찾는 것이 아니라면? 그 유아한 소리야말로?'

이렇게 생각하니 그 소리가 살고자 애쓰는 비곡(悲曲)같이 들리었다. 틀림없는 비곡이다.

이 능산(陵山)에는 어찌 따짜구리의 비곡만이, 비곡으로서 연출될까보냐? 나는 여러 가지를 상상해본다. 위선 나무 없는 사람들이 나무를 비다가 발견되는 날에는 비극이 상연(上演)되는 것이다. 그렇다면 사람들이 나무를 비어 살랴고 하는 정정(丁丁)의 벌목성(伐木聲), 또한 비곡이 아니냐?

'이산(李山)'이라고 새긴 돌 말뚝 박힌, 즉 이왕직 소유의 산을 뼁-돌아 '대황교(大皇橋)'를 건널 때 다리가 제절로 느려졌다. 그래서 자전거는 서행을 했다.

이 돌다리야말로 근세의 풍파를 모조리 겪은 것이 아닐까? 한편쪽이 내려앉은 것은 지난날을 말하는 듯.

다리 건너 양편 옆에는 면사무소와 음식점들이 늘어서 있다. 가만히 보니 집이란 집은 모조리 주점, 음식점이다. 흰 고무신이 방문 앞에 되는 대로 놓였다. 묻지 않아도 젊은 갈보들의 것이다. 여러 가지 주효(酒肴)가 유리창 안에서 손님을 부르는 듯 진열되어 있다.

네모진 시꺼먼 얼굴에 수염이 훌훌 난 면장이 능글능글하게 생긴 사나이와 쥐새끼같이 약아 보이는 사람과… 술집 앞에 서서 무엇이라고 지절댄다. 그들은 촌의 유지이리라.

'무엇을 의논하는 것일까? 인민의 이익을 위한 것일까?'

엉터리로 생긴 면장이 다시 쳐다보여 진다.

철도에서는 복선공사가 어지럽게 진행된다. 기차가 소리를 치고 달아난다. 내가 탄 자전거의 속력은 그것에 비하면, 황새를 따르는 뱁새의 걸음만도 못하다.

'○○공립심상소학교(公立尋常小學校)'

교육령개정에 의하여 보통학교의 간판이 갈렸다. 대패 냄새가 날듯한 새 간판이다. 운동장 안에서는 아이들이 시국에 관한 노래를 부르며 뛰어간다.

길 옆 어느 밭에서 보리밭을 매는 여인들이 하도 많기에 헤어보니, 꼭 삼십 명. 그중 남자는 한 사람뿐이다. 혹은 늙고, 혹은 젊고… 한 여인들이 머리에 수건을 쓰고 횡렬을 지어 호미를 놀리는 것이, 하나의 생활을 위한 싸움의 생(生) 장면 같다.

'규중의 여인을 일터로 불러낸 것은 무엇일까?'

그래도 보리밭 매는 그들은 청루(靑樓)에서, 화류항(花柳巷)에서, 매춘(賣春), 매소(賣笑)를 하지 않으면 안 되는 그들보다 얼마나 깨끗하고 참된 것이랴?

일등도로를 끼고 즐비한 과수원. 나무마다 일일이 손을 대서 단장을 시켰다. 과수원주(主)는 모두 일본 내지인인 것이 특기할 사실이다.

나는 고개도 들지 않고 화성(華城)을 지나려 했다.

화성! 주마간산 격으로 보이는 화성! 전보다 변한 것이 많다.

집들이 변했고, 길거리들이 변했고… 사람인들 변하지 않을 리 있겠는가? 보다 변했으면 얼마나 더 야박할 것인가?

서호, 항미정(抗眉亭), 농사시험장 등등.

일찍이 나는 저 서호에서, 항미정에서 봄을 질겨본 일이 있는가?

기억에 아득하다. 나의 '화성의 봄'을 찾을 날이 올 것인가?

모범장(模範場) 고개를 넘어서니 으슥한 주점촌이 나타났다. 방문 앞마다 흰 신발…

'아! 어디나 이런 것만이?'

일로활주(一路滑走). 자전거가 가는 것인지? 내가 가는 것인지? 정신이 얼떨떨하다.

높은 산 아래에 다달았다. 나중 들으니 나봉(羅峯)이라고 한다. 옛날 나씨의 산이기 때문에 산명까지 나봉이라는 것이다. 산마루턱에는 새로 해세운 석물들이 우뚝우뚝 서있다.

'어느 고반(古班)들의 묘인가?' 했더니, 아니, 나의 추측(새로운 석물이라는 데서)이 조금도 어그러짐이 없는 것이다.

나씨들은 이미 망했다, 혹은 산지사방(散之四方)했다고 한다. 그런데 그 석물 있는 묘는 나씨의 노속(奴屬)이었던 사람들의 것이라고 한다.

양반이 망하고 노비는 성했다. 가위 음지가 양지되고, 양지가 음지되었다 할 것이다.

산하 묘막에는 '坡平○○氏敬慕齋'란 현판이 달려 있다. 그들은 이제 돈으로서 새 양반 노릇을 할랴는 것이다. 하는지도 모른다.

아! 우스운 세상이다. 변하는 세상! 사람의 일!

나봉 정상까지 ○○가 늘어 있고 ○○이 걸려 있다. 나는 자못 크게 놀랬다.

'무엇일까?'

그러나 지금이란 때를 생각하니 무난히 수긍할 수 있었다.

바람이 분다. 자전거가 바람에게 밀리운다. 궁둥이가 더 아프고 무릎이 허전허전하다.

'벌써 피로를 느낀 것인가?'

아! 그러나 오늘 나는 이만해도 본바, 느낀바 자못 크다.

(1938년 4월)

악몽 惡夢

지난밤 꿈은 참으로 언짢았다.

장소는 어느 곳인지 몽롱해 알 수 없으나, 도회인 것만은 확실하였다. 이상한 푸른 옷을 입은 아편쟁이 둘이 길을 막고서서, 지나가는 행인마다 위협적으로 돈을 내라는 것이다. 혹은 주는 사람도 있다.

나는 그 비인간적인 꼴이 너무도 미워서 그대로 갈랴 했다. 그러니까 아편쟁이들은 마구 덤빌랴고 하는 것이다. 나는 급한 판에 바로 그 옆에 있는 파출소로 뛰어 들어갔다. 그 중간은 어떻게 되었는지? 마치 영화의 한 장면에서 다른 장면에로 바뀐 것 같이 되었다.

파출소 안이다.

아편쟁이들과 순사 한 사람과 나와….

순사는 중재를 하는 것인지 재판을 하는 것인지 어떻게 되는 심을 모르겠고, 아편쟁이들은 더욱 나를 괴롭혀 주었다.

"너두 아편 침을 맞아라! 이놈 우리를 왜 욕하느냐? 자! 아편을 한번 맞아봐! 그래서 너두 중독자가 돼봐야지!"

하고 말한 자가 무슨 침(주사기는 아니었다고 기억된다)으로 팔 다리를 함부로 찌르는 것이다. 그럴 적마다 따끔따끔하였다.

아편쟁이의 손에 내 몸이 닿는 것이 드러워서, 이리 피하고 저리 피하고 했으나 독 안에 든 쥐처럼 소용이 없었다.

순사는 말려주지를 않는다. 가만히 보니 순사도 아편쟁이다. 그자들과 한통속이다.

살 속은 저려왔다. 이상스러운 감각이다.

'인제 약이 내 핏속으로 퍼지나 보다. 아 그렇다면?'

나는 미칠 듯이 나대였다. 기를 쓰고 반항하였다.

그러나 비인간적인 아편쟁이들은 점점 더 침을 찔르고, 붙잡고 하는 것이다.

깨어보니 일장의 춘몽이었다. 악몽이었다.

일어나 앉아서 꿈 일을 생각해 보았다. 참으로 새삼스러운 꿈이었다.

'어째 이런 더러운 꿈을 꾸었을까?'

도무지 불쾌해서 잠이 오지 않았다.

나는 평소에 아편쟁이를 미워한 일은 있다. 아편쟁이는 인간으로서의 양심까지 마비(痲痺)된 자들이다. 술에 중독된 자 또한 아편쟁이와 조금도 다름이 없다.

생각할수록 이 모든 비인간적인 인간들이 가증스러웠다.

못된 인간들은 꿈속에도 보이는가?

"욱- 욱- 욱-"

어디서인지 처량한 새소리가 들려왔다

'뻐꾹인가? 올배미인가?'

"욱- 욱- 욱-"

상서롭지 못함을 상징하는 것 같은 구슬픈 소리! 다시 누웠으나 잠은 안 오고 어 소리만 자꾸 들리는 것이었다.

'아! 괴로운 밤! 악몽까지 나를 괴롭히는가? 나는 이다지도 심신이 쇠약해졌단 말인가?

(1938년 4월)

감상感傷

나는 얼마 전, 어디서 갑자기 울음을 터트린 일이 있다. 부끄러운 줄도 모르는 참을 수도 없는 그저 걷잡을 수 없는 울음이었다.

오열(嗚咽)! 오열! 흔히 말하는 오열의 정도가 아니었다고 나 스스로도 생각한다.

나의 핏속에는 어느 의미의 눈물을 사랑하는 천성이 잠재하였는지도 모른다. 감상을 물리치지 못하는 약점이 있는 것을 보면. 감상은 눈물과 가장 가까운 혈연의 종족이기 때문에.

그러나 나는 값싼 눈물을 사랑하지 않는다. 차디찬 이지(理智)를! 그리고 순진한 것을 편애하는 자이다. 허위의 눈물을 미워하는 자이다.

내가 철난 후, 사람의 앞에서 눈물을 뺀 일이 두어 번 있음을 아직도 기억하고 있다. 한번은 그 어느 곳에서 분을 참지 못해서였고 또 한 번은… 그리고 사랑하는 평서(平緖)의 죽음을 서러워해서였고, 이번에는?

과거의 일! 과거의 동무!

생각하면 언제나 애처로운 감상만이 앞을 서는 것이었다.

그때의 동무들은 대부분 오늘날의 동무는 아니다. 고우(古友)는 갔다. 이 지상에서 형해(形骸), 아니 뼈 부스러기 하나 찾아볼 수 없게 되었다. 남은 것은 공(功)과 명예보다는 욕과 불명예가 더 클 따름이다.

생전에 나는 그에 대한 불만이 적지 않았다. 그는 끝끝내 나에게 만족을 주지 못하고 가버렸다.

그러나 나는 그를 누구보다도 잘 안다. 잊을 수 없는 사람이다. 그의 잘못한 죄는 환경이라는 것이 더 져야할 것이다.

이것은 나의 억설(臆說)일까? 아! 슬픈 일이다.

문득 지난 일이 생각났다. 가버린 동무가 생각났다. 또 오늘의 꼴이 생각났다. 눈앞에 있는 친구들이 생각났다.

이 모든 생각! 나로 하여금 감상을 더 해준 것이었다. 울지 않고는 견디지 못하였다.

'아! 보통 사람들이 가질 수 있는 휴매니티라고만 하기에는 너무나 깊이가 깊다.'

그러나 운덜 무슨 소용이 있으리? 있다면 오직 옳게 살아야겠다는 것뿐이겠지.

(1938년 4월)

열녀烈女

날이 치웁거나, 눈이 오거나, 비가 오거나… 날마다 남편의 묘에 성묘를 가는 칠십 노부인이 있다.

나는 가끔 두건을 쓰고 상복을 입은 그가, 활처럼 휜 노구(老軀)를 끌고 지나가는 것을 볼 수 있는 것이다.

그의 자태! 언뜻 보면 유령(幽靈)과도 같다. 또 어떻게 보면 거지와도 같다. 자세히 살펴보면 무서운 해골과도 같다. 죽음 길이 월첩지간(月睫之間)에 박도(迫到)한 인간의 비참한 표상(標像)이다.

사람들은 그를 보고 청성구러기 노인이라고 조소하거나, 혹은 그저 저런 노인이거니 하고 무관심하거나… 할뿐, 야박한 현대에 희유(稀有)한 열녀라고 칭하는 자는 거의 없다. 그것은 그 노인의 고행이. 살랴고 허덕이는 사람들에게 조그만 영향이나마 끼치지 못하는 때문이리라.

'저 이가 진심으로 죽은 남편을 위해서 저러는 것일까?' 하여 궁금히 여기던 차에

"참 정말은 정말이더라…"

어느 날 아버지께서 마침 거기를 지나시다가, 그 노인이 묘 앞에 엎

드려 우는 것을 보셨는데 수 시간 후 돌아올 길에 보아도 여전히 그렇게 하고 있더라는 말씀을 하신다.

나는 비로소 그의 참뜻을 알 수 있었다.

지금 세상은 인정이 박약할 대로 박약해졌다.

정말의 정(情)이라는 것은 어느 누구 사이에서나 찾아보기 어려운 세상이다. 반드시 있어야할 골육지친 사이의 정도 이해를 따지는 마당에서는, 즉 돈 앞에서는 끊어진 지 오래다. 내외간의 애정, 붕우간의 우정은 말할 것 없고 겨레를, 인류를 생각하는 참다운 정도 보기에 드물다. 다만 있다면 사교적, 외교적, 정치적인 그것이 있을 뿐이다.

참다운 정! 이것을 오늘날 세상에서 기대한다는 것은 도리어 우자(愚者)의 할 노릇인지도 모른다.

그럼으로써 정말의 참다운 정은 더욱 고귀한 것이 아닐까?

아니, 그렇다고 해도 과언이 아닐듯 싶다.

나는 그 노부인의 남편을 위하는 참다운 정에 재삼 감복하였다. 그를 열녀라고 부르기에 주저치 않는다. 열녀란 그런 열의를 가진 여인이 아니면 안 될 것이다. 그와 같은 참다운 정을 가졌으므로서 그를 열녀라 하는 것이다. (봉건적인, 또는 열녀적인 열녀를 추종하는 것과 동의가 아님을 알라!)

우리는 이 칠십 고령의 열녀에게서 그 烈情(熱情과는 다름)을 배워도 좋지 않을까?

(1938년 4월)

산촌의 일야一夜

'여재울'은 속칭 아흔아홉골(九十九洞谷)이라고 한다. 소위 양반이 살아오던 유벽(幽僻)한 곳이다.

석양이 비낄 때 고개를 넘어서다가 문득 놀란 것은, 고분(古墳) 앞에 족립(簇立)한 석물들이다. 삐죽삐죽… 망주석(望柱石), 비(碑), 장명석(長明石), 신도비(神道碑) 등이 마치 꿈속에서 보는 것 같다.

사람 사는 데 온 것이 아니라 묘의 나라에 온 듯하다.

가끔가끔 철마의 기적소리는 바루 지척에서 들리건만, 저자(市)와 몇 천리 떨어져 있는 아주 깊고 깊은 산중인양 싶다.

삥 둘려 산! 커다란 삼태기 안에 든 이 외로운 산촌!

군데군데 밭에는 보리 싹이 파랗다. 더벅머리 코 흘리는 아이들은 버들피리를 불며 다닌다.

'벌써 봄이던가.' 하고 새삼스럽게 느꼈다.

조그만 초가집들에서는 저녁연기가 꼬약꼬약 난다. 물동이를 이고 바쁘게 가는 아낙네도 있다.

개 짖는 소리, 닭 우는 소리… 모두가 산촌 특유의 정경이다.

나는 우선 고분의 비문을 읽어보고, 신도비를 훑어보았다. '…공

(公)' '…군(君)' '숙부인(淑夫人)' '정경부인(貞敬夫人)'… '부원군(府院君)' 등등의 묘임을 알 수 있다.

묘 속에 묻힌 이들은 대개… 충의열사들이다.

과거 조선과 생사를 같이한 이들의 유골이 이 속에 들었는가 생각하매, 마음이 어쩐지 이상스럽다.

여기는 그들이 나고, 묻히고 한, 말하자면 성지가 아닌가?

지난날 정치 길에 관여하였던 양반들은 올라서기도 잘했고, 몰리기도 잘했다. 그러기에 이 산골을 은둔의 처로 고른 것이 아닐까?

그 후 어떤 묘에는 석물까지 쇠도리깨로 때려 부쉈다고 한다. 얼마나 어지러운 정치였더냐?

요새 나는 우리 집의 세보를 들추면서, 과거를 흥미 있게 돌아보는 일이 있다. 미비하고 불충분한 세보와 가사일망정 참고되는 바 적지 않다.

나는 어떤 이의 후예라는 것을 아는 것이 재미났고, 옛날 지배자 층의 일단을 엿볼 수 있는 것이 재미났고, 사회의 변천과 그에 따라 인간 생활의 파란곡절을 살필 수 있는 것이 재미났다.

이와 함께 남의 집안의 그것에도 주의를 게을리 하지 않는 터다.

자신의 핏줄(혈통)을 아는 것도 괜치않다. 자기를 반성할 수 있기 때문에. 역사에 남겨진 어느 한 편(계급)의 일을 아는 것도 좋다. 그때의 '얼굴'을 볼 수 있기 때문에. 씨족분포상황을 따져보는 것도 일 없는 짓이 아니다. 지금의 인민생활상과 연결되기 때문에.

이 산촌의 석물이 있는 묘들이 나의 조그만 흥미를 끄는 것은 이 때문인가 한다.

그렇다고 무슨 회고의 사상이 심화해서라거나, 갑자기 양반의 티를

낼랴는 본의는 아니다. 천만의 말이다. 이 흥미란 위에 말한 제 조건과 떼어볼 수 없는 것이다.

*

희미한 석유람프가 깜빡깜빡… 이는 듯, 먼지 냄새가 물씬물씬… 나는 사랑방.

단 두 사람이 세속 이야기에 잠겼다.

람프에 켜진 석유는 미국 여류작가 라스테일 호-바트의 소설 「지나(支那) 람프의 석유」에 나오는 그 석유와 같은 경로를 밟아, 이 땅에도 들어왔을는지 모른다. 아직도 미국(米國) 스탠다드 석유회사의 석유는 이곳 백성들에게 대량으로 수요되고 있지 않은가? 그것만을 좋다고 신용하지 않는가? 이것은 그 석유가 얼마나 이 땅에 뿌리 깊이 박혔다는 것을 반증함이 아닐까?

"그 신도비 해 세운 얘길 하면 참 우스운 일이 많지."

하고 람프 건너에 앉은 ○○형이 말을 꺼내는 것이었다.

그 신도비만은 예전부터 내려온 것이 아니라, 수년 전 이곳에서 가장 재력과 세력이 많은 면장 모씨(某氏)의 주선으로 종전(宗錢) 수천 원을 들여 해 세운 것이다.

그러기에 비문에까지 그의 '공적'이 박혀 있다.

그런데 이야기는 단순한 거기에 끊지지 않고, 모씨는 예전에는 지금까지도 많은 사람들이 그것을 구별하는 서자파(庶子派)계의 후손이라는 것이다.

오늘날에는 서손(庶孫)이 원손(元孫)보다 더 잘 되고, 잘 살고, 또 솔선해서 일을 보았기 때문에 다른 종인들은 다 제쳐놓고 유독 그 이름만이 천추만대에 전해지게 된 것이라 한다. 그만이 뚜렷한 예손(裔孫)이

된 것이다.

나에게 말하고 있는 형은 물을 것 없이 원손이다.

나는 그의 불평을 들으면서 시회, 인간의 발전, 생활상이란 참으로 우스운 것으로 생각했다.

불평을 듣는 그나, 불평을 말하는 그나, 다 같이 이 사회의 어느 테를 벗지 못한 그대로의 인간이 아닌가? 다시 말하면 「새로운 인간」과는 그 거리의 차가 천양(天壤)과 같지 않을까?

요새 흔히 돈 많은 부자들은 자기 조부모나 부모의 선영에 석물을 굉장히 해 세운다. 어떤 사람은 신도비까지.

그들이 신도비문에 무슨 '공'이니 '군'이니 '정경부인'이니 하고 새 긴대짜 오늘날 누가 시비를 하지는 않겠지만, 또 하지도 못하겠지만 없는 밑천을 거짓 꾸며대는 것이 가소롭다.

물론 이따위 허황한 인간들은 재래의 '상인'이나 '중인'이나 '아전'이나… 어쨌든 양반 행세를 못했던 자들이 대부분이다. 그러므로 따지고 보면 많은 돈을 들여 석물을 해 세우는 것이, "나는 예전의 상놈이다." 하는 것을 표시하는데 지나지 못할 것이다.

이곳 신도비를 해 세우기에 애쓴 모씨는 이와 일맥상통이 되지 않을까?

'아, 우습다. 사람의 일이여!'

그는 또한 지주며 대마름(大舍音)이다. 지주로서, 사음(舍音)으로서 자기 종족에 군림하고 있다 한다.

"이런 촌에서 농사들을 지면서두 서루 못 잡아먹어 으르렁대니께…"

형은 또 가난한 농민들의 지나는 이야기를 하는 것이었다. 하나도 속임 없는 말들이다.

　'장차 사람들은 어찌 되려는구?'

나는 마음속으로 물어보았다.

그러나 앞날을 알 수는 없다.

악화! 악화! 이 악화되는 인간들은 대체 어디로 끌려갈 것인가?

그리고 형의 살림 형편을 들으면서,

　'이것이 오늘날 농민 각자의 적나라한 생의 고(苦)인가?' 했다

농민은 보다 개인주의자이다. 그렇게 되는 것이다. 자기가 정신을 차리지 않으면 굶어죽는다. 아무리 정신을 차려도 살기 어려운 세상이다.

　'사람이 나서 생전에 모진 일만 하다가 죽는다면?'

그것을 어찌써 사람의 사람된 생활이라 할까?

그래도 밥을 굶지 않으려고 애를 박박 쓰는 가여운 일! 이러다보면 머리 위에 어느새 백발이 휘날리지 않는가? 아! 기막힌 일이다.

그처럼 살랴고 허덕이는 ○○형의 얼굴과 꼴 - 파리하고 추레한 자태 - 을 바라보다가 가슴이 뜨끔함을 깨달았다.

그러나 나는 한 마디도 가식 없는 그런 이야기를 들을 기회를 가진 것을 퍽 의의 있게 생각한다. 일찍이 이렇듯 감명 있게 농민 자신의 고백을 들어본 일이 드물다.

그는 이야기를 끊고 어느 틈에 코를 드르렁 드르렁… 곤다. 일하던 바지저고리를 입은 채 그대로 이불도 덮지 않고.

나는 몸이 푹 노글어졌지만 머릿속은 제대로 탔다.

어디를 가든지 괴롭다. 괴롬뿐이다.

　'만일 나도 저와 같이 낮이 되면 일을 하고 밤이 되면 잠을 자는 단순한 뇌의 소유자, 환경에 처해 있는 자였더라면, 이렇게 고뇌를 하지

않을 것을.'

그러나 그것이 부럽지 않았다. 가여웠다. 역시 괴로운일이다. 벼룩이 다끔다끔 물어댄다.

잠은 않오고 사람의 목소리 한마디 들리지 않는다.

산촌은 이렇게도 씻은 듯이 고요한가?

*

"이○○댁에 불이 나서 홀랑 탔이유. 책두 하나 못 건지구. 홍! 여북 급해야 빨간이 안방으로 뛰여 들어갔을까유. 책뿐인가유. 옷두 수백 원 어치 태웠쥬. 소가 죽잖은 게 다행이쥬."

이른 아침 마당 끝에서 이런 이야기소리가 들린다.

'어제 저녁에 듣던 그 이로군?'

나는 이곳에서 유명한 한학자, 그가 화재를 당하였다는 것을 직각(直覺)할 수 있었다

"참 안됐군."

"그러먼유. 글세 서울 사람이 와서 한 권에 백 원씩 준대두 팔잖은 책들을 몽탕 태웠으니. 말함 멀해유."

책을 생명같이 여기는 미지의 노학자, 날마다 책 뒤지는 것을 낙으로 여생을 보내는 그!

'한번 찾아가 보고자 했더니 그만 불이 났구나.'

하고 악한 축융(祝融)의 작난을 저주했다.

어쨌든 아까운 고서들을 회진(灰塵)한 것이 유한이 아닐 수 없다.

산골 양반의 수난화(受難話)를 듣고 있을 지음,

"너 ○○이는 뭐 그리 도저 하냐? 일 점 봐달라면 번번히 심을 디리니, 우째 그 모양이여! 그럴 테면 다른 데 가서 살어라. 다른 데 나가서

살면 양반 노릇을 할 걸 가지구. 여기서 살면서 끼릿끼릿 해야 너만 곯지 무슨 소용 있어!"

어떤 사람(알고 보니 ○○형의 종형이다)이 별안간 불난 이야기를 하고 있는 늙은이를 보고 노호(怒號)하는 것이다.

쭈그리고 앉은 그는 말을 끊고 고개를 숙인 채 대꾸가 없다.

머리는 박박 깎고 얼굴은 힛누렇고, 등은 길마턱처럼 굽었고, 의복은 솥땜쟁이같이 새까맣고, 발목에는 짚재님을 잽맸고, 흙 묻은 누덕버선에는 떨어진 고무신이 걸려 있다

노신의 「아Q정전」에 나오는 '아Q'가 그런 사람이 아니었나 싶다. 불쌍한 사람이다.

그 꼴을 바라보는 나는 목구녕에서 널름거리는 그 무엇을 도루 삼키기에 애썼다.

차차 들으니 원래 그는 이○씨가의 노비였는데, 지금은 상놈으로서의 양반에 대한 의무를 충실히 이행치 않기 때문이라고 한다.

그도 만일 돈을 모았던들 저런 억울한 꼴은 당하지 않았을 것이다. 돈만 있으면 백정이라도 나리로 바치는 이 세상이 아닌가?

그러나 어찌 그 원인을 돈이란 애꿎은 것에 돌릴 수 있으랴?

모두 다 피상적으로 보고 말하는 어리석은 짓이지!

"찬은 없이나마 많이 자시게."

아침 밥상을 갖다놓고 ○○형이 권하는데도, 나의 눈은 작고 그 사람 편으로 돌려졌다. 그는 사랑방 웃목에 들어와 앉아 밥상을 잡은 것이다.

'양반의 일을 그예 해줘야 하는 것인가?'

무어라 말은 안 해도 목이 미어 밥이 잘 넘어가지 않는 모양이다. 물

론 술을 잘 먹을 테인데, 몇 번이나 주어도 싫다고 한다.
　아! 이 산촌에는 이직도 이런 일이 있다.

(1938년 4월)

보석寶石

어느 잡지의 해외 소식란을 보니까, 지난번 트하쳅흐스키 원수가 총살될 때, 그의 몸에 시가 78만불의 다이아몬드가 지니어 있었는데, 그것은 전 러시아 황실의 소유였으며, 소비에트 정부 측은 그 다이아몬드까지 분쇄(粉碎)해 버렸다는 말이 있다.

나는 여기서 20세기 최대의 비극의 하나인 그 사건에 대한 감상을 새삼스럽게 말할랴는 것이 아니다. 다만 다이아몬드를 지니었다는 나의 처음 듣는 사실! 그것에 문득 머릿속을 찌르는 날카로운 감촉을 느끼었을 따름이다.

세상 사람은 보배를 귀애한다. 예로부터 지금까지 이 세상의 모든 비극은 이 보(寶)를 중심으로 해서 일어났다고 해도 과언이 아니리라.

나는 아직까지 다이아몬드나 금붙이 하나 가져보지 못했고, 또한 금의 대신인 돈도 많이 지녀보지 못했기 때문에, 보물을 갖고 싶어 하는 그 참맛을 모른다.

'아마 보물이 즉 부귀를 말하는 까닭에 그런 것이겠지?'

이것만은 생각할 수 있다.

그러면 왜 하필 보(寶)가 많아야만 부하고 귀한 생활을 할 수 있을까? 보물이란 원체 귀한 물건이기 때문일 것이다. 무엇보다도 이 사회 조직이 그렇게 되어 있다. 보배를 자기의 생명보다 더 중하게 여기는 오늘날 세상이다. 돈이 없으면 죽고 죽이고 하는 터가 아닌가?

보물 중에서도 보석, 다이아몬드가 가장 귀한 모양이다. 그러나 세상에는 다이아몬드 보석이 귀한 줄만 알지, 마음의 보석이 귀한 것을 아는 사람은 흔치 못하다.

마음의 보석! 이 얼마나 귀한 것이랴?

다이아몬드 보석은 부숴져 없어질 수 있지만 마음의 보석은 영원히 빛날 것이다.

'아! 마음의 보석을 길이길이 간직할 수는 없을까?'

(1938년 3월)

성의誠意

철 적은 눈이 퍼붓는다. 이미 봄이 다 되었건만.

나는 급한 볼일이 있어, 발목까지 파묻히는 눈을 헤치고 길을 떠났다. 막 동구 밖에 나서니까 저기서 눈 내리는 부연 속에서 무엇이 움즉이고 있다.

'사람인가?' 하고 보니 옳지! 매일 아침마다 성묘를 오는 노인이 분명하다.

그는 두 마정이나 넘는 데를 더구나 내를 건너서 하루도 걸르지 않고 자기 선친의 묘에 참예(參詣)하는 상제이다.

굴건, 제복을 하고, 상장을 짚고, 휘적휘적 걸어온다. 금방 눈 속에 넘어져 곤두박일 것처럼 위태위태해 보인다.

'이처럼 눈이 퍼붓는데 어떻게 오는가? 참으로 효성이 지극한 양반이로군!'

나는 놀라지 않을 수 없었다.

눈은 끊임없이 내린다. 하늘과 공간과 땅 - 우주가 다 부옇다.

"여보! 그리 가면 안 돼요. 이리로 와서 나 온 길로만 가요!"

멀리서 그 노인은 상장을 휘두르며 나를 향하여 외치는 것이다. 그 소리가 퍽이나 우렁차다.

　나는 그가 온 편으로 가는 것인데, 그는 딴 길로 오는 것이요, 나는 원 길로 가려 한 것이다. 원 길로 가면 바로 퍽퍽 빠지는 냇가의 어구다.

　"글쎄, 제발 나 온 길로만 가요. 그리고 가면 더 빠져서 못 간대두."

　나는 그예 그가 온 길로 발길을 돌리었다. 그러자니까 그와 나와 마주쳐졌다. 칠십 당년의 노인이 젊은 사람처럼 원기 있어 보인다. 다시 한 번 놀랐다.

　그의 발자국을 드디며 가자니 훨씬 힘이 덜 든다. 여기에는 버드나무 두개로 다리까지 놓았다.

　'그가 매일 건너다니는 전용다리인가 보다.'

　치웁거나 비가 오거나 눈이 오거나… 어떠한 괴롬, 어떠한 거리낌이 있더래도 꼭꼭 오는 그!

　죽은 아버지의 성묘쯤 다니는 그 소위 효도보다는, 그 지극한 정성과 굳은 의지에 감복하였다.

　몇 번이니 그가 걸어가는 뒷모양을 돌아보고 보고 했다.

　눈은 더 퍼부었다.

　아! 그 성의여!

　나는 그 노인에게서 굳고 굳은 성의를 배우고 싶었다.

(1938년 3월)

일전一錢

　서울서 집으로 내려오는 길. 복잡한 차실(車室) 한 귀퉁이에 시름없이 앉아 있었다.
　차가 유난히 부퍼서 정차할 쩍마다, 사람들이 앉을 자리를 찾너라고 올신갈신 야단이다.
　둘이나 셋이 앉는 좌석을 자기 혼자만 차지하고 있다가 누가 자리를 좀 비어달라고 하면, 제 것이나 주는 듯이 얼굴을 찡그리며 마지못해 내놓는 사람도 있고, 또는 자기가 앉았던 자리를 일부러 내주고 일어서는 사람도 있었다.
　"여기가 어디유? 병점이 아직 멀었이유?"
　하고 옆의 사람에게 조바심을 치는 촌부인이 있는가 하면, 시치미를 떼고 앉아서 신문을 들여다보는 양복쟁이도 있다.
　온갖 군상이 허수롭게 보이지 않는다.
　'한결같지 않은 인간이로군!'
　나는 숨을 둘르며 옆으로 돌아앉았다.
　"정재는 일전을 손해 봤오그러! 허허허."
　"난 몰랐지. 그런 줄 알았더면 나도 노량진에서 탔을 걸! 어 그 참!"

바루 건너편 걸상에 노인 셋이 둘러앉아 하는 말이다.

자세히 들으니 서울 시내에서 전차를 타고 노량진 종점에 와 내리어 거기서 조금 더 걸어 노량진역에 와서 기차를 타면 1전인가, 2전이 득이 된다는 것이다.

그들 세 노인은 그것에 대하여 한 동안 진정으로 설파(說破)를 한다. 제각기 무슨 재니 하는, 아호를 가지고 있는 것을 보면, 무식한 사람들도 아닌 것 같다.

그러나 1, 2전의 이해를 따지고 거기에 뇌를 쓰는 그들! 불쌍해 보였다.

'오늘날 인간들은 이다지도 더럽게 돈의 노예가 되었단 말인가?'

그 노인들과 함께 모든 사람이 다 딱하였다.

나 또한 1, 2전에 곤박(困迫)을 받아본 적이 많지 않은가? 언제인가 나도 차비 몇 푼이 모자라서 그 노인들이 하듯 노량진역까지 와서 기차를 타지 않았는가.

그렇다면 1전이 다러운 것인가? 사람이 드러운 것인가? 아! 사람을 드럽다 하라!

(1938년 3월)

우슨 사람

며칠 전 구우(舊友)와 작반(作伴)하여 서울 어느 목로에 갔을 쩍에다.

본래 나는 흡연도 음주도 즐겨 하지 않는 성벽이지만 오래간만에 만나는 '옛날 친구'들이요, 또 그들은 술을 좋아하는 사람들이라 나도 함께 휩쓸려갔던 것이다.

간혹 그런 데 갈 때, 술꾼들의 가지가지의 타입을 구경할 수 있는 것이 재미있다면 재미있는 것이었다. 소위 점잖다는 유지(有志) 신사로부터 속이는 것과 거짓말을 본업으로 하는 막돼먹은 치들까지, 각층의 인간이 다 모여드는 데이니, 그들이 술 한 잔 마시고, 안주 한 점 들고, 말 한마디고, 몸 한번 쓰는데 있어서 모두 가지각색이다.

또 술을 떠 붇고 앉은 주모라든지, 심부름을 하는 중님이라든지, 안주를 굿고 있는 늙은이라든지, 술값을 용하게 따져내는 주인 여편네라든지… 그들에게서 이 세상의 어떤 모습을 보는 것 같다.

술맛보다는 그것들을 보는 것이 더 만났다.

그런데 우리가 막 목로에 들어서니까 어떤 사람이 동행한 K에게 인사를 하는 것이다.

"○선생, 일전에는 매우 잘못됐습니다. 용서하십시오."

"아이구, 천만에요."

그저 형식만의 수작 같아였다.

용서를 비는 자의 행색이 아무래도 덜 된 인간처럼 보였다. 그들 일행은 횡설수설 K에게 말을 붙였다. K는 다만 간단한 응답을 할뿐이다.

그 옆에 섰던 매우 인상 좋지 못하게 생긴 '신사'가 귀진 눈을 올배미 누깔처럼 똥그랗게 뜨고 혼자 동경(東京)사투리 - 확실히 조선적 사투리다 - 로 지절대더니, 별안간 K에게,

"여보, 어디 ○가(哥)요? 응! 어-"

하고 배를 내밀며 외친다. 몇 번이나 그 모양으로 한다.

나도 퍽 불쾌하던 차에 한참 노려보던 K는 그예 입을 열었다.

"여보, 당신을 보아한즉선 점잖은 양반이 대체 그게 뭘 하는 거요?"

조리정연하게 그를 꾸짖었다.

"허! 그럼 잘못했소. 당신과 나와 동성이기에 반가워서 인사를 하자고 그랬소. 어."

"허! 그럼 잘못이라니?"

말에 있어 남에게 지지 않고, 힘에 있어 몇 사람 거느리는 K는 조금도 구김 없이 몰아세웠다.

나는 K가 손찌검이나 하지 않을까? 또 이런 술청에서 언성이 높아진 것이 남에게 미안스럽고 부끄러워 은근(慇懃)히 K의 옆구리를 찔렀다.

마침 K는 주저앉고 그 신사는 자기 혼자 또 동경 사투리로 지절대는 것이다. 그의 일행은 처음과 같이 K에게 용서를 빈다.

"애초에 이런 데 오기가 불찰이지."

우리는 기분이 좋지 못해서 그냥 거기서 나왔다.

'대체 그는 어떻게 된 사람인가? 무엇을 하는 자인가? 무슨 뜻으로 그런 불손한 태도를 보였을까? 그렇게 시비를 걸어가지고 손아귀에 들면 술을 빼서 먹잔 말인가? 참으로 이 세상에는 별 사람도 다 있다. 정말 우슨 사람이다.'

(1938년 3월)

허황 虛荒

나는 항간(巷間)이나 시정(市井)에서 어떤 종류의 인간들이 자기의 돈을 다 써가며 소위 교제를 하는 것을 흔히 본다. 가령 여기에 한 사람이 있다고 하자. 그는 촌에서 지나갈만한 살림을 하는 자로서 어느 기회(그 기회란 여기에 말하기를 주저할 수밖에 없다)에 그들과 친하게 되었는데 '벼슬이나 한 듯이 기뻐하여' 온갖 타기(唾棄)할 짓을 다 하는 것이다. 그것을 이용하여 불순한 소리(小利)를 책어(策漁)키도 한다. 파렴치한이 되었다. 어리석은 백성들은 거기에 넘어간다. 예(例) 드는 것은 여기서 '각설'로 하거니와, 어쨌든 나는 고골리의 희곡 「검찰관」을 연상하면서 장탄불기(長嘆不己)했다.

또 한 청년이 있다고 하자. 그는 지나가기가 군색한 소작농으로서 일찍이 어느 일에 관계하고, 가난한 어린이들을 위하여 애써 글을 가르친 일이 있다.

그러나 시세는 일변했다. 그도 전자와 부동(附同)이 되어 '교제'를 하기 시작했다. 촌구석에서 농사를 짓고 있기가 매우 싫던 차에, 성원(聲援)도 있고 해서 ○○로나 들어갈랴고 한 것이었다.

빚을 얻는다, 소를 판다, 남의 돈을 끌어 쓴다 하며 상성체류(上城滯

留)하면서 시험을 본 것이 몇 번이나 다 낙시(落試)의 고배를 맛보지 아니치 못하였다. 그는 하는 수 없이 얼굴을 붉히고 집으로 돌아왔다. 오직 남은 것은 빚과 조소뿐, 다시 면서기라도 하고자 '운동'을 했으나 돈 십원이나 써서 빚만 늘게 되었지, '지도원' 하나 걸리지 않았다.

 호랑이를 그리려는 것이 개도 되지 못한 것이다. 그야말로 화호(畵虎), 불성구(不成狗)가 아닌가?

 '사람이란 자기 분수에 맞는 일을 해야 될 것인데. 아 허망한 인간들이여!'

 자기반성을 하고 자기비판을 할 줄 모르는 사람은 벌써 인간으로서의 정체와 폐기를 의미하는 것이다. 돈을 알고, 밥과 술 담배를 먹고, 계집질을 하는 것만으로는 사람이라고 하기 어렵지 않을까?

 그런데 소위 '교제'가 끼치는 영향은 한걸음 더 나가서 한적한 향촌을 요란(擾亂)케 하고, 순진한 백성들을 교활케 맨들고. 또한 감상에 무뎌진 나에게 적지 않은 불쾌와 충격을 준다. 오호! 황폐한 인간과 황폐한 도로(徒勞)의 '교제'여!

(1938년 2월)

집배인集配人의 사死

'오늘은 일즉 오랴는가?'

이것은 하루걸러큼씩 배달부를 기둘르는 나의 안타까운 마음이다.

오즉 벗이 되고 취미가 되는 활자!

20리나 떨어진 우편소에서 세 사람의 집배인이 번갈아 우수일(偶數日)마다 신문, 혹은 서신, 서적을 갖다 주는 것이 나에게 있어 고맙다면 여간 고마운 일이 아니다.

물론 우편물을 돌르는 것은 그들의 직업이며, 그 노력의 보수로써 생활을 해나가는 것이라 하겠지만 일급(日給) 50전씩을 받고 날마다 이른 새벽에 나와서 저녁 때에 들어가는 그 작업, 그 생활을 생각하면 고맙다느니 보다 도리어 미안스럽기 짝 없다. 더구나 온 1년 동안 휴일이라고는 단 7일밖에 없는 지나친 조건이다. 우수(偶數), 기수(奇數)로 매일 배달하는 때문에, 큰달 즉 31일 되는 날에만 공일이 생긴다. 만일 이 넘축나는 하루도 없었던들, 온 1년 내 꼬박 돌아단겨야 할 것이다.

새파란 청춘이 그것을 직업으로 하지 않으면 안 되는 것이 가엽다.

나에게 오는 세 젊은 집배인의 성격이 근실하기로는 공통되나, 그중에서도 백서방은 더 착실하다는 정평이 있다.

백서방은 늘 씩씩하게 남 먼저 자전거를 타고 오는 것이었다.

그는 아마 30이 좀 남짓했으리라. 넘어도 몇 살 더 넘지 않았으리라.

나는 그가 어디 산다는 것은 들어 알지만 어떠한 사람이라는 것은 전연 모른다. 그러나 그가 착실하다는 것만은 거의 보증할 수 있을 만큼 잘 안다.

일전 그가 단겨간 지 하루가 지난 날, 다른 집배인이 그의 실종을 전하는 것이다. 사흘이 되도록 여태 들어오지 않아 사람들이 나서서 찾는 중이라고.

'그날 나에게 틀림없이 신문을 전하고 갔는데, 그렇다면 그 중로에서 어떻게 된 것인가?' 하고 자못 궁금히 여기던 차, 그 이튿날 우체부 백서방이 자전거에서 떨어져 죽었다는 소문이 들렸다. 그것은 정말이다. 길 아래 논배미에 자전거 채 떨어져 죽었다는 것이다. 그것을 알지 못하고 사흘만에야 발견하였다고 한다. 기가 막히어 말이 나오지 못했다.

사흘 동안이나 들에 내던져서 까막까치가 그대로 두지 않았을 그 시체! 말일 그 시체가 내 눈앞에 있다면 나는 소리쳐 울지 않고는 견디지 못했을 것이다.

'아! 불쌍하다! 무엇이 그를 죽게 했나?'

그날은 내 마음이 더 괴로웠다.

(1938년 2월)

노배달부 老配達夫

　십유여 년을 한결같이 다닌 우체부! 늙었다는 이유로 해직을 당하였다. 다른 사람의 말을 들으면 배달부를 내논 후, 그의 생활은 보다 궁핍해져서 더 못 다닌 것을 한(恨)한다고 한다.
　그는 요새도 간혹 다른 배달부가 사고가 있을 때엔, 바지저고리를 입은 채 가방만 메고 대신 오는 일이 있다.
　"또 그걸 댕기슈?"
　내가 물을라 치면
　"아녀요. 한 사람이 병이 나서 대신 왔어요. 헤헤…"
　하고 주름살 접힌 여윈 입가에 서글픈 웃음을 띤다.
　'이처럼 살기 어려운 세상인가?' 생각하면서 그를 우두커니 쳐다보다가,
　"허허허…"
　나도 서글픈 웃음을 웃었다.
　젊은 백서방 우체부가 '순직'한 직후 이 늙은이가 또 왔다.
　"백서방이 그렇게 죽었다니 참 불쌍해요."
　"헤헤헤… 그래유."

그는 의외에도 웃으면서 아무렇지 않다는 듯 간단히 대답하는 것이다.

백서방은 이 늙은이 대신 들어선 사람이다.

'그렇다면 그의 이런 표정은?'

나는 저윽히 불쾌하였다.

"그럼 ○서방이 또 댕기게 됐우?"

"헤헤헤… 아녀유. 임시로…"

더 못 다니는 것이 유감인 모양이다.

'?'

그를 물끄러미 바라보는 나의 감정은 엉클어진 실 꾸리와 같아였다.

"또 뵙겠이유."

그는 전과 마찬가지로 엉거주춤하게 서서 모자를 벗었다 썼다 하며 몇 번이나 인사를 하고 갔다.

나중 들으니 그가 메고 온 가방은 백서방이 바로 죽을 때까지 메었던 그 가방이라고!

백서방의 살 냄새가 없어질랴면 아직도 멀은 그 가방! 그것을 그대로 메고 다니지 않으면 안 되는 그! 아하! 이런 기막힌 일이 있을까?

(1938년 2월)

생명보험

나는 일찍이 '생명보험'이란 것을 몰랐다. 지금도 아직 잘은 모른다. 그러나 그것이 글자 뜻대로만 해석한 대도 생명을 보험하는 무엇인 것은, 확실한 것 같다.

물론 각 회사의 생명보험 안내서를 보든지, 생명보험 외교원(外交員)의 말을 듣든지 하면, 그 위에 더 똑똑한 것은 없으리라. 인생으로 하여금 안온무사하게 또 명일의 희망과 기쁨에 빛남을 주는 생명보험, 인생이 안심하고 명랑하게 살아나갈 수 있는 생명보험, 일가의 안심, 노후의 안락, 유족의 생활안정, 자녀의 교육, 결혼비, 신용의 증진, 사업자금 융통을 꾀하는 생명보험 등등.

이만하면 생명보험이란 무엇인가를 알 수 있는 것 같지만, 실상 이것으로써 나는 생명보험을 안다고 할 수 없다

근자에 생명보험 열이 갑자기 팽배하여 궁항벽촌(窮巷僻村)에까지 외교원이 들락거리고 가입자도 점점 증가된다고 한다. 생명보험이라면 '야마시'인 줄 알아 의구원지(疑懼遠之)하던, 말하자면 생명보험의 처녀지이던 나의 동리에도 최근에 어느덧 수십으로 헤아릴 만한 가입자가 생기고, 또 장차도 늘어갈 모양이다.

지나갈 만한 사람들은 회사보험에, 지나가기 어려운 사람은 가마니를 쳐서라도 보험료를 부어나가고자 간이생보험(簡易生保險)에 가입한다.

일로써 보면 사람들의 자기 생명을 보험할랴는 경향이 대단히 높은 듯한데, 이것은 과연 좋은 징조인지, 또는 그와 반대의 현상인지 알기 어려운 일이다.

생명보험금을 타기 위하여 장인, 장모를 죽이고, 자식을 죽이고, 병든 자를 건강한 자로 공모 대진(代診)시키고 하는 이 세상인 것을, 또한 그것이 '생명보험'인 것을 나는 신문기사를 통하여 알았다. 그리고 직접 의사의 진찰이 없는 '간이생명'에 병약한 사람만을 골라서 가입하는 자, 그런 것이 '생명보험'임을 알았다.

내 동네에 사는 면서기 한 사람이 자기 인가(隣家)의 중년부인이 늘 시름시름 앓는 것을 보고 - 실상은 아이를 서느라고 그런 것을 - 물실호기(勿失好氣)라 하여 그를 피보험자로 만들어 간이생명보험에 가입코자 하였다는 이야기! 나는 그 소문을 듣고 이것이 가위 생명보험인가 했다.

생명보험! 그렇다면 어떤 것이 정말 '생명보험'인가? 아는 것 같으면서도 잘 알 수 없는 것이 생명보험이 아닐까?

내가 생명보험 안내서나 외교원의 교언(巧言)만으로는 알 수 없다는 소이도 여기에 있는 것이다.

아! 생명을 보험하는 것이 아니라, 생명을 도박하는 이 세상 사람들! 생명보험에 가입하는 자 자꾸 늘어감은 무엇을 반증함인가?

(1938년 2월)

설

우리 곳, 우리 집에서는 음력과세를 했다.

그것은 어떤 수구의 사상이 철저해서가 아니라, 남들이 세니까 그저 얼려 셀 따름이었다. 나도 증왕(曾往)과는 달라 보통사람들이 하는 대로 차례를 지내고, 세배를 하고, 성묘를 했다. 맛없는 떡국이나마 한 그릇 다 먹었다.

여러 사람들은 사랑에 모여 화투, 투전도 하고, 이야기책도 본다. 값싼 눈속임의 인조견 치마 저고리를 입는 계집애들은 널을 너픈너픈 뛰고, 검은 바지저고리를 입은 사내애들은 기가 나서 '윷'을 논다.

그들은 어쨌든 '설'을 질겨하는 것이다. 질겨하기에 잠잘 때나 겨우 손에서 일거리를 떼는 그런 지긋지긋한 일도 아니하고 노는 것이 아닌가?

나는 그들의 그처럼 즐겨하는 꼴을 보고 혼자 웃었다. 그러나 쓴 웃음을.

'대체 무엇이 기쁘단 말인가? 나이를 한 살 더 먹게 되니 기쁠까? 죽음의 길이 차츰차츰 가까워오니 기쁠까? 생의 고민에 부대낄 청춘이 한 날이라도 빨리 오니 기쁠까? 빚이 늘어가니 기쁠까? 돈 들 곳이 많아가

니 기쁠까?'

알 수 없는 일이다.

'혹은 음력설은 금년이 마지막이라는 데서 일까?'

아니다 그도 아닐 것이다. '힘'으로써 음력설 세는 것을 제재하면 두말없이 그것에 복종할 양순한 그들이기 때문에. 즉 양력설도 설인 때문에.

'그렇다면 인간이 어리석은 탓인가? 습관이 무서운 탓인가?'

나는 그것을 알지 못하겠다.

그러나 해마다 영성(零星)해 가는 설빛! 이 현상은 무엇으로 설명할 것인가?

(1938년 2월)

망월望月

　　음력 정월 16일. 나는 저녁을 먹고 동리 사람들과 섞이어 당재산 꼭대기로 올라갔다. 달을 보고 흉풍을 점칠랴는 것이 아니라, 갑갑한 심사에 로맨티시슴을 불어 널랴는 것이었다.

　　동천(東天)에는 암흑의 장막이 더 두터워갔다. 무슨 큰 변화가 일어날 전조 같다. 그렇게 느껴지는 것은 대자연 속에서 살고 있는 인간의 약점인지도 모른다.

　　높은 산, 낮은 봉, 넓은 들, 군데군데에 뻘건 불들이 번쩍인다.

　　나의 옆에는 아이들이 두레를 놓고, 불을 놓고, 떠들고… 야단이다. 또 다른 사람은 어두워오는 동녘 하늘을 바라보면서 달이 어서 뜨기를 조바심해 마지않는다.

　　어둠이 짙어갈수록, 안계(眼界)의 봉화는 더 자주 똑똑히 명멸한다! 어떤 것은 깜빡깜빡 보이는 듯 안 보이는 듯. 너무 먼 까닭이다.

　　그들은 그 불을 들고 지금 동천에서 솟아오르면 서있는 시뻘건 달을 맞이할랴는 것이다.

　　그 불! 그 봉화!

　　'그러나 누가 놓으래서 놓은 불은 아니어니.'

나는 그 수다한 희망의 불길을 바라보면서 가슴이 뛰는 것을 걷잡지 못했다. 차디찬 바람이 몸에 부딪혀오는 줄도 모르고, 사방을 둘러보고 섰었다.

달은 오래지 않아 구름 밖으로 쑥 솟아나올 것이다.

불은 더 많아졌다.

불을 놓고 달을 기둘르는 그 열정, 그 기혼!

아! 나는 이 땅 백성들의 그 열과 혼을 못내 사랑하고 싶다.

(1938년 2월)

여행하고 싶은 마음

　춘춘(春春)! 만금을 주고도 사지 못할 아까운 청춘! 이 청춘을 눈물겹게 보내는 마음!
　자신을 돌아볼 때 미칠 듯이 기가 막히지 않은 것이 아니다. 이 청춘을! 이 일생을! 어떻게? 아! 때로는 모든 것을 한시름 잊고 이리저리 낭유의 길을 떠나보고도 싶었다. 그렇다고 불운의 방랑시객 김립(金笠)을 본받을 수는 없는 것이다. 그만한 시재를 갖지 못했고, 그처럼 값없는 고행을 하기는 싫다.
　또한 먼 딴 나라에 주유(週遊)하고도 싶었다. 그러나 이것 역시 실행키 어려운 것이었다. 그만한 용단성이 적고, 환경이 까다롭고, 누만(累萬)의 거금이 없고, 몸이 약하고… 모두가 공상이다.
　여행은 커냥 두문불출을 하지 않으면 안 되었다.
　그러나 여행을 하고 싶은 마음! 이 마음은 좀처럼 삭아지지 않는다.
　나는 이 마음의 어리석음을 잘 알고 있다. 또한 이런 여행이 나의 괴롬을 만분지 일이라도 덜어 주지 못하리라는 것을 잘 안다.
　아! 그러나 여행하고 싶은 마음! 억제키 어렵다.
　요새는 실로 우울이 더해졌다. 우울 속에서 인생을 탐구하고, 사회를 관망하고, 문학을 수업하고자 했다. 그러나 토파(吐破)로 말하면 가슴이 터지도록 갑갑한 우울을 느낀 것이 사실이다. 지금 그대로 만성이 된 듯하다.

 이제 나히도 한 살이 더하였다. 지나간 반생을 회고 비판하면서, 앞으로의 반생을 주비계획해야 할 나히다. 생각하면 눈앞이 그믐밤같이 캄캄하다. 아! 이 아픔이여!

 바람이라도 쏘이고 싶다. 다시금 여행이라도 하고 싶다.

(1938년 1월)

치악기행 雉岳紀行

가솔린차에서

　너무나 우울하던 차에 마침 먼지 묻은 추레한 양복을 내려 입을 기회를 가지게 되었다.
　근(僅) 수백리 길이 근년 나에게 있어 가장 장정의 여행이라면 어찌 한심한 일이 아닐까?
　봄이 다 된 듯 따뜻한 겨울 날. 일찍이 열정에 가득 찬 보금자리를 잡고 드나들던 아름다운 고을의 관문 - 역에서 만단의 감회를 느끼며 가솔린차를 바꿔 탔다.
　나는 몸을 흔들며 서서도 오히려 서글픈 생각에 잠기었다. 회똑회똑하는 단 한 칸의 차! 실로 오래간만에 타는 차이언만 걷느니 보다도 더 괴로움을 느끼게 한다.
　정원이 46명인데 아마 백여 명은 탔으리라.
　사람들은 앉고, 서고, 기대고, 모두 입을 그대로 두지 않는다. 귀가 징징하다.
　'돈을 주고도 고생하는구나!'
　여러 사람 틈에 끼어 이리 밀리고 저리 밀리면서 마음속으로 불완전한 설비의 가솔린차를 경멸히 여기었다.

　가솔린 냄새는 마스크를 새서 자꾸 들어온다. 속이 미식미식 걷잡을 수가 없다.

　적지 않은 수의 정거장을 지나도록 좌석을 차지 못하였다. 차는 시척하면 뒤로 무루청 뒷걸음질을 치더니, 그예 정차할 데도 아닌 데서 쉬고 말았다.

　"이게 차란 말인가? 쩨쩨…"

　"돈 주군 못 탈 차일세. 하하…"

　여러 사람들이 제각기 지저귄다.

　"빼-"

　한참이나 섰던 차가 체신 없이 소리치고 움직이기 시작했다.

　"하하하…"

　승객들의 웃음은 일시에 터져났다.

　까불까불 언덕길과 돌려막길을 올라가고 또 돌아간다. 마치 당나귀를 탄 것 같아서 안심되지 않는다.

　'또 쉬지나 않을까?'

　'넘어지지나 않을까?'

　움크리고 차창을 내다보니 그래도 좀 속이 가라앉는 듯하다.

　경동(京東)의 풍취를 돋는 높고 낮은 산, 넓고 좁은 들, 맑고 깨끗한 시내, 점점이 박혀 있는 촌락.

　또한 까불이 차보다는 얼마나 아름다운 역명(驛名).

　경동선의 자랑은 이 아름다운 역명에 있는가 한다.

　단지 푯말만 몇 개 꽂힌 덕곡(德谷)역에서 시집가는 색시 일행이 내렸다.

근 이십 되어 보이는 신부, 순진한 촌색시 티가 난다. 머리는 곱게 빗어 쪽을 쪘고, 얼굴에는 새로 난 화장품을 발랐고, 허리에는 알록달록한 '각띠'를 띠었다.

전 같으면 연지곤지를 찍고, 쪽도리를 쓰고, 눈을 꼭 감고, 가마 안에 들어앉아 시집을 갈 새댁이 여러 사람 틈에 끼어서도 천연스럽게 눈방울을 굴리는 것이다. 세상은 그만치 개화된 것인가? 변해진 것인가?

산비탈에 놓인 일그러진 가마 한 채가 그를 기둘르고 있다

'그러나 그도 일로부터 한 사람의 새 며느리로서 인생의 봄을 덧없이 보내리라.'

무의의(無意義)한 인간생활이 새삼스럽게 가엽다.

이제야 겨우 앉을 자리가 하나가 났다. 이럭저럭 섰던 사람들이 다 앉고 그 자리는 오직 나에게 허여(許與)될 뿐이다.

힘없이 주저앉았다. 다리가 뻐근하다.

차내의 대부분의 좌석을 차지하고 있는 양복쟁이들의 고성(高聲) 담화는 좀처럼 쉬지 않는다.

시국을 말하고, 전황(戰況)을 이야기하고, 세사를 논하고…

'자 사람들의 직업이 무엇일까?'

궁금히 여기면서 그들 중에서 네 가지 인간 타입을 발견하고 적지 않은 흥미를 끌었다.

나는 신사답지 못하게 때때로 그들을 눈여겨 보았다.

한 사람은 대단히 약고 자상하며, 한 사람은 호탕하고 능청맞으며, 또 한 사람은 까다롭고 점잔을 빼며, 또한 사람은 써근써근하고 뼈가 없어 보였다.

차차 알고 보니 그들은 죄다 K도청원이다. 방금 군청으로 문부검열

(文簿檢閱)을 나가는 길이다. 누구보다도 이 사람들을 무서워 할 자는 군청원들일 것이다.

어떤 중년의 촌부인이 그들이 있는 곳으로 올라왔다.

써근써근한 사람이 자리를 치워주니까,

"대단히 미안합니다."

의외에도 그 부인의 입에서는 '유창한 말'이 흘러나왔다.

"하하하… 어디서 배운 말이요? 참 잘하는데."

그들은 홍소를 하며 부인에게로 말을 건너 마지않았다 부인도 연실 나게 응대를 하는 것이다.

나는 고소를 금치 못하면서 뻔히 바라보았다.

'필연 일본 내지인 집에서 '오마니' 노릇을 한 여인일 테지?'

그 부인은 입을 쭝긋쭝긋 좋아하는 듯 하나 내 마음은 적지 않게 아팠다.

지리한 까불이 차는 그래도 제가 올 곳까지는 다 온 모양이다.

핼쓱한 어린 여차장의 입에서 '여주(驪州)입니다.' 하는 가냘픈 말소리가 나고 차가 오똑 섰다.

승객 중 도청원들이 제일 먼저 원기 있게 내렸다.

해는 너웃너웃 서산에 걸치었고, 쌀쌀한 찬바람이 몸에 부딪혀온다.

나는 홀로 자전거부로 걸음을 빨리 하였다.

도계(道界)를 넘어

여사의 하룻밤. 시골 도시의 겨울밤은 이상스럽게 고요하다. 얄팍한

이불과 요에 싸여 한껏 공상에 잠기었다. 열두시가 지나도록 잠은 오지 않는다. 여러 달 만에 남의 집에서 자는 탓은 아니언만.

이 생각! 저 생각! 인생행로의 어려움이 두루두루 생각하킨다.

고독! 불현듯 고독의 감이 치민다. 마음을 걷잡을 수가 없다.

나는 자살자의 심리를 알았다. 그러나 그의 그릇됨을 알 수 있었다. 고민과 자살! 있을 수 있는 일이지만, 또한 있는 일이지만, 그것이 곧 진리는 아니다.

고민을 헤치고 꿋꿋이 나가는 마음! 이것이 옳은 것이리라. 그러나 마음을 약하게 하는 생의 고민. 이 기막힌 생의 고민을 어이할까?

'나는 이런 생각을 하러 이곳에 온 것은 아니다. 에라! 잠이나 자자!'

마음을 둘러 잡고 눈을 감았으나, 눈썹만 빳빳할 뿐 머리가 쾽- 하다. 윗방에서는 젊은 관리들의 이야기가 무르녹은 모양이다.

방바닥이 차차 식어가서 한 군데만 다소하다. 몸이 폭 녹을어졌다.

그 이튿날 아침 관동버스에 올랐다.

이곳에는 우암 송시열의 서원을 비롯해서 명승고적이 더러 있다고 하나, 탐상(探賞)하고 싶은 마음이 내키지 않았다.

자동차 안에서 바라보이는 한강 상류. 이 고을을 끼고 흐르는 청류가 오직 위대해 보일 따름이다. 가슴이 시원한 것 같았다.

그러나 가마니(叺)를 진 농부들의 행렬. 이 행렬이 눈에 띌 때 가슴은 다시 암담해졌다.

누런 얼굴! 추레한 의복! 그들은 한 짐씩 허리가 굽어지도록 짊어지고 시장으로 팔러오는 것이다. 오늘이 장날이라 한다.

나는 그 가마니가 어떻게 해서 쳐진 것이라는 것을 잘 안다. 뼈 힘을 들여 짚을 빻고, 새끼를 꼬고, 컴컴한 방, 먼지 이는 속에서 한숨을 내쉬며 '바디'질 '바눌'질을 하여 된 그것을.

버스는 가마니 행렬을 모조리 뒤로 떼서 보내버리고 나루턱에 닿았다.

폭주(輻輳)한 자동차들이 나룻배를 기둘리고 있다. 자동차가 배를 타야만 건널 수 있는 것이다.

이상한 소리와 함께 널판배에 올라서니까 배는 움직였다. 선부(船夫)들은 양편에 서서 기다란 상앗대를 가슴에다 대고 내민다. 그럴 때마다 배는 쑥쑥 나갔다.

"가슴이 아프지 않아요?"

나는 선판에 나와서 강류를 바라보다가 놀라 물었다.

'않요, 가슴에 못이 박혀 아무렇지도 않아요.'

선부는 자못 평범하게 대답하는 것이다.

"아!"

한참이나 그 꼴을 바라보다가 차내로 도루 들어가 앉았다.

어느새 배가 대안(對岸)에 닿자 자동차는 또 이상한 소리를 내면서 내렸다.

강 언덕에 우뚝 솟은 표목(標木). 무엇인가? 하고 똑똑히 보니 '생업보국 소비절약 ○○면(生業報國 消費節約 ○○面)' 운운의 대서(大書)다.

자동차는 그 표말 옆으로 기어 올라갔다.

잠간 쉬고 달아나는 것이다.

또 다시 강을 건넜다. 강을 건너기 직전, 도중 승차를 한 촌부인. 그의 가슴에는 생명을 재촉하는 어린애가 안겨 있다. 끊임없는 신음(呻

吟)소리, 아마 감기가 쉰 모양이다. 폐렴(肺炎)이나 아닐까?

"이 부인을 잘 좀 태워다 주십시오."

이렇게 운전수에게 여러 번 간청하던 청년!

그 이지적인 청년의 인상이 매우 깊었다. 머리는 깎은 지 오래여 모자 밖으로 수북하게 나왔으나, 어딘지 모르게 맑아보였다.

'맑다. 확실히 맑은 청년이다.'

나는 속으로 중얼거렸다.

길! 길! 꾸불꾸불한 길을 지나고 지나 큰 산이 나타났다.

'이 산을 돌아갈 모양인가?' 했더니 웬걸 자동차는 대담하게도 그 산으로 기어 올라가는 것이다. 그러나 곧게는 못 가고 우회(迂廻) 또 우회해서.

'혹시 실수를 하면?' 기우(杞憂)일는지 모르나 넓지 못한 산상(山上)의 신작로를 달리는 것이 매우 염려되었다. 가끔 저편에서 오는 자동차와 마주 갈리게 될 때는 가슴이 조릿조릿했다.

산정(山頂)에서 올라온 길을 돌아보니 까맣게 내려다보인다.

작지 않은 영(嶺)을 넘기에 자동차도 꽤 가뿐 모양이다. 할딱할딱… 하는 듯.

이 영이 양도(兩道)의 도계(道界)라고 하니 그럼직도 한 일이다.

영을 넘자 자동차의 속력은 더해졌다. 얼마 안 가서 원주읍이다.

영월 행에 바꿔 탔다.

영월 행! 어린 임금이 가던 길이 아닌가?

그가 만일 이 길로 갔었다면 그의 심사는 어떠했을까? 얼마나 눈물을 뿌렸을까? 한숨을 쉬었을까?

내 마음은 이상해졌다.

변하는 인간생활

금대리(金垈里) 어구에 들어서서는 흙 묻은 흰옷 입은 사람들의 왕래가 빈번해졌다.

하루살이집인 조그만 초가(草家)들이 보이고 커다란 함석 집이 드문드문 눈에 띠었다.

자동차는 양편으로 병풍(屛風)처럼 서있는 산 속, 계곡 속으로 들어가는 것이다.

"저게 치악산입니다. 여기가 바루 금대리죠. 하하하."

처음보아 교활(狡猾)하게 생긴 사나이가 썩은 이빨을 내놓고 웃는다.

"아주 도회지가 되었죠. 하하하."

그는 연거푸 웃으며 나를 바라본다.

산꼭대기에서 흰 개미떼 같이 꾸물거리는 것이 사람인가 했더니, 과연 석산을 헐어내는 노동자들이다.

"저렇게 높은 데서 어떻게?"

나는 혼자 감탄했다. 산중턱으로 달리는 도로. 족립(簇立)한 전주(電柱). 사람소리. 기계소리.

정말 곡간(谷間)의 도시이다.

조그만 집들에서는 연기가 무꺼질러 난다. 벌써 저녁밥을 짓는 것인가?

○○조출장소(組出張所) 앞에서 자동차를 내리어 종숙(從叔)의 우거(寓居)를 찾아갔다.

돌로 쌓아 맨든 뒷간, 첫눈에 인상 스러워보였다.

드나드는 문 하나, 변변치 못한 암굴(暗窟)같은 방! 치위를 막기 위한 구조라고 한다.

그래도 이 집은 이 산골에서 제일 오래 되고 좋은 집이라 하니, 이곳 사람들의 가여운 원시생활을 짐작 할 수 있다.

'재래적원시제(在來的原始制)'의 두서너 집을 빼고는 모두 '현대적원시제(現代的原始制)'의 하루살이 집이다.

이 '하루살이 집'들은 수년 전, ○○선 철도의 치악공사(雉岳工事)가 시작된 후, 급조된 것으로서 밥장사(飯場), 주점, 잡화상 등이 그 대부분이다.

그리하여 이 산골에는 유사 이래 일대격변(一大激變)이 생기게 된 것이다.

서너 가호의 선주민(先主民)은 일찍이 조(栗)와 옥수수와 감자로서 상식을 했으며, 쌀을 먹어보기는 생전에 극히 드문 일이었다.

"쌀밥을 먹으면 배가 쉬 고푸다."

그들은 공사 개시 이후 처음 쌀밥을 먹으면서 이런 말까지 했다고 한다.

그러던 것이 지금에는 쌀밥이 상식물로 되었다. 좋거나 그르거나 쌀밥을 먹지 않으면 안 된다.

단돈 십전을 손에 쥐어 보지 못한 그들이 3, 4원의 방세(方貰)를 놓고 벌이를 하고, 장사를 하고 그만치 변한 생활이다.

그러나 이 호경기는 고무풍선에 지나지 못하는 것이리라. 미구에 공사가 끝나서 공사시설이 철퇴하고 노동자가 이거하고 하루살이집들이 헐리는 날, 검은 연기를 토하는 산중 괴물이 왕래할 뿐이지 그들의 생활은 도루 쓸쓸해질 것이 아닌가? 아니 도리어 전보다 더 하지 않을까?

돈을 써보고 쌀밥을 먹어보던 그들이 전과 같은 그런 생활을 하기는 어려울 터이니, 어디로 떠나든지 해야 될 것이 아닌가?

그들에게 끝끝내 쌀밥을 먹게 할 도리는 없을까?

나는 잠자리 위에 누워서 흥분된 머리를 억제(抑制)키 어려웠다.

종숙의 코고는 소리가 높이 들린다.

'무엇이 그를 이런 곳에 오게 했나?'

인간생활의 어려움이 다시금 놀랍다.

고향을 떠난 작은 할아버지. 그이는 그예 타향에서 일생을 마치셨다. 가정불화가 그를 출분(出奔)케 한 것이라 하지만 방랑을 좋아하신 것은 사실인 듯싶다. 별로 성취한 일도 없이 타관의 흙이 된 지 벌써 오래다.

나는 어려서 할머니에게 이 어른의 말을 많이 듣고 여러 가지로 마음에 걸리었다.

종숙(從叔) 또한 늘 우리 집안의 관심을 끄는 존재다. 비진보적 소(小)쁘르 생활을 거의 밑바닥까지 다 하고.

그러나 그는 지금 갱생되어 고난의 생활도 능히 감내하면서 유쾌히 지내는 것이다.

'인간의 생활이란 한결 같지 않다.

이렇게 생각하고 모루 돌아누웠으나 잠은 여전히 오지 않는다.

윗방 일본 내지인 여자의 콧노래는 그쳐졌다. 잠이 든 모양이다.

그의 남편은 공사장에 나간 지 얼마 안 되어 돌아와서 자기 방을 살피다가 간다. 전지람프를 조심성 있게 켜들고 가만가만히 왔다가는 기척이 났다.

이 의처증환자는 그예 야근을 마치지 않고 돌아왔다. 그의 아내가 반가이 맞아드리는 것이다.

밤중에 안마(按摩)를 하고 떠들고 웃고 방약무인(傍若無人)의 태도로 부산을 놓는다.

남자의 오만한 짓, 여자의 상냥한 꼴! 여자는 남자만 위해서 사는 것 같다.

여자가 무엇을 어쨌는지 남편이 별안간 욕설질책을 퍼 부으니까, 그는 몇 번이나 잘못했다고 상냥하게 웃으며 사과를 한다.

만일 그 상냥함이 여자의 진심에서 우러나온 것이라면 얼마나 훌륭한 봉건적인 양처(良妻)가 되겠는가?

그러나 거의 '도덕'화한 남자의 억압, 여자의 비굴, 조선부인은 이런 의미에서 그들에게 비하면 벌써 해방되었다고 할 수 있다.

안마도 끊지었다. 무엇을 먹는 모양이다. 그러더니…

판 하나 격(隔)한 아랫방에 사람을 두고 이다지도 무례한 짓을 할까? 도무지 면구해서 못 견디겠다.

나는 일찍이 궐남궐녀(厥男厥女)와 같은 그런 무례한 일을 겪은 적이 없다. 머리가 더 어수선해졌다.

몇 시나 되었는지? 쪼각창은 제 타령으로 캄캄한데, 드르르… 전차 소리가 들린다. 발전소 대장깐의 기계 소리도 요란히 들린다.

정복되는 자연

날씨는 음산하다. 태양이 늦게 비치고 일찍 들어간다고 하는 이곳이니—.

바람도 차다. 산곡(山谷)의 바람은 더 찬 것 같다.

뺑 둘려 산. 산꼭대기는 하늘에 날름날름 하는 듯.

산비탈에는 군데군데 멍석만한 밭들이 매달려 있다. 빤히 보인다. 그러나 이것이 이곳 사람들을 기르는 기름진 '어머니'라고 하기에는, 너무나 알뜰한 땅이다.

외투 목을 세우고 '곡간(谷間)의 도시' 구경을 나섰다.

양복 입은 나를 회사의 사원이나 되는 듯 대하는 것이 속으로 우스웠다. 딴은 이곳 사람들의 복장은 어딘지 모르게 공사장풍이 나타났다.

주점, 밥집, 잡화상… 이러한 데에 몇 사람씩은 의례히 있다. 몸이 편치 않거나 일하기가 싫어서 쉬는 사람들이라고 한다.

장사치는 유달리 친절해 보였다. 내가 양복을 입은 까닭인가 했더니, 그렇지도 않은 모양이다. 물건 값을 비싸게, 각처에서 모여든 노동자에게 팔자니 그럴 수밖에 없는 듯싶다. 각종물품이 없는 게 없으나 모두 고가(高價)다.

돈을 벌자고 몰려온 무리! 어떻게 하든지 돈만 벌자는 것이 이곳 사람들의 공통된 이데올로기이다. 그러나 밥값을 외상한 인부가 많으며, 돈은 벌지도 못하고 아까운 생명만 …고, 병 들은 사람들이 적지 않다 하니 딱한 일이 아닌가?

○○병원의 임시출장소가 있는데도 무당, 판수 경쟁이의 시세가 좋다는 그 원인을 짐작할 수 있다.

터널 속에서 돌 실은 전차를 타고 나오는 인부들의 얼굴은 죄다 누렇게 떴다. 그들은 이십리장(二十里長)의 터널을 밤낮으로 파낸다고 한다.

"딸랑, 딸랑…"

전차 맨 앞에 걸터서서 이렇게 경종을 울리고 있는 소년 노동자! 언뜻 보아 귀염성 있고 영리하다. 그러나 그의 얼굴은 흙빛보다도 더 누렇다.

"와르르…"

전차는 깨끗한 돌들을 노적(露積)갈이처럼 쏟아놓는다. 누런 얼굴을 한 사람들이 그렇게 하는 것이다.

그래서 길옆, 산비탈, 어디나 돌, 돌, 돌… 천지다.

어린애, 계집애, 늙은이, 사내, 여편네! 그들은 치를 무릅쓰고 그 돌을 깨뜨리고 있다.

한 '하꼬'(箱)에 ○전(錢), 그 돌은 시멘 콘크리트에 사용한다고 한다.

돌을 깨는 사람들은 대부분 이곳이 선주민인데, 이것이 그들의 쌀밥을 먹게 되는 비극인지도 모른다.

"딸랑, 딸랑…" 소년은 다시 종을 치고.

"드르르…"

전차는 달리어 산 밑창 빤하게 뚫린 터널 속으로 들어간다.

"쾅, 쾅, 쾅…"

굴속에서 마치 포성과 같이 은은히 들리는 소리, '남포' 소리다. 그럴라치면 흰 또는 검은 연기가 꾸역꾸역 나온다.

발전소, 대장간에서도 소리가 난다.

이윽고 탄환을 볶아치는 소리가 들리었다.

산이 찌렁찌렁… 이 산, 이 골이 금방 떠 달아나는 듯하다. 흡사(恰似)히 전쟁에 온 것 같다.

나는 깜짝 놀래지 않을 수 없었다.

까맣게 보이는 산비탈에서 돌덩이가 총소리에 놀란 새떼와 같이 공중으로 헤어져 날은다.

 일하던 인부들은 먼저 피해 달아났거니와, 아랫도리 길거리에 있던 사람들도 우왕좌왕 야단이다.

 어린애가 이 남포 소리에 놀라 죽었다는 것이 그럴 법한 일이다.

 나의 생전에 처음 보는 끔찍한 광경이다.

 호랑이가 나오고, 산골 노인이 어쨌고, 하는 전설에 잠겼을 이 심산에 난데없는 전력, 화약의 위협! 여지없이 정복되는 자연!

 어느 ○○작가의 단편에서 이와 꼭 같은 장면을 읽는 기억이 난다. 빈틈없는 그 장면이다.

 인류문화의 발전은 자연의 정복과 반(伴)한다.

 그러나 자연을 정복하는 것만은 이와 그와 동일하다고 하겠지만, 그러나 이것은? 그것은…

 남포도 다 터졌다. 포화가 일과(一過)한 싸움터와 같은 정경!

 나는 이직까지 국초(菊初) 이인직(李人稙)씨의 「치악산」을 읽지 못했다. 여기에 올 줄 알았다면 어떻게든지 구해 읽었을 것을 후회막급이다. 그러나 그는 이 치악산을 두고 어떠한 소설을 지었는지? 지금 이처럼 변해진 치악산이 거기에는 실려 있지 않으리라. 만일 치악산의 저자가 오늘날 살아있다면 그는 감구지회(感舊之懷)를 금키 어려울 것이다. 또한 만일 그가 이 광경을 보았다면 치악산을 쓰지 못했거나, 혹은 더 잘 썼거나 했으리라?

 어느 덧 해가 저 산정을 넘고 산곡이 컴컴해졌다.

 날이 컴컴해졌다.

 눈발이 푸덕푸덕… 날린다.

 산 중 제2 야(夜)! 달이 희미하게 조각창에 비친다.

방을 나왔다. 내리던 눈이 꺼끔했다.

허옇게 쌓인 눈!

허리를 펴고 산봉을 우러러본다. 눈옷을 입었다. 그 위로 그냥 지나가는 부유스럼한 구름떼, 구름 속에서 움직이는 희미한 달.

산과 구름과 달! 혼연일색이다.

이 대자연의 매력이 가슴을 간질인다.

눈을 아랫도리로 돌리다. 전등이 조는 듯 점점이 보이고 기적 소리 그저 난다.

터널 속에서 돌 실은 전차가 노란 등을 달고 드르르 나온다.

개 짖는 소리, 닭 우는 소리도 들리었다.

옆집에서는 낮일을 한 노동자들이 지껄이고.

회로(回路) 스케치

눈이 오고 나니까 살을 쏘는 것처럼 추워졌다.

엄청난 졸한(猝寒)이라 산을 뭉기는 인부들은 출역까지 중지하였다.

밥집 앞에서 자동차를 기둘를 때 방안으로부터 이야기책 보는 소리가 났다. 치위에 쉬는 그들은 이야기책으로 소일을 하는 모양이다.

'무슨 책인가?' 하고 똑똑히 들으니 겨울 시장에 범람하는 잡된 '신소설'인가보다

한 방에 가득히 들어 혹은 앉고 눕고 해서 '예술'을 즐기는 그들! 문이 열리는 틈에 언뜻 그 꼴을 바라보고 이상한 충격을 받았다.

고급 자동차 한 대가 바로 앞으로 지나간다.

"우리가 탈 버스는 아닌데?" 했더니 의사가 탄 것이라고 한다.

이 추운 날 돌 실은 전차가 오는 줄도 모르고 레일 옆에서 돌을 깨뜨리다가, 두 손을 몽탕 잘린 사람이 있어 응급수술을 하였다는 것이다.

'두 손을 잃은 그! 죽을까? 살까? 그러나 살 수 있다 하더라도 장차 무엇을 해서 살아간단 말인가?'

또 이상한 충격을 받았다.

버스를 기둘르다 못해 트럭을 탔다.

치악의 웅자(雄姿)를 돌아보면서 이 골을 빠져나왔다. 첩첩(疊疊)한 산악. 임학미(林壑美)도 그럴듯하다.

경동철도 ○○영업소까지 와서 버스를 또 기둘러야 하는 것이다. 이번에는 관동버스를 타지 않기로 했다.

대합실은 너무나 치워 사무실로 들어가서 애꿎은 난로만 쬐였다. 사무실에서 일을 보는 사람은 모두 조선인인데, 사무실이라고 하기에는 과할만치 무질서하다. 떠들고, 욕지거리를 하고… 마치 잡패들이 모여 노는 사랑방에 온 것 같다. 속으로 은근히 불쾌했다.

거진 겨뚜리 때가 되어서야 중앙버스를 탔다. 이것이 경동철도를 연결해주는 차다. 승객의 대부분은 금광(金鑛)쟁이. 도중 승차하는 일본 내지인, 조선인, 거의 다 금광패들이다. 금광 물어(物語)가 차안을 은성(殷盛)케 한다.

자동차는 눈 덮인 산, 얼음 얼은 강을 서슴지 않고 달리었다. 황혼이 짙어갈 때 여주에서 가솔린차를 바꿔 탔다. 온 몸이 사시나무 떨리듯 칩다.

'차 안이 이렇게 차다니?'

이래서야 차를 타기도 대단히 어려운 일이라고 생각했다.

날이 어두워지니까 더 추웠다. 발을 구르고, 손을 비비면서, 천정에 매달린 희미한 등불을 멋없이 바라보곤 했다.

어린 여차장의 직업적으로 오이는 역명도 귀에 들어오지 않았다. 이 철도 기점에서 타고 종점에서 내려야 되는 터이므로 그것에는 무관심해도 좋다.

그러나 그 어린 직업여성이 치위에 조금도 귀찮은 기색을 보이지 않고 자기의 직무에 충실히 하는 것이 감복하도고 남을 일이다.

캄캄한 밤, 어느 역에서인가? 머리를 자른 어린 계집애가 밥그릇을 들고 올라왔다. 또 한 손에는 오버를 들고.

여차장이 그 애를 끌어올렸다.

알고 보니 철도종업원인 자기 부친의 저녁밥을 가져가는 아이이다. 오버도 저의 아버지 것이다. 밤마다 그렇게 밥을 나르는 것이라 한다.

인간생활의 어려움이 다시금 느껴진다.

다음 정차장에서 술주정꾼 2,3인이 탔다. 그중 맨머리에 검은 오버를 아무렇게나 입은 뚱뚱한 사나이가 더 떠들었다.

"저 자식이 또 술 취했군!"

여차장과 종무원이 수군거리므로 나도 똑똑히 그 편을 보았다.

희미한 전등에 비치는 그! 누구라는 것을 알 수 있었다.

따지고 보면 나와 그와는 인연이 깊다. 그만해도 다섯 손가락을 더 넘겨 꼽아야 할 그때! 시척 하면 단골집에 갈 그때!

그는 ○○장(場)지기요, 나는 그 안에 들어있는 사람이었다.

그가 그 동안 저렇게도 비열한 술주정꾼으로 전락된 것이다.

나는 고개를 외로 돌리지 않고는 견디지 못하였다.

현직 ○○들의 타락된 이면생활을 근자에 와서야 잘 알고 놀라마지 않은 것이다. 그런 그들이 일단(一旦), 거기서 나오면 당연히 저렇듯 될 것이라 생각하매 그저 그러려니 해진다. 아무런 놀랄만한 일이 아니다.

가솔린 차가 고장이 나서 쉬고 또 쉬고… 하는 바람에 갈 길은 더디어졌다.

차를 세 번이나 바꿔 타고, 전등이 꺼져 촛불을 켜놓고… 별짓을 다 하건만 고장은 용이하게 고쳐지지 않는다.

'이런 무책임한 차를 어떻게 마음 놓고 탈 수 있을까?'

차가 움직이니까 촛불이 그나마 아주 떨어져버렸다.

캄캄한 가운데 일반승객들의 불평은 물끓듯 한다.

차안도 캄캄하고 바깥도 캄캄하다.

(1938년 1월)

「시대와 문학」에 대하여

H兄에게 보냄

이곳에 화신(花信)이 전해오니 북국에도 봄빛이 두터울 터이지요?

참으로 오래 동안 격조했습니다. 그러나 나는 왕왕히 형의 안부를 들을 수 있었으며, 또 형이나 내나 서루 마음만은 상통되었으리라고 믿습니다.

작년 언제인가 형의 친우인 ○군과 문학의 양식과 형식문제에 대한 논의를 나눈 후, 곧 시골로 내려오게 된 때문에 자연히 음신(音信)이 끊어진 것입니다.

말이 났으니 말이지 그때 나는 직입(直入)적인 그 물음에 충분한 답변을 하지 못하고 얼굴을 붉히었습니다. 그 문제에 대하여 막연하고도 소박한 상식밖에 갖지 못한, 더구나 솔직한 성격의 소유자인 나로서는 능란한 답안을 내리기에 불가능하였다는 것을 이해해 주시기 바랍니다.

우리는 사람입니다. 그렇지만 사람이 무엇이냐고 물을 때에는 그 대답에 궁한 것과 같이, 또 문학을 하는 사람에게 문학이 무엇이냐고 물을 때에 역시 마찬가진 것과 같이 공식적인 질문과 해답이란 원래 어려운 일의 하나입니다. 그러나 평소에도 양식과 형식문제, 따라서 문학연구에 더 유의하였다면, 그런 것은 무난히 해설할 수 있으리라고 믿으며, 그만큼 문학적 소양이 적은 내 자신이 부끄러웠습니다.

자, 딴말이 길어졌으므로 옮겨 가랴 합니다.

나의 근간의 동향을 형도 추찰(推察)하실지 모르나 참으로 암담한 궁경(窮境)에 직면해 있는 것입니다.

차마 붓을 꺾을 수는 없고, 그대로 붙들기를 지탱하자니 어떻게 해야 옳을지 당황(唐慌)합니다.

모든 일이 다 그러한 것과 같이 문학과 정열은 떨어지지 못할 것입니다. 정열을 상실하면 글을 쓸 수가 없는 것입니다. 정열을 찾도록 발버둥을 쳐야 할 것입니다. 그러나 나는 정열을 찾아낼 길이 막히었고, 오직 무력과 고민 속에서 처사(處士)의 생활을 하고 있습니다.

작년 이래 쉬었다 썼다 하던 장편을 이제 겨우 끝마쳤으나, 앞으로 퇴고(推敲)를 하재도 적지 않은 문제이외다.

실로 지난해 서울에서 소위 문단을 속속들이 맛보고 또 오늘날의 정세(情勢)와 및 문학이란 무엇인가를 재인식한 나는, 당분간 시골에 처박혀 창작을 하고자 결심한 것입니다. 이 장편은 그것의 물질적 표증이라고 해야 될 것이나, 아직도 완전한 작품이 되기에는 시일을 요할 것입니다.

형도 아시다시피 현 단계의 정세는 소위 평론을 하는 데 있어 어려움이 더 합니다. 무엇을 평하고 논할 수 있습니까? 그러므로 평필(評筆), 특히 시사적인 것을 들어오던 나는 어느 강고(强固)한 장벽에 코를 마질드리게 되었습니다.

솔직히 고백하면 과거에 꽤 많이 믿고 바라던 저날이즘에 오른다는 것도 피안(彼岸)의 화(火)요, 타산(他山)의 석(石)이 되었습니다.

오늘날 문학청년이나, 소위 신인이나, 또는 중견 대가라는 사람들이 저날이즘에 오르고자, 또는 올라서 허세의 문단을 형성하는 것을 보면 딱하기 그지없습니다.

나는 뼈 없는 문학, 분장(粉裝)의 소설을 쓰고 있는 그들을 볼 때 중오를 느끼는 일편, 또한 아무 것도 쓰지 못하는 나를 돌아보면 말할 수 없이 슬픕니다.

서울의 문학적 분위기나 일반 문학 층의 동향은 참으로 놀랄 만큼 심합니다. 시대적 박력이란 이다지도 무서운 것일까요?

나는 이에서 형의 괴로운 심경과 문학적 고민을 충분히 알아낼 수 있습니다. 응당 형도 나와 공통되는 어려움에 봉착했을 줄 압니다.

작년에「경약촌(卿約村)」을 내놓은 뒤 형의 작품을 얻어 볼 수 없는 것도 그럴 것이라고 생각했습니다.

이제「청담일기(晴曇日記)」를 배독(拜讀)할 때 형의 건재를 살필 수 있으나, 그러나 형이여! 우리가 소설을 쓴다는 것도 평론만 못지않게 어려운 것을 알 수 있습니다.

카가 코우지(加賀耿二)의「희망관(希望館)」(중앙공론 3월호)을 나는 감명 깊게 독파했습니다. '선삼(仙三)'이란 인물을 그리기에 그는 얼마다 고심했을까요? 그러나 그 작품은 어디까지든지「리알이스틱」한 것입니다.「리알이스틱」아주 소박한 말로 사실, 그 사실을 사실대로 쓰기 어려운 것이 우리의 가진바 특수조건입니다. 한 말로 말하면 우리는「희망관」과 같은 수준의 창작도 발표키 어려운 것입니다.

자, 또 말머리를 돌리야 하겠습니다.

이러한 오늘날이란 세대에 처하여 과거의 지극히 미약한 나의 평론 활동이나마, 한데 집성해보고 싶은 충동을 느끼었던 것입니다.

남들은 사회○○에서 문학○○에로 전락한 자이니, '독산(禿山) 평론가'니, '평론 삼용사(三勇士)'니 그외 온갖 비꼬임을 토하지만, 나는 소화 8년 봄 사바(娑婆)의 몸이 되면서 길을 문학이란 지대로 바꾼 후, 자신의 문학적 수양이 부족함에도 불구하고 내 힘껏은 애를 썼습니다.

그런데 금일, 이 큼지막한 전환기를 당하여 최근 4년간 발표한 각종의 글 속에서 오로지 문학적 평론 40여 종을 추리어 「시대와 문학」이란 제로 단행본을 발행코자 했습니다. 비판사(批判社) 판으로 발행 준비가 다 되었던 것입니다.

나는 이 처녀출판의 어떤 기쁨을 생각하면서, 다른 여러 사람들의 그것과 이 「시대와 문학」과를 비교해보기도 했습니다. 그러나 의외에도 그 말 못할 사정은 이것이 세상에 나오지 못한 운명을 당하고 말았습니다.

나는 이 보(報)를 접할 때 다시금 눈앞이 캄캄해 졌습니다.

형이여! 나의 이 마음을 알아줄 수 있겠는지요?

더 쓰고 싶은 것을 이만 줄이고, 형이 궁금히 여길 「시대와 문학」의 서문이나 다음에 초(草)해 보려고 합니다. 자, 나머지 다음에 또 쓰리다.

「시대와 문학」의 서(序)

나는 미력하나마 문필은 든 지 앞으로 10년이 가까웠다. 소화 8년

초하 이래로는 전혀 문학에 뜻을 두고 그에 종사한 것이다. 그러나 그동안 쓴 가운데서 이 책에 모을 만한 성질의 것 약 3분지 1을 추려놓고 보니, 새삼스럽게 빈궁한 나의 평론활동에 얼굴을 붉히지 않을 수 없다.

*

나는 많은 제약을 받으면서도 글쓰기에 진심갈력(盡心竭力)하였으며, 일편 고민 초조하였다. 앞으로는 사회적 분위기나 개인적 처지로 보아 나의 문학행보에 어떤 변천이 있을지도 모른다.

이때에 있어 나는 변변치 못한 이 책이나마라도 내놓고 싶은 것이다.

*

이 책을 이름 지어 「시대와 문학」이라 하였다. 시대의 거울이라고 일컫는 문학, 문학평론이며 또 누구나 다 미증유의 어려운 시기라고 인정하는 만근(輓近) 4개년 간에 발표한 주로 시론, 비평, 감상이니만치 그렇게 명명한 것이다.

*

이 책은 비록 충분치 못하나마 최근의 사회, 문학 상태를 얼마만큼 똑바로 반영하였으리라고 믿으며, 될 수 있는 대로 체계를 세워 엮은 것도 그의 소명을 위한 때문이다. 그러나 혹 나의 주관이 과도히 작용되지 않았는지, 만일 그렇다면 너그럽게 서량(恕諒)하고 냉정하게 비판해주기를 바란다.

*

다행히 이 책이 시대의 호흡을 같이 하는 수다(數多)의 선량한 사람, 문학대중에게 친해졌으면 더 없는 광영이 될 것이며, 이것을 발간하는 보람도 있을 것이다. 그리고 이번 출판에 두루 수고해준 제형에게 감사의 뜻을 올려마지 않는다. 끝으로 제 사정을 고려하여 본문 중 발표 당시의 것에 더러 첨삭을 가하였기 이에 그 뜻을 말해준다.

(1937년 3월)

꾀꼬리는 울건 말건

지금, 봄빛이 완연하니 꾀꼬리 울 때도 오래지 않아 올 것이다. 그러기에 꾀꼬리 소리 듣고 무엇을 쓰겠느냐고 묻는 것이겠지?

*

철이란 누가 오라고 해서 오는 것도 아니요, 오지 말라고 해서 안 올 것도 아니다. 자연의 공도(公道)는 제대로 가고 또 오고 쉴 새 없이 구르는 것이다.

그러므로 봄이라고 하는 철도 '땅 위의 보물'인 인간이 좋다거나 싫다거나 해서 오거나 안 오거나 하는 것이 아니다. 보다도 될 수 있는 대로 이 봄이 빨리 오지 않기를 바란 나이 언만, 어느덧 봄은 제멋대로 닥쳐 온 것이다.

언제나 어기지 않고 오고가는 철, 인간의 일과는 근본적으로 다르다. 만일 사람이 운에 맡기고 그대로 있어보라! 어찌 이렇게 철처럼 무슨 일이 어김없이 될 수 있겠는가?

'눈 없으면 코 베 간다.'는 지독하게 나쁜 이 인간사회! 운만 믿고 있다가는 넘어지고 짓밟히고 죽기를 면치 못할 것이다. 그렇다면 자연의 공도란 얼마나 위대한 것이랴! 작은 이(利)와 이름(명예)에 좌우되는 인간들! 그 자연의 위대함 앞에 무릎을 꿇고 고개를 숙여도 남음이 있을까 한다.

*

나는 불행히도 꾀꼬리 소리 들으며 봄을 즐겨하지 못할 심경을 안고 있다.

자연의 위력에 비하면 창해(蒼海)의 일속(一粟)만도 못한 이 내 몸, 이 몸에 담긴 감정을 흔들어 부질없는 센티멘탈을 자아내게 할뿐, 그 센티멘탈함을 없애주지 못하는 것이 자연이란 그것의 성격임을 어찌 하랴?

*

해를 걸려 쓰고 있는 장편소설! 이것이 미구(未久)에 끝날 것이다.

나는 순진한 자리에 서서 사회의 모든 쓰고 단 부면(部面)을 맛보았고, 순진하리라고 믿었던 소위 문단의 분위기도 알게 되고, 문학이란 쉽고도 어려운 것이며, 문사(文士)란 나쁘고도 좋은 것이라는 것을 깨닫게 되었다. 그러나 사람은 순진함과 고결함을 버릴 수 없는 것이라고 생각했다. 또한 문학이란 사실에 있어 어려운 것이라는 것을 절실히 느끼었다. 그래서 되도록은 개성을 굽히거나 죽이지 않고 참다운 작품을 써보자 했다.

어떤 때는 염증(厭症)이 나고 낙망이 되어 붓을 거두었다가도, 또 마음을 가다듬어 여기까지 써온 것이다. 나의 사랑하는 '고향,' 우리가 살고 있는 일찍이 '동방예의지국'이라고 일컫던 이 고장! 문학가란 혼의 기사(技師)가 문학이란 언어의 기술로써, 이 고장을 묘사함도 적지 않게 의의 있는 일이라 하겠으나 그만치 어려운 일임을 알 수 있다.

봄이 오건 말건, 꾀꼬리가 울건 말건, 나는 그것을 끝내겠다. 끝낸 다음엔 글 쓸 재료도 얻을 겸 잠간 동안 여행을 하고 싶다. 따라서 답답한 이 심정을 얼마만이라도 자위하고 싶다.

다음으로는 계속해 창작을 쓸 것이다.

*

자기의 정체를 잘 캄프라즈 해야만 된다는 이 세상인 줄은 모른 바 아니오, 또 바른 말로 인하여 '실패'를 많이 보고서도, 실상은 실패라고 할 것이 아니지만, 이번에 또한 내 자신에 대한 바른 말을 비록 일부만이라도 하게 되었으니 이것은 나의 성격 탓인가? 편집자의 꾀임 탓인가?

(1937년 2월)

이전생梨專生의 자살自殺

이화여자전문학교 학생이 그윽한 송림 아래서 결항(結項) 자살한 사건은 세상이 이미 다 아는 바이요, 또 커다란 충동을 준 것이었다.

단돈 몇 푼에 사람이 죽고 살고 하는 오늘날 사회이니, 돈 20원 까닭으로 새파랗게 젊은 꽃같이 아리따운 인텔리 아가씨가 생명을 끊었다고 해서, 그렇게 괴이쩍을 것은 없을 듯하다.

그러나 이 세상이 어떻기에 순후해야 될 여성, 더구나 지식 있는 신여성이 일촉즉발의 극히 날카롭고 뾰족한 감정을 갖지 않으면 안 되게 되었으며, 학교가 어떻기에 자기네 학생을 따뜻하게 포용치 못하고 죽기까지 이르게 하였는가를 생각지 않을 수 없다.

*

물론 우리는 그의 개성의 굳지 못함을 책하지 않을 수 없는 것이니, 인생의 둘도 없는 귀중한 생명을 경솔히 버리었다는 것은 어디로 보나 잘못이다.

사람은 가장 자기의 생명을 아까워한다. 생명을 걸고 나서는 데는 거리낌이 없다. 누구나 다 생명을 아까워하기 때문에 무슨 일을 마음대로 못하는 것이다. 가장 고귀한 것을 위하여 생명을 바쳐야 될 데도,

흔히는 자진 희생치 못하는 것이 인간의 가장 큰 결점으로 되어 있는 것이다.

자고로 진리와 정의 앞에 생명을 던진 사람들을 숭앙하는 것이 결코 우연이 아닐 것이다. 그렇거늘 진리도 아니요, 정의도 아닌 그런 조그만 일에 일시적 흥분을 이기지 못하고, 능히 빠져나올 딜레마를 인내치 못하여 헌신짝같이 생명을 버렸으니, 얼마나 어리석고 약한 짓일까? 고귀한 생명을 왜 고귀하게 쓸 줄 모르는가? 이런 것이 현대 신여성의 기질이라면 우리는 그들의 하얗고 고운 얼굴에 똥칠이라도 해주고 싶다. 그리고 배우는 책을 어서 동댕이치라고 권하고 싶다.

*

그러나 우리는 다시금 학교를 나무라지 아니치 못하겠다.

조선에 있어서 여성의 최고학부요, 예수의 이름 아래 허물을 용서한다는 기독교, 그곳에서 경영하는 미션스쿨이 어째서 그렇게 일을 경솔히 처리하였는가? 비단 종교학교뿐 아니라 정말의 똑바른 사제 간이라면 그렇지는 않을 것이다. 인격과 자애로써 충분히 원만히 해결 지었을 것이 아닌가?

학교란 어디까지든지 가르치고 배우는 학교다. 경찰서나, 재판소가 아닌 학교다. 또한 돈만 아는 장사치의 소굴도 아니다. 20원 돈이란 것만 앞세웠지 사랑하는 학생의 신분은 존중히 여기지 않았다는 것을 여하한 기독교적 설교의 능변으로서도 회피할 수는 없다.

이래서야 학생은 학교를 어머니 품과 같이 사랑하고, 믿고, 마음 놓고, 배울 수 있겠는가?

(1937년 1월)

청년이여!

'소년역노 학난성 일촌광도 불가경(少年易老 學難成 一寸光陰 不可輕)'이란 글이라든지 '노세노세 젊어 노세 늙어지면 못 노나니' 하는 노래를 본다든지 하면, 전 사람들도 어쨌든 청년을 못내 아낀 것이 사실이다.

청년! 청년!

옛이나 이제나, 좋은 의미에서나 나쁜 의미에서나 청년, 청춘을 사랑하는 것은 공통된 진리일 것이다.

그러나 사회는 덮어놓고 청춘, 청년을 사랑하고 좋아하기를 허치 않는 것이다.

청년들을 봉건사상이란 질곡(桎梏)으로써 잡아매 놓고 무한히 괴롭히었다. 끈달어 어느 제도가 청년에게 테를 미어놓았다.

전년에 뭇 젊은이는 개화의 방패를 들고 나섰다. 그들은 가지각색으로 휘몰아치고 이혼과 결혼의 자유 있음을 고조(古調)하였다.(중략)

*

공교롭게도 근자 수삼(數三)의 출판물이 청년문제를 특집 하여, 다시금 청년을 논하게 되었다. 그들은 청년의 의기 없음을 탄하고 여러 가지로 격려를 시(試)하였다.

쭈그러붙은 청년의 아까운 의기를 돋아주는 것은 어디로 보나 좋은 일이다. 그러나 무엇을 어떻게 하라고 고취(鼓吹)하였는가? 이것이 동시에 문제되지 않을 수 없다.

길 잃은 사람에게 길을 가르쳐주는 것은 좋다. 그러나 길을 잘못 가르쳐 주면, 도리어 고생을 시키는 것이다.

그들 '의범제현(儀範諸賢)'은 농촌 도회청년 또는 교육자, 종교가, 의사, 신가정부인 등 청년 제공에게 너무도 쑥스러운 지시를 해주었다. 과연 '현대 조선청년'을 똑바로 격려 지도한 것인지, 제군은 그것을 판단할 머리조차 없어지지는 않았을 것이다.

*

청년이여! 청년이여! 어느 때, 어느 나라, 어느 사회에 있어서나 청년이 그 중추(中樞)가 되어야 할 것은 뻔한 일이다. 그러나 오늘날 청년은 영락(零落)을 부여안고 힘을 죽이고 있지 않은가?

아! 청년이여! 우리에게 불평을 남겨놓고 청년은 달음질치기만 하니, 누가 그것을 붙잡을 힘이 있는가?

(1937년 1월)

과세 잘 했느냐?

- 수재에게 답장한다 -

수재야!

너는 나를 선생님, 아저씨, 오빠, 이 세 가지 중에서 그 어느 것으로 나 부를 것이다. 그러므로 나는 수재 너를 너 라고 할 테이니 그런 줄 알고 기뻐해다오.

수재야!

그런데 네가 좀 알아듣기 어려운 말일는지 모르나, 불운 속에서 아까운 세월을 보내고 있는 나는 환희 대신 우울로써 이 새해를 맞았단다. 어린 너에게 이런 말을 하는 내 마음은 아프다. 그러나 바른말 하기를 좋아하는 나는 어찌 너에게도 이 뜻을 숨길 수 있으랴. 보다도 너는 내가 왜 기쁘게 새해를 맞지 못하는지, 그것을 마음속 깊이 생각해 볼 수 있다면 얻는바 적지 않을까 한다.

수재야!

새해라야 별다른 좋은 일이 없는 나는 연하장 같은 것을 하고 싶은 생각조차 느끼지 못하는 터이다.

올해도 역시 연하장 한 장 아무데도 보내지 않았는데, 남에게서는 또 여러 장이 왔구나! 그런데 내가 지금 있는 곳은 아주 쓸쓸하고 고요한 촌, 말하자면 시골 두메란다. 그러기 때문에 우편배달부가 하루걸러 끔씩 온단다. 그래 연하장이 초하루가 지난 2일에서야 왔더라. 하루에도 몇 번씩 다닌 서울에다 비하면 참으로 놀랄만한 일이 아니냐.

한 장 두 장 이렇게 넘겨보니 모두 뜻밖의 것뿐인데 그 속에서 '이수재'라고 쓴 엽서를 발견했다. 나는 그것을 손에 들고 얼마나 기뻐했는지 모른다. 참으로 네가 연하장을 보냈다는 것은 뜻밖에도 또 뜻밖인 때문이었다. 나는 날마다 쓰고 있는 소설을 옆으로 제쳐놓고 몇 번이나 읽어보았다. 그리고 혼자서 얼굴을 붉히기도 했다.

수재야!

그러나 너는 기쁜 마음으로 과세를 잘 했느냐? 조선 사람은 아직도 이 설을 쇠지 않으니까 거기도 그렇게 설 기분이 없었겠지만, 오래간만에 돌아온 고향집이니 어지간히 기뻤을 테지? 어머니 아버지를 만나 뵈니 무척 반가웠지?

대관절 지난 학기에 공부를 잘해서 성적이 좋았느냐? 너의 언니들도 별고 없이 공부 잘하고 책 많이 읽었다데?

너의 아저씨는 신문사에 잘 다니며 아주머니도 안녕하시냐? 두루 궁금하다.

네가 서울 올라가거든 일일이 안부나 전해다구.

다시금 나는 기다랗게 자란 네 단발머리가 생각킨다. 그때 내가 왜 머리를 깎지 않았느냐고 물으니까 "인저 길를래요." 하고 웃으며 돌아섰지. 그러나 수재야, 너는 단발을 하는 것이 더 어울릴 듯 하더라. 앞으로도 머리 꼬리를 땋지 않았으면 좋을 상 싶다. 물론 단발을 하는 것은 전의 여자들이 하지 않던 새로운 일이니만치, 따라서 생각과 마음도 낡고 비뚤어진 것이 아니라 새롭고 옳아야 할 것이다.

수재야!

나는 너와 같은 학교에 다니는 계집애(계집애란 욕이 아니니까 그런 줄 알고)들에게 자라서 좋은, 훌륭한 사람 되기를 바랄 뿐이다.

너는 잘 모르겠지만 지금 세상 형편은 그렇게 평탄한 것이 아니다. 수많은 어린이들은 학교에조차 다니지 못하고 모진 일을 해야만 되는데, 너는 다행히 서울 여학교까지 다니게 됐으니 얼마나 행복이랴.

그만치 너는 공부를 힘써 해야 될 것이다. 학교에서 배우는 공부도 잘하고, 다른 좋은 책이나 신문 잡지도 많이 읽어라

서울 올라가면 만나겠지. 이만 그친다.

(1937년 1월)

불안기不安記

- 송구지회(送舊之懷) -

비상시니, 위기니 하던 1936년도 대체로 무사하게 넘어갈랴고 한다. 앞으로 남은 날을 헤어보니 저윽히 사격(紗隔)한 것을 깨달을 수 있다.

회고컨대, 이 해는 대체론 무사하였다고 하지만, 그렇게 평온한 것은 아니었다. 세계적으로는 소대(小大)의 전화(戰禍)가 있었고 국내적으로도 복잡한 일들이 적지 않았었다.

*

다시 회고컨대, 이 해는 나 개인에게 있어서도 자못 울퉁불퉁한 험년(險年)이었다.

초춘(初春). 이 좁디좁은 분위기, 쓸쓸한 생활에 권태를 느끼어 자리나 떠보자고 서울로 아주 올라갔었다. 그러나 서울! 서울 생활은 나에게 더 큰 괴롬을 주었다. 물질적 곤궁에서 보다는 인간들에게서 더 큰 괴롬을 받았다.

오늘날 대부분의 인간은 말초신경까지 악화되었다는 것을 절실히 체험하였다.

서루 속이고, 중상(中傷)하고, 이용하려 들며, 안과 밖이 다른 사고로써 점잖을 빼는 것이 지식층의 일반적 경향이다. 그들에게서 순진함과 성실함을 찾아내기에는 극히 어려운 일이었다. 아무런 공리성 없는 참된 따뜻한 우정을, 나는 냄새조차 맡지 못하였다. 평소에 다소 신임하던 사람들까지 그 모양인 것을 볼 때, 차라리 서울의 공기를 몇 달 동안이고 마시지 않았던 것이 행(幸)일 것 같았다.

나는 '자존심'이 강하고, 잡아당길 욕심이 많다는 나의 성격이 과도하게 작용된 탓이나 아닌가 하여 재삼 반성해 보았다. 그러나 그것은 너무도 똑똑한 허사이었다.

그뿐 아니라 개볍게 움직이지 못한 오늘의 세태라는 것을 절감하였다.

처음부터 조마조마하게 생각되던 서울 생활은 시골에서 느낀 권태보다도 더 컸다.

그만 나는 모든 것을 걷어치우고 시골로 내려왔다. 잡지 경영이고 출판사업이고 모두 시들해보였다.

*

시골로 내려오니 마음은 얼마큼 가라앉으나 좁디좁은 분위기가 여전히 나를 괴롭히어 주는 것이다.

나는 오로지 문학도(文學道)에 정진코자 했다. 어떻게 하면 훌륭한 소설을 써볼까 하고 애썼다. 그러기 위해서는 보고, 듣고, 읽고, 생각하고… 하는 것이 많아야 할 것을 알았고, 보다 너그러운 환경이 필요하다는 것을 느꼈다.

그러나 나의 주위는 너무도 좁았다. 내가 받은 정신상 괴롬은 과도한 것이었다.

실로 예의와 문학을 이해하지 못하는 인간들을 대하기란 만맥지방(蠻貊之邦)에 들어가는 것 이상으로 거북한 일이 아닐 수 없다.

나는 다시금 이 환경을 벗어나고 싶은 충동을 일으키기도 했지만, 그것은 한갓 약한 나의 심신으로서는 불가능한 일이요, 또한 과민한 생각이었다.

또한 문학 1년간의 업적을 돌아볼 때 섭섭함을 금키 어렵다.

나깐에 힘써 발버둥 쳤지만 소기의 성과를 얻었다고는 할 수 없다. 50종에 가까운 글들이 하나도 시원치 못하다.

소설로는 단지 전년에 써둔 「백의」(평범한 이야기)와 「백골」 2편을 발표하였을 뿐, 금년에는 단편 하나 쓰지 못했다. 그러나 지금 쓰고 있는 장편! 이것만은 어떻게든지 실리고 싶다. 완성하고 싶다. 만일 이것에 실패할진대, 단연히 문학의 붓을 꺾어버릴 결심이다.

그러므로 불안에 찬 이 해를 보내면서 나는 더욱 초조해 마지않는 바이다.

(1936년 12월)

소련 반간부파의 처단

　지난 8월 24일, 소련최고법원군사부는 반간부파의 잔당인 반정부적 테러 음모사건의 최후판결을 내리고, 그 이튿날 바로 지노뷔에프, 카메네프 등 16명 피고를 총살해 버렸다. 만일, 트로츠키도 소련 국내에 있었던들, 이 속에 한몫 끼었을 것이 뻔한 일이다.
　누구나 다 아는 바와 같이 트로츠키라든가 지노뷔에프, 카메네프 등은 레닌, 스탈린 등과 어깨를 겨루는 로서아(露西亞)혁명의 가장 공훈자이다. 그러던 것이 제정(帝政) 로서아가 넘어가고 이제 사회주의의 건설 도중, 트로츠키는 쫓긴 몸이 되어 이 나라에서 저 나라로 전전(輾轉)의 생활을 하고 있은 지 일구(日久)하였고, 지노뷔에프, 카메네프 등은 총 끝의 이슬로 화하였으니 이 어찌 세사(世事)의 묘(妙)함과 인사(人事)의 허(虛)함을 놀라지 아니치 못하랴?
　그들은 지난 날 제일선에 서서 분투하던 때 오늘의 이런 꼴을 당할 줄이야 꿈에라도 생각지 못했을 것이다. 차라리 당시 '적'에게 붙들려 어떠한 일을 만나든지 그것이 있음직한 일이리라. 그러나 오늘에 와서 '동지'에게 재단(裁斷)을 받아 최후를 고하게 된다는 것은 어디로 보나 의외이요, 불운이 아닐 수 없다.

이로써 보면 영웅도 때를 만나야 된다는 것이 시실인 듯싶다. 현재 소련을 지도하는 최고인물 스탈린과 그들과를 비겨볼진대, 오늘의 됨이 그 얼마나 천양의 차가 있는 것이냐.

들은 바에 의하면 소련 당국의 그러한 처단이 부득이한 사정으로 인한 탓에는 틀림없다고 하나, 그러나…

그러한 데서도 서루 물고 뜯고 하는 불상사가 야기(惹起)되어야 하는 것이 당연한 일인지 아닌지 나는 모르겠다.

지노뷔에프, 카메네프는 '당지도자에 대한 마음속 깊이 박힌 증오와 정권에 대한 갈망' 때문으로 그러한 테러 수단을 취할랴고 한 것이라 한다.

물론 정권을 잡고 싶어 하는 그 불타는 마음이 그들에게서 사라질 리야 없을 것이다. 그러나 정권을 잡지 못하고, 현재의 지도자와 합치되지 못하는 그 점이 영원히 풀지 못할 수수께끼가 되지 않을 수 없다. 이것은 적어도 인간의 비극이 아니면 안 된다. 다 같이 일했고, 또 다 같은 일을 하는 '동지' '맑스주의자'가 어째서 모든 것에 합치되지 않느냐는 것이다.

피고들이 테러 수단을 취한 것은 저급한 개인적 정권욕에서 나온 행동이 아니냐고 검사장 위신스키가 물을 때 카메네프는 "그렇다. 우리들 일파의 정권 갈망 때문이다."라고 답변하였다 한다. 맑스주의자로서 그런 테러 수단을 취한 것이 잘못이 아니냐고 물을 때 지노뷔에프는 "우리들에게는 당내에서 발언의 자유와 운동이 허(許)해 있지 않다. 이러한 상태에 있어서는 모든 수단을 이용치 않으면 안 된다." 운운하였다.

유차관지(由此觀之)컨대 인간의 욕(慾)이라는 것이 대단히 큼을 알 수가 있었다.

　검사장 위신스키는 "광견(狂犬)과 같은 피고 16명은 최후의 한 사람까지 모조리 총살을 하라."고 사형을 논고하여 드디어 총살되고 만 것이다.

　이 보(報)를 접한 락위(諾威)에 있는 트로츠키는 그들을 위하여 보복할 것을 선언하였다.

　일이 이렇게 될 것은 정한 이치라 하겠지만, 오늘날에 와서 소련 정부를 지도하는 편과 그 반대적 입장에 선 그들의 운명이 그렇게 판이한 것은 자못 놀랄 일이다.

　어쨌든 이번의 그 사건은 식자의 주심(注心)할 가치가 크고도 남는다.

(1936년 9월)

그 시절의 단발령

　바야흐로 어느 전환기를 급속도로 밟고 있을 그때 봄, 어느 날 아침이었다. 나는 전과 마찬가지로 회관(수원)에서 일찍 일어나 세수를 하고, 아직 아침밥도 먹지 못한 채, 다 부서진 의자에 걸터앉아, 그날의 할 일을 생각하며, 문부를 들추고 있었다.
　마침 동천에 솟은 힘 있게 붉은 햇발이 열어놓은 창문을 통하여 나의 말라빠진 얼굴에 비치어, 문득 한숨을 쉬며 고개를 들랴니까, 어짠 뜻하지 않은 단발랑이 터벅터벅 이쪽을 향하고 걸어들어 오는 것이 눈에 띠었다.
　눈을 크게 떠 쳐다보았으나 도모지 생전 처음 보는 여자이라 알 수가 없어 의아하는 판이었는데, 그 여성은 단발머리를 흔들며 조금도 서슴지 않고 거침없이 나의 앞으로 와 서는 것이었다. 별안간 당하는 일이라 자못 당황하지 않을 수 없었다. 그러나 그의 말을 통하여 그는 어떠한 여자이며, 어째서 찾아 온 것인가를 알게 되니, 일면(一面)이 여구(如舊)한 것 같은 감(感)을 느끼게 되었다. 우선 그를 위로해준 다음 K동무의 집으로 아침밥을 얻어먹으러 가기 위하여 데리고 나섰다. 언뜻 보아 그의 행동은 퍽이나 순진하고 소박하고 활발하여 소위 여자다운 데가 없어, 나의 마음에 맞았다. 그때의 나는 그런 여자라면 무조건하고 좋아하였기 때문이다.(독자는 이것을 어떤 딴 나뿐 의미로 해석하지 말라!)

그는 근우회원으로서, 남조선지방에 여행을 하는 도중, 수원역에서 길 막힌바 되어 2주일 동안이나 유치장 살림을 하고 나온, 18세가 넘지 못한 단발의 처녀인 것이었다. 그럼에도 불구하고 웬만한 남자로도 보기 드물 만치 의기가 씩씩하여, 그때 그런 '살림'에 간혹 괴롬을 느끼게 되던 나에게는 대뜸 커다란 반성의 거울이 되지 아니치 못하였다.

*

그리하여 그가 며칠 머물고 있는 동안 회관에 출입하는 사람들의 화제거리가 되어 저윽히 심심치 않았다. 지금은 동경 ○형무소에서 쓸쓸한 세월을 보내고 있는 권동무가 가장 일선에 서서 여러 가지 유모어에 찬 짓을 했던 것이다.

"나와 연애를 좀 할까? 하하…'

권동무는 이렇게 말하고 호걸웃음을 웃었다. 그러나 불행히도 그는 난치의 중병인 폐병이 있어 검은 피를 뭉쿨뭉쿨 토하는 때이었으므로 연애는 둘째였던 것이다.

어쨌든 이 단발의 처녀는 남의 말을 좋아하는 이곳 사람들의 심심치 않은 대상이 되어서 어느덧 화제의 화살이 나에게로 쏘아졌다.

여러 동무들은 나를 행운아라고 놀리기까지 하였다.

그러나 당시의 '표면운동'에 일대 암초가 걸려 와서 어떻게든지 방침이 전환되어야 하겠고, 그로 인하여 고민과 초조에 불타고 있는 판인데, 나는 또 대수롭지 않게 걸리고 말았다.

얼마 뒤 풍편으로 그의 소식을 듣기는 했으나, 퍽 불쾌한 점이 많던 차에, 하루는 남조선 어느 도시노동조합에 있는 어떤 사람으로부터 나에게 기억에서 잊혀질랴고 하던 그 단발 여성에 대한 여러 가지의 조회 비슷한 것이 왔다. 그것을 받은 나는 어째서 나를 끌어댔을까? 하고 퍽이나 의아하였지만 하여간 나의 아는 범위에서 회답을 해주었다.

그 후 역시 소식은 돈절하였으며, 나 역시 그의 행방을 알려고 할 여념을 갖지 못하였다. 그러다가 굽이 굽이진 그 시절의 1년이 지났는가 할 어느 때, 매우 서투른 글씨의 엽서 한 장이 날라 들어왔다. 그것은 묻지 않아도 그 단발랑이 보낸 것이었다. 글씨가 서투른데다가 말까지 뻣뻣해서 이해하기에 극히 어려운 편지였지만, 그의 애태우는 심정만은 알아차릴 수가 있었다. 그는 무엇 때문에 애를 태우는가? 그 연유를 적지 않았으며, 또 어디서 무엇을 하고 있는지 주소조차 쓰지 않고, 일부인 또한 흐려졌으니, 이 어이 딱한 노릇이 아니었으랴. 옆에 있는 변동무는 아마 실연을 당한 때문인가 보다고 웃었지만, 어찌 됐던 나는 궁금하지 않을 수 없었던 것이다.

*

그러나 하루는 너무도 의외의 엽서를 받게 되었던 것이다. 그는 남성을 원망하고, 세상을 비관하여, 나에게 '운동'에 대한 말을 부탁하였다. 물론 이것만으로는 그렇게 의외의 일이 될 것도 없지만, 방금 동경으로 가는 도중인데, 돈도 없고 또 모든 것이 뜻과 같지 않아서 자살을 할 생각이라는 말이 끝으로 써 있는 때문이다.

나는 어떻게 해야 옳을지 일소에 붙이기에는 경솔한 생각이 났지만, 일건 주소를 적은 것이 알아볼 수가 없어서, 심히 마음 아프게도 편지 회답조차 할 수 없었던 것이다.

지금에는 그 시절의 단발랑이 살아 있는지? 죽었는지? 그것부터 알 수 없으니 너무도 무료한 세사가 아니고 무엇이랴. 더구나 그의 이름조차 잊었으니 무엇하랴.

　「여인」 잡지의 청탁으로 옛 기억을 짜내어 '수필'을 쓰자하니 새삼스럽게 그 시절! 그 시절의 단발랑이 그리웁구나! 그 시절의 수다한 단발랑 '팬', 의기 발랄하던 청춘남녀들은 오늘날 이와 같은 엄청난 시기에 모두 무엇을 하고 있으며 또 얼마나 변해버리었는가? 아 세태는 젊은 나에게 적지 않은 애상(哀想)을 자아내게 할 만큼 그처럼 격변하고 말었구나! 그런데 나는 끝으로 그 단발랑은 결코 미인이 아니었으며, 남자들에게 미적 매력을 끌게 할 만한 여성이 아니었다는 것과, 또한 매우 괴까다라운 성격과 처지의 소유자인 내가 그에게 '연애'의 '연'자부터 염두에도 두지 않았다는 것을 섭섭하나 말해둘랴고 한다.

(1936년 5월)

귀향歸鄕

1

비참과 우울과 음란과 오예(汚穢)와 허위와 퇴폐에 가득 찬 서울을 극도의 증오하는 내가, 너무나 모순되게도 그런 분위기 속에 한몫 끼어 비록 단시일간이나마 무사분주한 생활을 하다가, 어느덧 이 요녀의 추파 같은 봄의 감촉을 느끼면서 얼마 동안 보지 못해 그리워하던, 그 지긋지긋하게 미우면서도 또한 지긋지긋하게 사랑스러운 나의 고향 - 수원 한촌(寒村) - 을 찾기로 했다.

이달 9일, 어제는 종일토록 비가 퍼부었고, 오늘 아침까지 천기가 음침하더니, 오정이 되어서야 겨우 햇빛이 나타났다. 그러나 이럭저럭 차 시간을 놓치어 복잡한 정거장 3등 대합실에서 '차 시간 기다리기란 천하에 못할 노릇이다'라는 말을 생각해가며 웅크리고 앉아 있었다.

차내에 들어서니 마침 통학생으로 만원을 이루었으며, 책을 읽고 침선(針繕)을 하는 남녀학생 몇 사람이 눈에 띌 뿐, 모두 '파일놀음'꾼 모양으로 무엇을 떠들고, 괴이고, 부산을 놓는지 도무지 정신을 차릴 수가 없다. 그러나 문득 나의 마음은 센티한 회의에 사로잡히고 말았다. 저렇게 매일 기차를 두 번씩이나 타고 먼 거리를 왔다 갔다 하며 글을 배워서 궁경(窮境)엔 무엇을 하잔 말인가? 대관절 어디다 써먹는단 말인가? 인간이란 정말 글을 배워야 하는 것일까? 지금 세상의 사람들은 글을 배울수록 점점 '악화' 되어 가는 것이 아닐까? 아! 그렇다면 오늘날의 인텔리들은 얼마나 불쌍한 것이랴?

더욱이나 나 어린 제복의 처녀가 안존하게 앉아 옥양목 조각을 손에 들고 핀으로 실오라기를 열심히 빼내는 그것이여! 그들은 그렇게 공부를 하여 연애랍시고 지지하게 하다가, 혹은 그나마도 하지 못하다가, 결혼을 하여 꼴같잖은 주부로서 극히 소극적이고 무의미한 생활을 하는 것이 일편 가엽다. 만일 그러할진대 지금이라도 즉시 그 제복을 벗고, 책보를 던져 버리는 것이 좋지 않을 것인가?

도도히 흐르는, 그러나 64만의 경성 시민과 및 수만 농민의 생명수가 되어 있는 한강! 그 한강에 걸쳐있는 무지꿈한 철교를 다 지나오도록 나는 부질없는 공상일지도 모를 그런 생각에 취하였다.

오산에서 하차하니 로맨틱하기 짝이 없는 검붉은 구름장에 싸인 석양이 마지막 운명(殞命)을 하려는 사람의 반짝하는 극히 짧은 애처로운 그 순간과도 같이 비치었다.

변(邊)형의 굳이 자고 가라는 만류를 완강히 사양하고 20리 여허(餘許)의 논틀 밭틀 길을 걸어갔다.

흙냄새 섞인 훈풍이 코를 찌를 때, 나는 이 땅이 말할 수 없이 그리워졌다. 그러나 넓디넓은 '새터벌'이여! 비록 여름에 홍수지고, 겨울엔 눈 덮이는 쓸데적은 벌판이지만, 아 이 벌판! 벌판 한가운데 뚫린 굽이굽이 진 좁은 길을 걷는 나의 심사에 얼마나 커다란 희망과 아픔과 슬픔을 자아내게 하였는가?

내 어려서 부발(負芨)의 생활을 할 적에 방학 때마다 여기를 지나면서 하루바삐 고등농촌학교를 졸업하여, 어려운 사람들과 더불어 이 벌판 위에 이상향을 건설하여 보자 하였으며, 그 후 돈·키호테적 공상이 깨여지고 '실천행동'에 발을 들여놓고 이 벌판을 왕래할 때에, 나의 정열적인 마음은 감상에 흐르기도 하였으며, 오늘날 모든 것이 허물어지고, 다만 패배의 쇠약한 소구(小軀)를 끌고 소극적인 '문필생활'을 하는 지금! 이제 이 벌판을 걸어갈 때의 그 마음 그 꼴이 어떠하겠는가? 아! 차라리 이 붓끝을 흐려버리기로 하자!

하지만 또 나를 괴롭혀 주는 '이수천(二水川)'이여! 내 '역발산 기개세(力拔山 氣盖世)'를 하지 못하고 우(虞) 미인을 갖지 못하였지만, 이 내를 건널 때마다 오강(烏江)의 항우가 눈 앞에 선하여 나의 머리를 숙이게 한다. 발 앞의 큰물이 나타나자 '배 건너라' 하는 몇 마디에, 댕갈댕갈하는 소동(小童)의 목소리와 함께 조각배가 어둠의 물결을 헤치고 이쪽으로 달아온다.

2

봄을 먼저 알리는 흐리멍덩하게 생긴 할미꽃조차 노방(路傍)에 다시 피어있거늘, 우리 평서(平緖)는 영영 다시 돌아오지 못하는구나! 문득 아들 평(平)의 생각이 치밀어 타고 간 자전거를 세워놓고 밤나무가 빽빽하게 들어찬 '벗개'산 꼭대기를 올라가는 나의 구곡간장은 모조리 녹는 듯하였다.

아! 흙이 아직 굳지도 않은 평의 묘. 이 조그만 봉분 속에 낳은 지 열 달도 못되는 우리 평이가 들어 있다니? 정말로 꿈같다.

아! '평화'를 상징해 이름 진 그 호활(豪濶)하게 생긴 평서. 평화를 깨뜨리고, 봄을 등지고, 땅속에 묻혀 있다니? 손으로 흙만 어루만진들 무슨 소용이 있으랴? 부질없이 눈물만 솟아 땅에 뚝뚝 떨어질 뿐.

펑이 들어있는 옆에는 적은 풀들이 뾰족뾰족 나오고 할미꽃이 피어 있지 않은가? 그렇건만 인생은 한번 가면 다시 못 오니 어이 이 최대의 원한이 아니랴?

아직도 앞길이 만리 같고, 새파랗게 젊은 내가 구격에 넘치는 인간의 생사문제에 고민하게 된 것은 최근년간에 비롯한 일이어니와, 저번 펑의 죽음에 있어 한 층 더 심각한 괴롬을 맛보았던 것이다.

최후를 마칠랴고 하닥이는 그 순간! 나는 쩔쩔매다 못해 인간의 무력을 너무나 크게 절정(絶頂)적으로 통분하였던 것이다.

'그래 이것을 살릴 능력이 없단 말인가?"

그만 절망이 되고 말았다. 펑은 숨이 끊어져버렸다.

범(凡)을 초월한 세대의 영웅이 되기를 기대하던 펑을 살리지 못하는 내가 도리어 저주스러웠다. 정말 펑을 살리기 위하여 그 원수같이 치웁던 날, 걸어서 십리, 자동차를 타고 십리. 이렇게 하여 병원에 갔다 오던 그 일을 생각하면 지금도 치가 떨린다. 새삼스럽게 이 궁촌, 한촌에 사는 것이 원망스러웠으며, 편작(扁鵲)같은 명의의 필요를 느꼈지만, 이것도 임갈굴정(臨渴掘井)의 어리석음이 아니고 무엇이었으랴.

금방 숨이 넘어갈 듯한 것을 만원이 돼서 될 수 없다고 부라리는 그 무지한 자동차 운전수를 간신히 달래어 타고가기는 했으나, 시골 장터의 일개업의의 손으로는 도저히 살릴 가망이 없었던 것이다. 아니다. 이뿐만이 아니다. 펑을 죽인 가슴 속의 못이 풀기기도 전에 나는 격분과 노호할 소식을 들었던 것이다. 그것은 다름이 아니라 어떤 사람들이 큰일이나 난 듯이 치료한 병원으로, 유숙한 친구의 집으로 왔다갔다, 갔다왔다 하면서 '조사'를 하였다는 그것이다. 남은 어린 것을 잃고 슬퍼하는데 그들은 무엇이 그리 필요하기에 그러는 것일까?

아, 나의 가슴 속에는 풀리려던 못이 다시 굳어져 버리었다. 이 영원히 풀기 어려운 못….

나는 평의 조그만 묘 옆에 앉아서 모든 것을 되풀이 해본다.

과연, 인생은 무력하다. 옛사람은 '인생칠십고래희(人生七十古來稀)'라고 하였고, 또 인생을 여러 가지로 해석하였지만, 칠십도 못 살고 죽는 인간. 이것은 더욱 무력의 표현이 아니고 무엇이랴? 그러나 지금 세상에서 절대다수의 인간들이 비록 칠십, 팔십을 살다 죽는다 하더라도 그 동안 먹고 입기에 쪼들리어 의의(意義) 없고, 비굴하고, 괴로운 생활을 영위하지 아니치 못하게 되니, 이 또한 비극이 아니고 무엇이랴?

만일, 우리 평서가 커서 아무런 의의와 광휘(光輝) 있는 인간생활을 하게 되지 못할진대, 차라리 일찍 죽어버린 것이 무관할는지도 모른다. 그러나, 그러나 평이 자라서 클 시대에는… 또 평은 기어이 뚜렷한 인간이 될 것이라고 믿는다. 그러므로 해서 평은 더욱 아까우며, 이 고향의 봄빛과 같이 다시금 내 마음속에서 용솟음친다. 손등으로 눈물을 씻고 일어서 내려와 자전거의 핸들을 잡을 때 눈앞이 캄캄해졌다

3

참으로 맹랑한 세상이다. 오늘날 사회가 발달되고 문화가 발전되었다고 하거늘 이와 정반대의 사실이 공연히 존재해 있으니 어찌 괴이치 않은가?

현재사회란 개인주의의 총집체라는 것도 벌써 옛말인 듯하다.

보교(普校)를 졸업한 가제(家第) 호(浩)군이 집에서 놀기만 하는 게

안 되었던 판에 교장과 면장의 추천으로 '농촌중견청년'을 양성한다는 '농업실수학교(農業實修學校)'에 입학 지원을 하였던 것이 군수와 그 농교 교장의 전형(詮衡)의 결과, 이상스럽게도 그 애 한 사람만 낙선되고 말았다.

그 이유란 '몸이 약한 때문'이라는 횡설수설이다. 이 웃지 못 할 진실을 어떻게 해석하여야 옳을까? 자못 망조(罔措)치 않을 수 없다.

개인, 개성을 존중히 한다는 이 사회가 아닌가? 만일 몸이 약하다면 그들은 처음에 왜 추천하였으며, 또 '몸은 튼튼한데'라고 말하였는가? 그 애보다 더 작고 약한 학생이 있는 것은 어쩌잔 말인가? 일이 이에 이르러서는 도무지 수작을 붙일 수가 없는 것이다.

그들은 농촌진흥회장이요, 면협의회원인 아버지는 생각지 않고 형만을 내세우니 이 어찌 편안(片眼)적, 소아(小兒)적 소견과 정책이 아니냐? 삼족을 ○하던 봉건제도는 옛날의 일이어늘.

그런 학교에 입학을 한다 한들 무슨 소득이 있으랴마는, 일껏 학교에 간다고 양토(養兎)하던 것을 팔아버린다 하며, 잔뜩 벼르면서 있던, 아무 것도 모르는 아우가 보기에 몹시 딱하며 너무도 미안하다. 말은 않지만 그 애의 마음은 어떠하겠는가?

아! 나의 고향이여. 왜 나에게 좋은 소식을 주지 못하는가?

오늘은 장질부사병(腸窒扶斯病) 예방주사를 놓는 제2일이어서 남녀노소의 수천 면민이, 고개에 오뚝 서있는 '신흥학당(新興學堂)'을 에워싸고 와글거린다. 한촌에서 보기 드문 다수의 군중들이다. 매명(每名)에 ○전씩 각출(各出)시키어 주사를 맞게 하고, 그것으로 인하여 어떤 사람은 일도 못하고 며칠씩 앓게 되지만, 그들은 모두 횟박 화장을 하고 고까옷을 입고 구름같이 모여드는 것이다. 그들은 십년 전만 해도 돈 주며 맞으라고 해도 죽이는 줄 알고 기피하였을 것이다. 그렇거늘 무슨 구경거리나 난 듯이 '질겁게' 모여드니 도대체 세상이 그만치 발달된 것이냐? 또는 무슨 다른 원인이 있는 것이냐? 오늘은 따귀 맞은 젊은 부인이 없는 모양이니 그것만은 다행인 듯.

주사 실시장인 신흥학당! 그것은 일찍이 청년들의 집회당이었다. 그러나 그런 간판이 떼어진 지 이미 일구(日久)하였고, 진흥회, 부인회 등의 집회장으로 쓰여지며, 어린 학생 30여 명으로써 존속되어 간다. 그나마 극빈층에 속한 자녀들은 여기에 다닐 여유보다도, 우선 가마(叺)를 치고 나무를 해야 될 형편이다.

가마니 소산지인 이곳의 빈농들은 가마를 쳐야만 비참한 생도(生途)나마 그대로 해나갈 수 있는 것이다. 가마니 한 짝에 상(上)이 12,3전 내외, 이것을 바라고 (그중에서 짚값을 제한다) 끝이 빠지도록 짚을 빻고, 팔이 저리도록 바디와 바늘을 놀리고, 손톱이 닳도록 문지르고… 그들의 가여운 꼴이 마음을 아프게 한다. 그리고도 그날그날의 끼니때에 아쉬워하는 양.

이들에게는 봄도 꽃도 다 알암곳없는 듯하다.

바람을 쏘이러 뒷동산에 올라서니 여기저기서 춘경농사(春耕農事)를 준비하는 사람들이 눈에 띤다. 봄은 왔건만 그들은 봄을 즐기는 대신 일을 시작해야 되는 것이다.

아! 나의 고향이여. 나의 고향에는 언제나 정말의 봄이 오랴는가?

나는 이 불쌍하고 옹졸한 고향을 끝끝내 돌보지 않고, 또 증오할 서울을 향해야 될 것인가?

(1936년 4월)

옛벗에게

K형!

만일 형의 심경이 전일 항간에 떠돌던 말과 같은 그런 정도까지 변하였다면, 내 이 글을 쓰는 것이 도리어 어리석은 일이 되는지도 모르겠소. 그러나 내가 거기에 동의하기엔 과거의 우리들의 일을 보아서 너무도 애처로운 일이오. 나는 될 수 있는 대로 형의 생활과 및 심경을 호의로써 해석하고 싶으오. 시불이혜(時不利兮)하기 때문에 어느 도시에서 불운의 생활을 하고 있으리라고.

지금의 나도 양심적 인간으로는 퍽 '루-스' 하다고 할 만한 생활을 이 조그만 농촌, 한촌에서 홀로이 하고 있소.

만일 형이 도시에서 불운의 생활을 하고, 내가 이 농촌에서 쓸쓸한 한일월(閒日月)을 보내고 있다면, 과거의 우리들 생활이 어찌 연상되지 않겠소. 낙천적 기분이 넘치는 형은 한바탕 너털웃음을 웃을 것이며, 침울적 기질에 가득 찬 나는 적은 한숨을 쉬고야 말 것이오. 형이여. 웃어 보시오. 나는 언제나 침울하오. 요새는 어쩐지 마음의 비애까지 느끼게 되오. 이것이 환절기에 있어서의 생리적 소위라고 보기에는 나 자신조차 긍정키 어렵소. 아마도 의욕과 실천이 부합되지 않는데서 나온 것인 듯 싶소. 아! 이 마음의 비애를 어떻게 한단 말이요?

K형!

　지금 나는 이렇게 읽고 쓰는 일을 하고 있소. 읽고 쓴대야 무슨 큰 능률과 효과를 낼 수 있겠소마는, 그래도 다 꺼지지 않은 욕망이 그것을 하게 하는 것이오. 그러나 요새는 등화(燈火)를 초가친(稍可親)해야 될 때인데도, 이 읽고 쓰는 일이 조금도 진보되지 못하오. 어느덧 이 읽고 쓴다는 것, 특히 쓴다는 것에 대한 동요가 생긴 때문이오. 나는 한동안 이 동요와 싸워야 될 것이오. 아! 형이여. 나의 마음은 왜 이다지도 약해졌을까요?

　K형!

　지난 가을. 그 놈의 실솔(蟋蟀)의 음조(吟調)는 왜 그렇게 처연한지? '무학제' 안의 큰집에서 듣던 소리보다도 일층 심각한 맛이 있어, 연약한 나의 마음은 거문고(琴)의 가느다란 줄이 바르르… 떨듯, 흔들리었고 명휘(明輝)한 추월(秋月)은 그 무엇이라고 구체적으로 제시키 어려운 애수를 자아내게 하여 부질없이 달 아래에 거닐기도 했소.

　또 나는 가을의 늙은 햇빛을 머리에 이고, 밤나무 산에를 갔었소. 나의 고향엔 밤나무가 적지 않게 많으며, 우리 집 산에도 군데군데 어린 밤나무들이 꽤 많이 있소. 얼빠진 놈 모양으로 천천히 올라간 나는, 우선 우거진 밤나무들의 그 대견한 꼴에 정신을 차리지 않을 수 없었소. 그러나 누렇누렇한 밤송이가 어떤 놈은 밤알이 다 떨어져, 이 빠진 늙은이 모양으로 입을 딱 벌리고 있으며, 어떤 놈은 반쯤 벌어져서 누런 밤톨을 내놓고 있으며, 또 어떤 놈은 그대로 매달려 있는 것을 보았소.

　때마침 밤 한 톨이 '톡-' 하고 떨어졌소. 나는 영국의 위대한 물리학자를 생각할 여유도 없이 인생의 무력을 깨닫게 되었소. 자연의 일부분인 인생, 인간도 그 모양으로 떨어져 없어질 것이 아니요? 그와 조금도 다름이 없을 것이오.

이런 말을 하면 형은 전의 말버릇과 같이 나더러 소뿌르의 근성이 청산되지 않은 탓이라고 말할는지 모르나, 그러나 형이여. 그것이 사실인 데야 어찌하겠소. 나는 그때 밤 한 톨을 손톱으로 까서 아무 맛도 모르고 씹으며, 또 얼빠진 놈 모양으로 집에 돌아왔었소.

그랬더니 지금엔 여기저기 낙엽 진 버쩍 마른 나무들이 몰려오는 찬바람에 이리 흔들, 저리 흔들 하고 서있는 것을 볼 수가 있소. 이것이 또한 나의 마음을 아프게 하는 것이오.

K형!

나의 말만 해서 안 되었오마는 정작 나는 이러한 불운의 생활환경, 마음의 비애를 느끼면서도, 그래도 앞날의 그 무엇을 위하여 헤엄치고 있다는 것을 형에게 말할랴는 바이오.

형이여! 내 지금 형이 어디서 무엇을 하고 있는지 알 수 없는 일이나, 다만 바라는 것은 그 어려운 생활고에만 지배되어 허우적대지 말고 이 짧은 청춘, 일생을 의의 있게 보내도록 마음을 갈아 잡으라는 것이오. 인생이 죽지 않고는 안 될 물건이라면, 그 살아있을 동안에는 의의 있는 생활을 해야 할 것이 아니겠소? 항차, 그 말할 수 없는 뜨거운 의기에서 출범했던 형이 아니오? 또 내가 아니오?

K형!

형은 내 말을 명심할 것이오. 그리고 될 수 있으면 안부나 전해주시오. 형의 건강을 빌어마지 않소.

오! 나의 옛 벗이여!

(1935년 12월)

배재培材와 조선과 나

- 배재발전회를 위하여 -

　나는 배재와 조선과 나와를 늘 연결해 생각하고 있다. 지금 배재 창립 제50주년을 맞이함에 있어서, 그런 생각은 일층 감격에 찬 조직적인, 그리고 회고적인 데로 전화되었음을 깨닫겠다.
　왜 그러냐 하면 배재는 근대 조선과 떼어 볼 수 없는 그런 역사를 가진 학교기관인 때문이며, 나 자신은 그 품 안에서 5년이나 자라왔으므로써이다.
　그리하여 조선 말기로부터 우금(于今)까지 역사적, 문화적 현상을 말할 때에는 배재를 빼 놓을 수 없는 것이며, 나 개인의 오늘까지 걸어온 길을 회고할 때에는 그 또한 배재를 잊을 수 없는 것이다.
　배재 창립 당시의 조선의 현상과 오늘날의 그것과는 얼마나한 차가 있으랴? 내 여기서 새삼스럽게 말할 필요도 없거니와, 나는 배재의 한 어린 학생으로서 새로운 생각에 불타… 과감히 종교학교인 배재를 박차고 나왔던 것이다. 이만치 지금 나는 여러 가지에 있어 배재를 안타까워하는 것이다.
　그러므로 이제 50주년 기념을 당하여, 우리는 배재의 역사와 근대조선의 그것을 음미 고구(考究)할 필요가 있는 것이며, 또 나는 더욱 바른 길을 걷고자 자기편달(自己鞭撻)을 해야 할 것이다.

    따라서 이번 기념전람회도 퍽이나 의의(意義)가 깊다. 나는 한편으로 감격에 가득 차 있는 것이다.

(1935년 10월)

야행차夜行車의 풍경·기타

지난 밤, 특사(特使)의 전보를 받은 우리 집안은 나로 하여금 불의의 여행을 하게 하였다.

한 여름 동안 유울(幽鬱)의 생활을 한 까닭에 때로는 낯선 경치를 찾아 머리를 식히고, 마음을 상쾌히 하고 싶은 충동을 받지 않은바 아니지만, 이번 의외의 여행은 성질상 이러한 충동을 채워줄 것은 되지 못하였다.

나는 허둥지둥 여장을 차려 투실투실한 벼이삭이 우거져 있는 논뚝을 지나고 지나서, S역으로 나왔다.

○○일보 지국에서 기차시간을 진저리가 날만치 기다렸다.

이 한역(寒驛)에 여객이 있을 리 만무하여, 졸고 있는 역 담당 순사 한 사람을 뒤에다 두고, 역장이 연출하는 자랏자릿한 극적 장면을 눈을 겨보며 나 홀로이 승차.

때는 9월 초하루를 10분 앞둔 그믐날 오후 11시 50분! 1분을 쉴락말락 한 기차는 스르르 어둠의 장막을 헤치고 출발.

나는 차내에 들어가 앉을 자리를 찾으면서도, 금방 역장이 연출한 훌륭한 1막의 넌센쓰 극이 눈앞에 어른어른하여 혼자 고소를 금치 못하였다.

'○○ 한 장 주시오.' 하고 찰구를 들여다보고 있을 때, 사무실 안 침대에 횡와(橫臥)한 역장이 무슨 군(君)이니, '……'이니 부르며 상관으로서의 매우 비열한 짓인 잔소리를 횡설수설 늘어놓으며, 이따금씩 소리를 지르기도 하여, 나는 적이 불쾌를 느끼었는데, 기차가 역 구내에 거의 다 들어와 닿도록, 그는 여전히 드러누운 채 잔소리를 하면, 큰 소리를 치기도 하는 것이었다.

두 사람의 역부는 갈팡질팡 자기들의 역장을 불러일으키는 모양이었다. 겨우 역장실 입구에 나온 그는, 맨머리에 양복 윗저고리만 걸치고 비틀비틀 다리를 가누지 못하면서도 무엇이라고 중얼거리는 것이었다.

젊은 역부는 차 오는 편으로 달아나 버리고, 늙은 역부만 왔다갔다 어쩔 줄을 모르다가 "아차, 모자!" 하고 역장모를 집어다 씌워 주었다. 모자를 쓴 역장은 그대로 비틀비틀 애튀튀… 알콜이 잔뜩 다지는 모양이었다.

"아차!"

코 빨간 늙은 역부는 또다시 황급히 사무실에 뛰어 들어가 통테 같은 그것을 갖다가 역장에게 들려주었다. 금방 차바퀴 밑으로 휩쓸려 들어갈 것 같건만, 원체 자기 직업에 능숙한 탓인지, 마치 희극배우 모양으로 두 다리를 벌리고, 엉거주춤하게 서서 똑바로 전해 주었다.

그러나 그 순간, 나는 아찔해졌다.

황당무계한 그 역장의 행동을 동정하는 것은 아니지만, 그래도 저렇게 하다가 차 밑으로 쓰러지지나 않을까? 말할 수 없이 위험한 그 장면이었다.

나는 간신히 자리를 차지하고 앉아서도 그 생각을 하였다. 그리고 다시한번 횡포하기 짝이 없는 술 취한 그 역장의 꼴을 눈앞에 그려보았다.

차는 날으는 듯이 남으로, 남으로 달아날 뿐.

대부분의 여객들은 고개를 끄덕거리며 졸고 있고, 간혹 빈대 소동을 일으키는 자들도 있다. 일본 내지에 돌아가는 젊은 여자가 빈대에 뜯기어 우는 상을 해가지고 부산을 놓으니까, 건너 줄에 앉았던 사나이 한 사람이 빈대가 어떻게 생긴 것인지 좀 보여 달라고 떠들어댄다.

그들은 의자 틈에서 빈대 하나를 잡아내가지고 무슨 보물이나 얻은 듯이 지지고 괴는 것이다.

빈대를 처음 본다는 그자들의 꼴이 한껏 가증해 보였다.

나는 나의 장차 가는 그곳의 일을 추상(推想)하매, 머릿속이 흥분되어 잠도 오지 않았다. 그나마 걸상에서 빈대가 나와 귀찮게 구는 것이다.

어느덧 날이 밝아지고 기차는 대구를 향하여 쏜살같이 달렸다.

대구에 들리어

대구에 들리어 P변호사사무소를 찾았다.

마침 K씨가 있어 반가이 맞아주었다. 여러 가지 누년간 격조했던 이야기를 주고받고. 나에게 서신을 보냈다가 신원조사를 당한 일이 있다는 이야기도. 그도 웃고 나도 웃었다.

이번 도정의 예정이 짧아 이곳에서 별로 찾아볼 사람도 없지만, 혹

찾고 싶은 사람이 있기는 하나, 그만 두기로 했다.

대구 시가를 일별(一瞥)한 뒤에 달성공원을 구경하였다. 대구는 조선에서 유수한 도시이니만치 무엇이나 외관은 그럼직 해보였다. 공장, 학교가 더욱 눈에 띠었다.

달성공원.

공원 주위에는 '천작(天作)'으로 되었다는 성이 둘려 있으니, 그 천연으로 되었다는 것만은 한 개의 전설이리라.

북각(北閣)은 수리 중이라 올라가보지도 못하였지만, 각 밑 벤치에 두 젊은 여인이 식료품을 늘어놓고 앉아있는 것은 서비스를 하자는 모양이나, 도리어 관객으로 하여금 눈을 찌푸리게 할 일이다.

남각(南閣)에는 룸펜 군(群)이 모여 낮잠을 자고 있다. 지게 위에 누워서 코를 고는 사람. 사주 책을 펴놓고 있는 사람. 우리가 지나가니까 사주를 보라고 보채는 것이다.

남쪽으로는 소방수의 '순직비(殉職碑)'가 우뚝 서서 있다.

어디나 공원에는 이런 사람, 이런 것들이 있어야 되는 모양이다.

오늘날의 공원이란 필요하다면 여름 한철 집 없는 도시의 룸펜들이 한갓 잠자고 놀기에 적당한 그뿐일 것이다.

달성공원은 나에게 아무런 유쾌함을 주지 못하였다.

나는 역시 밤차를 타기 위하여 대구역으로 나왔다.

정거장은 복잡한 편이다.

인척이라 하여 나에게 후한 접대를 해준 김, 이 양(兩)씨와 그들의 부인은 자정이 된 밤에 역까지 전송(餞送)을 나와 주어서 무척 미안했다.

봉천행(奉天行) 열차는 손수건을 흔들고 모자를 흔드는 우리에게 갈 길을 재촉했다.

기차는 대구를 뒤로 두고 북으로, 북으로 달음질 하는 것이다. 달도 없는 캄캄한 밤에 덜거덕 덜거덕 레일 위로 구르면서.

추풍령도 어렵지 않게 지나간다.

차내는 고요한데 옆에 앉은 시악씨시는 매우 졸린 모양인지 체면도 없이 나의 어깨에 부딪힌다.

별안간 객차의 승무원 한 사람이 젊은 조선 사람 승무원을 밀고, 차고, 꾸짖고, 법석을 놓는 바람에, 올랴던 잠까지 달아나 버렸다. 차내의 청소를 게을리 하였다는 이유다. 조선 사람 승무원은 말 한마디 못하고, 어디로인지 빨리 가는 것이다.

차안은 또다시 고요해지고, 기차는 그대로 달아날 뿐.

(1935년 9월)

영천잡기 永川雜記

　붉은 해가 동천에 솟아올랐고, 아침 안개가 사면에 자욱하게 끼었는데, 바른편으로 대구 시가가 매우 복잡스럽게 들여다보였다.
　나는 동해중부선의 장난감 같은 조그만 기차로 바꿔 탔다. 마침 차내에는 경기지방에서 내려오는 토목 노동자와 그들의 가족 10여 인이 먼저 올라와서 자리를 잡았을 뿐. 그다지 비좁지는 않다. 그들의 대화와 동작은 얼마큼 나의 마음을 끌었다. 자기들이 입은 것보다는 좀 더 값비싸고 깨끗한 의복을 입힌 아들이 "집에 가, 응!"하고 보채니까 그들의 입에서 일장의 웃음이 터져 나오는 것이라든지, 걸상에 누워서 네 활개를 버리고 버둥대는 어린애를 얼르며 좋아하는 것이라든지… 무두가 노동자 생활의 일단을 말하는 것 같다.
　차는 점잖지 못한 소리를 '빽~' 지르고 달캉달캉하며 떠났다. 연기의 끄름이 차창으로 날아 들어와서 아침의 신선한 공기를 더럽혀 주는 것이다. 이 문명의 산물은 여러 가지로 불충분하다.
　철도 연변에 널려 있는 아침이슬을 머금은 논벼는 햇빛에 비치어 반닥반닥. 그것을 까먹으라고 정애비가 재재거리며 날아드니, 정애비는 나 모르겠다는 듯이 가만히 서있어도, 상투한 농부가 막대를 들고 야단스럽게 쫓는다.

군데군데의 과수원, 맛있어 보이는 발간 임금(林檎)이 가득히 매달려 있다. 한번 보아 임금의 소산지인 것을 알 수가 있다. 나는 문득 이 근처 어디선가 과수원을 한다는 여류작가 백신애(白信愛)씨의 생각이 났다. 그는 아마도 그 향기로운 능금 냄새에 젖어 있을 것이다.

내가 지금 가는 곳은 영천! 이 동해중부선에서도 그리 크지 못한 곳.

과수원, 논, 밭, 산, 내! 이렇게 지나서 읍내와 떨어져 있는 이 역에 다달았다.

내리는 사람이라군 역시 나 하나뿐, 즉시 자동차에 올라 읍내로 들어갔다.

여기서 이번 나의 여행을 하게 된 이야기가 나와야 할 것이다. 기실은 이곳에 사는 나의 종조모께서 별세하셨다는 전보를 받고 오는 길이다.

내가 상가에 닿자 곡성이 터져 나왔다.

원래 이곳 풍습에 설은 나는 여러 가지에 있어 부자연함을 느꼈다. 장례는 그날 바루 거행. 모든 절차가 경기에서 하는 것과 달라 보인다.

작고하신 나의 종조모님은 이 읍, 고 유(柳)면장의 누님으로서 유면장은 8월 5일에, 그의 누님은 그달 30일에. 그러고 보니 두 분이 다 같이 한 달에 가버린 것이다. 노령이라 괴이한 것은 없다고 하지만, 그러므로 해서 온 집안은 더욱 애처로워 하는 모양이다.

고 유면장은 지우금(至于今) 20유 여년이나 되도록 한결같이 이 읍의 면장으로 있어왔다. 세인들은 그의 덕망을 숭앙하였다 하며 상부의 신임도 두터웠다고 한다. 그러니만치 일즉이 조선에서 전례가 없던

'면민장(面民葬)'을 거행하였는데, 장일에 시가에는 철시를 하여 상점문을 닫고 전시민은 물론이요, 인읍 각지에서까지 수다한 사람이 동원되고, 대구 등지의 관공청에서도 출동한 대성장(大盛葬)이었다고 한다. 그런데 그는 평소에 매우 건강하였으며 별세 직전까지 영손(令孫)의 사상관계로 번뇌를 한 일이 있었다고 하니, 이번의 뜻하지 않은 상사(喪事)야말로 심상치 않은 일이 아닐까 생각한다.

*

이곳에 사는 나의 종숙은 현대사회에 있어 전형적인 낙오자 층이다. 돈 생길 데가 없어, 취직할 곳이 없어 헤매지만, 그들의 앞에는 오즉 암담이 있을 뿐.

나는 장례를 치른 그 익일(翌日)에야 비로소 영천 시가지에 나가 보았다.

상가는 꽤 많이 발전된 빛이 보이며 영천 강변에 우뚝 서있는 조양각(朝陽閣)도 여구하다.

그러나 영천 사회단체회관은 헐어버렸다. 그 집에서 일을 맡아나가던 사람들 중 김(金)은 출○ 후 땅속에 들어가 고이고이 잠자고, 공(孔)은 ○○에서 나온 후 이곳을 떠나버리고, 정(鄭)씨 한 분이 그 역시 출○ 후 신문지국을 경영하며 쓸쓸히 지낼 뿐.

마침 정씨의 상경으로 인하여 만나보지 못한 것은 매우 유감된 일이었다.

오! 영천! 다만 옛 기억이 새롭다.

수일간 두류(逗留)한 나는 모든 딱하고 섭섭한 일을 남겨두고, 특히 용대(龍大)군을 만나지 못한 것을 안타까워하면서 척제(戚弟) 채(蔡)군이 사주는 과실 광주리를 받아들고 자동차에 올랐다.

이제는 영천을 떠나려는 것이다. 이 옛 기억 새로운 영천을.

자동차는 산을 넘고 내를 건너서 능금이 매달린 과수원을 끼고 대구를 향하여 질주하는 것이다.

영남에도 이제는 가을빛이 농후하여 자동차 안에 앉은 나로서도 선로 옆에 있는 어떤 이름 모를 시장의 가을 풍경을 바라볼 수가 있다. 머리에 인 여인, 등에 진 남자들이 몰려서서 가을 산물을 흥정하는 것이다.

동촌(東村)에 다 오자 토목공사장이 보인다. 노동자들이 도로를 밀고, 지게에 지고, 여인들은 자갈을 여서 나르고 한다.

"저 여인들은 하루에 얼마나 받는가요?"

나는 이렇게 물으니 옆에 앉은 승객 한 사람이 "기껏 해야 28전 내외지라우." 하고 말한다. 그 값싼 임금에 팔려 아내까지 공사장에 나와 토목 일을 하지 않으면 안 되는 그들의 참상이 눈에 선하다.

자동차는 여전히 대구를 향하여 딜리고 있다.

(1935년 9월)

원고료와 묘표墓標

-「여름을 보내며」의 일색-

　　원고료　11원야(신동아)
　　동상　　2원야(문학평론)
　　계　　　13원야

　간 여름- 나는 요만한 '고료'의 용도에 대하여 두루 생각해 보았다.
　사실 몇 해 전부터 이것저것을 여기저기에 써왔으나, 대개는 공짜이고 요만한 돈이 소위 체(替)로 '대견'하게 나의 손에 한몫 들어오기는 이번이 처음인 것이다.
　원래 신문사나 잡지사나 문인들의 비위를 맞출 줄 모르고, 신문사 현상모집에 응모 한번 하지 않고 지나온 나인지라, 어디서 듬뿍한 고료가 나오지 못할 것은 뻔한 일이다. 그리고 내가 글을 쓴다는 것은 결코 밥벌이를 위해서가 아니므로, 고료라는데 퍽 등한히 해왔기 때문에, 자연 그러할 수밖에 없었던 것이다.
　물론 요만한 것을 가리켜 고료라고 할진대 너무도 마음이 아픈 일에 틀림없지만, 조선의 문필가들은 이러한 원고료에도 눈이 어두워서, 비양심적 행동을 하는 수가 없지 않다. 생각하면 조선의 현실이 가엽고 딱하다.

그래, 나는 그것을 손에 들고 어찌 하였나?

까딱하면 친한 동무를 찾아가 그 사유를 말하고 털어 없애버리든지, 후일을 위하여 신문잡지사의 편집 관계자에게 한잔 내든지 하였을는지도 모른다. 그러나 불행이라 할까? 나는 그만한 쓸데없는 짓을 할 성격의 소유자가 못된다. 그러기 때문에 여러 사람의 호의를 사지 못하는 것인지도 모른다.

벌써 나에게는 그 고료 용도의 플랜이 작성되어 있다. 동무를 만나 털어 없애는 것도 한때 질거운 일이요, 편집 관계자에게 한잔 내는 것도 선의로 해석하면 예(禮)에 어그러지는 일이 아니라고 할 수 있지만, 따지고 보면 그런 것은 모두가 낭비에 지나지 못하는 것이다. 나는 꼭 필요한 데에 쓰자고 한 것이다.

동무의 묘표(墓標)!

애처롭게 청춘을 마친 신뢰하던 동무의 한 사람인 남(南)의 무덤 앞에 묘표를 하나 세우자고 한 것이다.

그는 27세의 우리들 중에도 유일한 미혼자로서 가정적으로는 불행하다면 퍽 불행한 환경에 처해 있던 사람이라, 죽어도 역시 묘 하나 보살펴줄 가족이 변변치 못하다.

이런 관계로 공동묘지 수다한 총분(塚墳) 틈에 끼어 있는 것이, 늘 우리들의 마음을 놓이게 하지 못하였다.

"우리 비석 하나 해 세웁시다."

이렇게 우리들은 말해왔지만, 그 말이 말만으로 흐르고 흘러 어언간 3년이 되도록 실행을 하지 못한 것이다. 나는 이것의 필요를 느꼈다.

8월 6일! 우리는 '故南相煥之墓'라고 쓴 크지 못한 화강석제의 묘표를 그의 묘 전에 세웠다.

  그 돈 범위 내에서 만든 것이라 크고 좋은 비석은 되지 못하나마, 가난한 사람들만이 묻힌 서정리(西井里) 공동묘지에는 단 하나밖에 없는 귀여운 '석물'이 된 것이다.

  마음 먹어오던 동무의 묘표를 해 세웠으니 그 숙원만은 해결된 것이라 하겠지만, 그것으로 인하여 죽은 동무를 다시 생각하게 하고, 더 나아가 인간의 생사문제를 연상하게 될 때, 나에게는 개이려던 유울(幽鬱)이 한층 더해진 것이다.

  오! 유울(幽鬱)의 여름이여!

(1935년 8월)

불타는 불만

어떻게 하면 이 고민의 불길을 끌 것인가? 의의 있는 생을 하기 위한, 그리고 중로(中路)에 짓밟혀진 나의 몸과 마음과 행동을 살리기 위한, 그의 정당한 방도가 무엇일까? 이런 속에서 천년이나 만년을 살 수 없는 애달픈 이 청춘을, 커다란 효과 없이 보낸다는 것은 얼마나 가슴 탈 일이랴.

더구나 현대사회의 중추적(中樞的) 현상과 그 거리를 멀리한 닭의 소리만 들을 수 있는 한촌에서, 고독한 심정을 부더안고 부질없이 책과 원고지를 벗하는 소극(消極)의 생활!

오! 불만의 생활이여.

그러나 그러나, 지금의 나는 이런 생활을 고행치 않으면 안 된다. 아니 도리어 이것이 옳을는지도 모른다. 그러나, 그러나 이 고민의 불길을…

(1935년 5월)

호남의 풍경

찐덥지 못한 의외의 일로 호남지방의 흙을 밟아보게 되었다. 올해도 다 저물어지고, 겨울도 깊어졌는데, 이것은 참으로 구격에 맞지 않는 '여행'이라고 하겠다. 그러니 이 망외(望外)의 여행은 나로 하여금 적지 않은 '문학적 정서(情緖)'를 자아내게 하는 것이다.

광주에서 기차를 탈 때는 캄캄한 어둔 밤이었다. 지난날에 친교가 있던 몇 사람의 우인도 찾아보지 못하고 그대로 발길을 돌리는 것이 무척 섭섭한데다가, 암흑의 장막을 헤치며 달음질치는 기차의 온갖 소리가 그것을 원망하는 것 같아서 저윽히 불안하였다.

차창에 비치는 차디찬 달빛이 괴로운 마음을 침(針)질해 주어 더욱 더 괴롭게 한다.

차라리 중간 정거장에서 지체를 해서라도 낮차를 타는 것이 나을 것 같았다.

*

호남의 겨울은 여러 가지 특색을 가지고 있다. 근기(近畿)지방에서 볼 수 없는 죽림이라든지, 다원(茶園)은 이 지방의 온화한 기후를 자랑하고도 남는다. 자로고 대(竹)는 절개가 굳은 물건이라고 일컬어왔지만, 따뜻한 곳일수록 잘 자라는 것을 보면 그렇게 말하기도 어려운 일 같이 생각된다.

밭에는 푸른빛을 띤 채소가 아무렇지도 않게 서 있으며. 어디서나 얼음을 볼 수가 없다.

곱게 정리된 만경평야와 강경평야는 조선의 보고라고 하는 것이, 조금도 지나친 말이 아닐 것이다. 그 토옥(土沃)한 평야에서 산출되는 쌀이 어찌 조선 사람의 지보(至寶)가 아니랴?

그러나 기차 연선(沿線)에 산재한 근대식 농장과 즐비(櫛比)한 원시적 초가와는 너무도 세기적 차이가 있는 것이다. 이것을 무엇으로서 해석할 것인가.

망망한 평야에는 호남의 명물이라고 하는 수만 마리의 까마귀가 날 뿐.

*

이번 기회에 보천교(普天敎) 본부를 겉으로나마 볼 수 있었다. 보천교주 차경석(車京錫)은 만나보지 못했다 하더라도, 그의 본거(本據)의 외부만이라도 목도하는 것은 나의 숙원이었던 것이다. 그러나 소감을 한 말로 하면 '놀랐다!'는 것뿐이다. 그러한 기구가 어떻게 현실 조선에 존재해 있을 수 있을까? 하는 것이 의문이었다. 굉대(宏大)한 조선식의 궁궐이, 사대문이 뚜렷이 서 있는 성안에 우뚝우뚝 서 있으며, 성내 중앙에는 붉은 기와를 올린 서울 경복궁의 근정전 같은 커다란 집이 버티고 있다. 성외 넓은 지대에 가득 들어차 있는 옴막집들이 이것과 몹시도 조화되지 않는다. 더구나 '정(井)'자의 교기가 이 옴막지붕과 지붕에 꽂히어 펄펄 날리고 있는 것이 어울리지 않는다. 오막살이 하는 청의군(靑衣群)은 백일몽을 꾸다가 재산을 있는 대로 모두 그 '궁궐'로 털어 바친 것이 아닐까? 성내의 차경석이야 그 생활을 묻지 않아도 알 일.

어디로 보나 '종교유사단체'인 보천교는 문제 외의 존재물이라고 할 수는 없을 것이다. 그것은 호남의 괴물, 아니 조선의 괴물이라고 함 즉하다.

*

이리저리 팔려 다니던 화류 병마에 걸린 어린 작부가, 난 지 일주일도 못 되는 아비 모를 그 사생아를 홑껍데기로 싸서 안고, 늙은 양복쟁이에게 앞세워 가는 것이 호남의 풍경의 한 폭이다.

기차 난로 앞에서도 벌벌 떠는 그 정경을 차마 볼 수가 없어, 소개자인 늙은 양복쟁이에게 외투나 벗어 둘러 주라고 말하니, 그 자는 여자가 저렇게 되어 손해가 많다고 중얼대며, 마지못해 외투를 벗는 체한다. 이 꼴을 본 작부는 그만두라고 소리를 지르는 것이다.

*

기차는 호남지방을 지나려고 한다. 신흥도시 대전이 가까워왔다.

얼굴도 보지 못하고 오는 영어(囹圄)의 동무와 그곳의 친우들이 더욱더 그리워진다.

이 얼마나 쓸쓸한 여행이랴. 여행을 좋아하는 나이지만 여행을 할수록 우울이 더해 감은 이 어이된 일일까?

(1934년 12월)

비장의 춘절春節

'봄바람을 타고!'

매우 '문학적'인 제목이다.

여러 사람들은 봄을 노래하고, 말하고, 즐겨하고, 슬퍼한다.

대자연의 찬란한 매력이 인간의 정서를 희롱하는 것도 하는 것이려니와, 이로 인한 사회적, 개인적, 각이(各異)한 처지에 따라서 희와 비, 향락과 감상을 자아내게 하는 것이다. 자연과 등지고 살지 못할 인간에게 있어서는 이것이 아무런 변칙이 아닐 것이다. 인간은 뉘라서 부동의 철석(鐵石)이 아닌 다음에야 봄에 대한 감각과 정서가 달라지지 않으랴?

봄! 나에게 있어서는 얼마나 비장한 봄인지 모른다. 봄은 한갓 나의 감상적 기분을 기만배나 돋아줄 뿐이다. 따뜻한 볕과 아름다운 꽃과 귀여운 잎과 이상한 새의 울음! 이 모든 것들이 나의 마음을 화락케 해주는 것이 아니라, 더욱 더 감상케 하는 때문이다.

그러나 봄을 원망하거나, 싫어하고 싶지는 않다. 한껏 맞아주고 싶었던 것이다.

그래, 나는 감상과 고민의 범벅이 된, 나의 머리를 책상 앞에서 잠시

나마라도 분리시키어 봄과 접근하고 싶었던 것이다.

'봄바람을 타고' 휘적휘적… 다리를 떼어 놓았다.

품속으로 기어드는 쌀쌀한 맛이 섞인 바람이 불어오던 어느 날, 나는 반가운 동무를 4년만에 만나보고, 또 화성(華城)의 봄 경치를 다시금 완상하였다.

그리고 이번에는 좀 멀리 여정을 떠나게 된 것이었다. 봄의 산과 물, 인물들은 부질없이 나의 마음을 비장케 하여 마지않는다.

작년 이 날에는, 내가 자유의 몸이 되었는데, 금년 이 날에는 나의 믿는 동무 B형이 환향하게 된 것이다. 나는 그와 함께 오면서 기쁨을 이기기 어려웠다.

퍽이나 안타까웠다. 사람의 일이 구비가 많은 것이지만 우리의 길에는 너무도 다단(多端)한 것이 아니랴? 구비가 많은 봄바람이여! 비장에 찬 봄철이요!

(1934년 4월)

작가시간표

- 세월은 왜 이리 빠르냐? -

'작가시간표'라고 하면, 작가의 일상생활이 어디까지나 반영할 것이다.

나는 우선 나의 일상생활이 직장이나 일터에서가 아니기 때문에 나의 시간표에도 이것을 가산치 못하는 것을 말해둔다.

시간표에는 확실히 적혀 있는 로어(露語), '에스페란토, 철학, 문학에 관한 책을 읽는다고 해야 그렇게 능률도 나지 않고 그날 그날을 보내다.

또 창작, 평론도 손가락이 부어오르도록 (이것이야말로 착실히 시행되고 있는) 쓰지만, 정신의 혼란으로 인하여 만족한 작품을 산출치 못하는 위에, 그나마 발표의 곤란을 받게 되어, 썩 시연한 꼴을 보지 못한다. 그러나 날마다 원고지와 대해 보지 않는 날은 없다. 적어도 매일 5~6매 이상의 평균은 되리라.

어떤 때는 팔이 아프고, 손가락이 붓고, 몸뚱이가 아파서 그만두기도 한다.

이렇게 쓰는 것은 나의 중요한 일과가 되어 있다.

틈만 있으면 언제나 사색을 한다. 이것도 시간표에 넣기에 손색이 없을 것이다.

   지금 나는 불행히도 말벗할 사람을 가지지 못하고 있기 때문에, 읽거나, 쓰지 않으면 늘 사색에 사로잡히고 만다. 그렇기 따지면 뜻 맞는 신변의 동무, 마음에 드는 이성을 가진 사람이 얼마나 행복일는지 모르겠다. 더욱이 고적(孤寂)한 촌락에 파묻혀 있는 나 같은 사람에게는 이것이 무한한 불행인 것 같다.

   여북해야 나의 진찰의 결과는 정신 과로가 중요한 병인이 하나로 되겠는가?

   당면한 제 문제 - 사회, 개인 문제 등을 비롯해서 철학상의 인생문제 등 실로 이 사색도 지금의 나의 한 과정이 되어있다.

   그러나 이 얼마나 생기 없는 시간표이랴?

(1934년 3월)

삼방폭포행三防瀑布行

　나는 여기 오면서부터 삼방팔경의 하나인 삼방폭포가 좋은 곳이란 말을 들었으나, 이 짧은 시일에 될 수 있는 대로 많이 마셔야 할 약수가 축이 날까봐서, 구경을 가지도 못하고 있었다.
　또 며칠 전, ○○일보 지국 주최의 관폭(觀瀑)대회에도 동반의 권유를 받았으나, 각층 잡인과 얼리기가 싫어서 그대로 거절하였다.
　오늘은 내 이곳을 떠날 날도 사격(紗隔)하였고, 삼방(三防)의 명물인 궂은비도 개여서 날이 좀 더운 편이므로 5인여가 한 그룹이 되어, 삼방폭포를 볼 숙원을 성취하게 된 것이다.
　이 약수포에서도 여름 한 철에 더위를 모르고 지나는 것이지만, 삼방폭포는 끓이는 날에도 도리어 선선해서 특별히 더운 날을 택하여 가지 않으면 안 된다는 것이다.
　○○일보 지국을 중심하고 모인 우리 4,5인은 약수 먹으러 와서 어쩌다 만나, 인간적으로 친근하게 되어 서로 놀기도 하고, 물도 같이 먹으려고 다니고 하지만, 따지고 보면 계절조(季節鳥)보다도 더 못한 비조직 생활을 하고 있는 것이다. 우리는 제각기 헤어져갈 운명을 올 때부터 가지고 있는 때문이다.

그러나 오늘만은 '삼방폭포 구경'이란 동일한 목표를 앞세우고, 모두들 마음에서 우러나오는 친근미가 있는 행동을 했다.

우선 점심꺼리도 논의껏 해서, 조선적인 떡인 '징편'을 장만하고, 화락(和樂)한 말소리로 떠들어대며 준비를 마친 후, 약수포 북구(北口)를 나서서 시염시염 걸었다.

삼방의 북촌! 서울의 북촌과 마찬가지로 빈궁한 사람들만이 모인 곳!

이들은 정말의 병자로서 약수를 먹으러 왔지만, 돈이 없는 탓에 이 깨끗지 못한 곳에 있게 된 것이다.

여기를 지날 때에 무슨 이상한 냄새가 코를 찌른다. 동구에 나서면 좌편으로 궁예능(弓裔陵)이 있는데, 참으로 빈약해 보였다. 늙은 전나무가 서있고, 다 헐어진 돌담이 둘러 있으며 그 안에 두어 간 되는 와가(瓦家)- 이것이 궁예의 능이다.

일시(一時)는 왕! 최후의 전사를 하게 된 이곳에, 저것만이 최대의 유적으로 남아있을 줄이야 어찌 예측하였을까?

문 위에는 '존경각(尊經閣)'이라고 쓴 조그만 현판이 걸려 있으며, 실내에는 궁예- 태봉왕의 아주 무섭게 생긴 초상이 붙어 있다.

이 구석 저 구석 검은 현판에 흰 글씨로 추억의 한시와 장문이 써있으며, 그 중에는 '경오오월태봉반우중건(丙午五月泰封殿宇重建)'이니 하는 것들이 눈에 띠었다.

우리는 이 능을 나와서 원삼방(元三房)을 향하여 걸었다. 삼방까지 오는 길은 퍽이나 험했다.

삼방약수포인 삼방협(三房峽) 역이 생기기 전에는 여기도 좀 번화했다고 하나, 지금엔 퍽 쓸쓸하다. 요새 신간잡지 하나 똑똑히 볼 수가 없어서 너무 심심하기에, 삼방역전 신문보급소에 들려 〈주간조일(週刊朝日)〉 혹은 〈아사히그라브〉나 〈썬데이 매일〉을 찾으니까, 젊은 여인이 한참 쳐다보더니 "아아리마셍" 하고 생끗 웃는다. 그러면 신문도 없느냐고 하니까, 그것도 마침 없다고 하며 미안한 표정을 한다.

무료하기 짝없어 걸음을 빨리 하여 폭포 입구라고 한 표목이 서있는 길로 올라갔다.

맑은 물이 골짜구니에서 흘러내린다.

물소리가 짤짤 난다…

나무가 우거진 속에서 매암의 소리가 들려온다.

시연한 바람이 부딪혀 온다.

어디쯤 올라갔는지 나무 사이를 통해서 동편을 바라보니, 훤한 바다가 눈에 띤다.

"저 어쩐 바다인가?" 하고 나는 부르짖었다.

다른 사람들도 다 같이 부르짖었다.

그러나 좀 더 가서 다시 내려다보니, 그것은 바다가 아니라 맑게 개인 하늘의 한 폭이 눈을 희롱한 것이다.

큰 나무에는 굵다란 칡넝쿨들이 마치 큰 뱀 모양으로 휘휘 감겨 있다.

돌로 싼 움집이 나선다.

이것이 아마 폭포 어귀의 길가리킴집이나 아닌가 하고 생각했다. 집의 생김생김, 늘어놓은 것이 모두가 원시인의 원시적 생활을 상상케 한다.

어찌된 셈인지 그 돌(石)움집 방속에서 비교적 반반한 젊은 여자가 옷도 깨끗이 입고, 점잔을 빼고 앉아서 바느질을 한다.

나는 퍽 이상한 호기심에 끌렸다. '이런 깊은 산 속에 저런 여자가 홀로 있어 생활하는 것이 무근 곡절 있는 일이다.' 하고

그러나 우리들은 한참 서서 둘레둘레 보기만 하고 그대로 올라갔다.

폭포가 바루 이 앞에 있는 모양으로 쩡, 쩡… 하는 물소리가 들린다.

산비탈에는 목탄 굽는 굴이 띄엄띄엄 있다.

커다란 나무 덩굴이 우거져 있다.

늙은 나무 옆구리에 적은 풀들이 났다.

맑은 물이 발아래로 흘러내린다.

양편 산은 자꾸 높아갔다.

처음 듣는 새 울음소리가 산 속을 울린다.

초동이 지게를 지고 부리나케 우리를 따라서 올라온다. 늙은 사내와 여인이 숯(木炭)섬을 지고 천천히 내려온다. 이 위에서도 사람이 사는 모양! 오! 사람의 생은 이같이 가지각색일까? 나는 이것저것을 보고 이것저것을 생각하며 물소리 가까운 것도 정신 차리지 않고 올라왔다. 안전(眼前)에 몇 백 척 되는 흰 포목을 걸쳐놓은 것 같은 물줄기가 번쩍 띠어 그제서야 폭포인 줄을 알았다. 힘 있는 물줄기!

맑다 못해 흰 깨끗한 물줄기! 쉴 새 없이 흘러내린다. 선선한 기운이 몸을 감촉시킨다.

우리는 우선 다리를 쉴 겸 폭포 옆 바윗돌에 늘어앉았다.

물 흘러내리는 것을 바라보는 것이 퍽이나 재미난다. 저 위에서도 또 쩡- 쩡… 소리가 난다.

그것이 정말 삼봉폭포인 것을 우리는 나중에야 알았다. 옛날 한시에 '飛流直下三千尺'이라더니 그만은 못해도 꽤 높은 곳에서 물이 떨어진다.

찬바람이 휘 돈다. 비말(飛沫)이 옷깃을 적신다. 내객들의 성명이 암벽에 허옇게 구저분히 쓰여 있다.

찬 것을 용기를 다하여 참고 목욕을 한 후에, 폭포 위로 기어 올라갔다. 그러나 폭포 맨 꼭대기에는 갈 수가 없어서 적은 대(竹)잎을 쥐고 도로 내려오느라고 힘만 들었다.

우리는 물 떨어지는 데서 한 동안 놀다가, 먼저 폭포로 내려와서 가지고 간 '징편'을 맛있게 먹고, 물 가운데 바위에서 장난을 했다.

물 위로 돌을 던지면 어느 틈에 벌써 저 아래로 떨어져 버린다. 누구나 죽고 싶으면 여기 오는 것이 가장 장쾌할 것이라고 생각했다. 한번 떨어지면 그만 죽고 말 것이 아닌가?

나는 부지중 몸을 부르르 떨었다.

일행이 돌아올 때는 해가 서산에 걸쳐있는 퍽 쓸쓸한 마음이 날 쩍이다. 그 돌움집 수상한 여인이 있는 곳에 다다르니 난데없는 남자 두엇이 떠들고 앉았다.

나는 그들의 생활 형편을 물어보고 이런 곳에서 사는 취미도 들어보았다. 더욱이나 그 여자의 일이 궁금해서 실례 안 되도록 이러 저리 돌려 물어보니, 목탄대상(木炭大商)이 임시로 데리고 온 것이라 한다.

우슨말을 섞어가면서 말대답을 하는 그 사람의 쾌락성이 나의 우울한 마음을 찔렀다. 이번 회로에는 삼방역에서 원산서 오는 기차를 탔다. 삼방협에 내리어 약수포에 오니, 그만해도 우리 집에 온 것 같은 감상이 났다. 나는 무엇보다도 먼저 녹스른 약수 그릇(컵)을 들고 약수터로 향했다.

(1933년 8월)

사회·인생·자연

- 삼방야수포에서 -

친애하는 동무여!

나는 지금 삼방약수포에 와서 있습니다.

이런 곳에 와서 이렇게 한가히 있기는, 아마 내가 이 세상에 나온 후로 이번이 처음이 되는 일일 것이외다.

그런데 나를 이해해주는 동무는 내가 왜 이곳에 와 있는 것을 잘 아실 줄 믿습니다.

일부 사람들 모양으로 여름은 덥다고 피서를 온 것도 아니며, 더구나 어떤 사람들 모양으로 정양(靜養)이나 수양을 목적으로 하거나, 또 저급한 향락을 꿈꾸기 위하여 '모던·걸'과 동반을 해서 온 것이 아님은 잘 아실 것이외다.

내가 피서를 하고자 하면, 끓는 도시에서는 밤의 달을 따라 강변에나 산보하면 족할 것이오, 찌는 농촌에서는 저녁놀을 바라보며 산기슭과 논두렁에서 거닐면 그만일 것이외다.

내가 말치 않더라도 동무는 잘 아실 일지지만, 여름의 태양의 폭염과 일생의 생활 곤핍으로 말미암아 노동자와 농민, '샐러리맨', 도시 빈민 기타 노력자(勞力者)들은 말할 수 없이 허덕이고 있지 않습니까?

그들은 고달프게 일하지만 조금도 더위를 피할 여유를 소지(所持)치 못한 것이외다.

이렇게 보면 내가 이곳에 이렇게 와서 있는 것이, 얼마나 안일한 일일까요?

그러나 동무도 알다시피 내가 이곳에 온 것은 너무도 쓰라린 생활에서 동기 된 것이외다.

따뜻한 생활과 남이 되었던 나는 최근 연간에는 정신쇠약, 빈혈증, 위병 등등 이 모든 것에게 사로잡히고 말았나이다.

그렇게 맛있던 콩밥 맛은 어디로 가버리고, 하루에 한술 밥도 먹지 못하게 맨들어졌나이다.

이런 것들이 나를 이 삼방에 오게 한 참혹한 동기였습니다.

삼방의 약수는 병자를 잘 고쳐준다는 소문을 나는 들었습니다. 그래서 엉터리없이 덮어놓고 이곳에 올 걸음을 떼어 논 것이외다.

*

친애하는 동무여!

인간은 제가 의식적이던, 무식적이던 늘 생에 대한 불평불만을 배제하기 위하여 힘쓰고 있는 것이 사실이외다.

민일 이것이 없다면 인간은 조금도 발전될 여지가 없을 것이외다.(5행 생략)

생! 생! 얼마나 쓰라림과 웃음과 희망의 결정입니까?

인간은 생의 애착심이 강한 것이외다.

혹, 철학과 문학상으로 염세주의를 제창하는 사람이나, 아주 극도로 세상을 비관하여 자살을 하는 사람도 있지만, 그것도 다 생의 애착심을 버리지 못한 데서 그 출발점이 동한 것이라 할 것입니다. 왜 그러냐 하면 염세주의자, 비관자살자도 생의 애착심을 가지고 그 사회에서 행복된 이상적 생활을 탐구하다가, 결국은 뜻을 이루지 못하고 그렇게 된 것인 때문이외다.

사람이 병이 나거나, 몸이 약하게 되거나 하면 그것을 크게 근심하여 극력(極力)으로 방위(防衛)에 애쓰는 것도 필연의 일이지오.

이것을 호의로 해석하면 야심도 아니오, 비행(卑行)도 아닐 것이외다.

다만 생의 애착심에서 나온 본능화한 행동일 것입니다.

옛날 중국과 독일의 학자는 이런 사람이 있지 않았습니까?

전자는 자기의 모발 하나를 빼서 온 천하가 이롭게 되더라도 그것을 하지 않는다 했으며, 후자는 자기의 일을 위해서는 남의 목숨은 돌아볼 것이 아니라고까지 하지 않았습니까? 이렇게 지독하게 생을 보호하는 자들도 많습니다.

이뿐 아니라 지금 사회의 어떤 자들도 통털어서 이에 지나지 못하는 것이외다.

이것이 생의 비극이 아니고 무엇입니까? 혹 이런 사람들이 자선이니 하고, 종교가들도 사랑이니 뭐니 하지만, 그것은 다 자신의 생을 보호하는데 필요한 방패에 지나지 못하는 것이라고 생각합니다.

나는 중언부언 생에 대한 이야기를 말했습니다.

그러나 인간은 죽음이란 최후의 무서운 물건이 있는 것을 인식할 때에는 퍽이나 실망될 것이외다.

그러기 때문에 이것을 해결 짓기 위하여 자래(自來)로 여러 사람은 애쓰지 않았습니까?

독일의 철학가와 불란서의 문학가 두 사람은 우리가 잘 아는 염세주의 대가였습니다.

전자는 인생의 호흡은 무덤을 향하여 행진하는 군대의 나팔 소리와 같다고 말했으며, 후자도 그를 위대한 철학가라고 말하여 고적(孤寂)을 찬양하지 않았습니까?

그래서 이왕 나온 세상이니 호화로운 생활이나 해보자고 극치의 향락 속에서 일생을 보낸 것이외다.(중략)

*

친애하는 동무여!

종래의 철학자와 문학자는 인간이 어떻게 해야 사람다운 생활을 한다는 것은 말해 왔지만 인간이 왜 생(生)을 한다는데 대해서는 이렇다 할만한 해답을 하지 못하였습니다.

우리들의 인생관에 대한 해답의 요(要)는 여기에 있다고 생각합니다.

이 해답은 자못 중대합니다.

친애하는 동무여!

또한 나는 '자연'에 대해서 너무나 늦게 지금에서야 의식적으로 생각해 보게 된 것이외다. 우리는 전혀 자연을 이용하는 데서만 그 생을 지속할 수 있는 것임에도 불구하고, 내 지금까지 그것에 대한 관심이 소홀하였던 것이외다. 인간은 이 땅 위에 생겨날 적부터 자연과 등진 것이 아닐 것이외다.

그런데 나는 대자연의 위력을 이 삼방(三防)에서 잘 보고 배웠습니다. 정말 자연 그대로의 삼방은 좋은 곳이외다. 불타는 여름의 더위를 지금 이곳에서는 구하려야 구할 수가 없습니다. 선선한 기운이 떠돌고 있습니다.

삼방고원에 용립(聳立)해 있는 산과 산! 퍽이나 기려(奇麗)합니다.

나무와 넝쿨과 풀이 우거진 골과 골 사이로 흐르는 물! 참으로 맑습니다.

　오똑하니 서 있는 기각봉(奇角峯)! 밝은 달이 그 봉우리로 살그머니 비칠 때, 그 정조를 무엇이라고 말했으면 좋을는지요? 연기 같은 구름 떼가 휘휘 달아가고 있는 와우구(臥牛邱)! 이것도 볼만한 것이지요. 힘 있게 뻗어나간 가래산(伽來山)! 여기에는 작은 나무들이 족립(簇立)해 있답니다. 줄기차게 흐르는 세심천(洗心川)! 물결이 돌에 부딪혀 번쩍이는 달밤의 광경은 한껏 센티멘탈한 기분을 자아내게 하지요.

　나는 구름이 덮였다 벗어졌다 하는 달 아래서 한 동안 이 세심천의 흐르는 물을 바라보다가 내가 앉은 나무다리에서 떨어질 뻔까지 한 일이 있습니다.

　춘성 노자영(春城 盧子泳)씨가 삼방에서 쓴「저주자의 편지」속에도 이 세심천에 대한 말들이 있습니다마는, 그는 가을에 왔었고, 또 그는 독특한 시안(詩眼)을 가졌기 때문에 모든 것이 나와는 같지 않지만, 어쨌든 나는 달 아래 세심천에서 무한한 감상을 짜냈습니다.

　아- 삼방의 세심천이여!

　이밖에도 삼방에 명승이 많답니다.

　삼방폭포, 삼봉, 그리고 궁예릉 등, 이 삼방의 생명수라고 할 봉래천(蓬萊泉:약수)이 '삼방팔경'이라고 합니다.

　약수! 그런데 이 약수 이야기가 좀 늦었습니다. 이것은 외래의 병객을 고쳐주고, 또 기백(幾百)의 토착 인구를 살려주는 삼방의 유방(乳房)이외다. 약수가 없다면 삼방의 존재가 없었을지도 모를 일이니까요.

　이 약수는 언제나 쫄쫄 흐르고 있어 보기에 안타깝지만, 그것이 실은 가치 있는 물이라는데 놀라지 않을 수 없습니다. 우선 나는 나의 약해진 위가 좀 튼튼해 가는 것 같은 감을 느끼었습니다. 이 얼마나 자연에 감사를 드려야 될 일일까요.

그러나, 그러나 이 자연도 몹쓸 구렁으로 빠지고 있다는 것을 말치 않으면 안 될 것입니다. 이 위대한 자연은 날로 날로 어지러워갑니다.

이곳의 토착주민은 약수를 독점하려는… 재벌(財閥)을 물리치려다가 빚테미에 올라앉게 되었다는 것입니다. 여기도 자본의 힘이 침입한 지 이미 오랜 것이외다.

지금 이곳의 외래객은 2천 여가 된다고 하나, 대개는 도시의 살찐 사람들이요, 그 나머지는 불쌍한 병자들이외다. 약수터 근방 중앙지대는 마치 서울 모양으로 번화한 곳이며, 좌우 양단으로는 움막집들이 있어, 누런 얼굴에 떨어진 헌옷을 걸친 사람들이 약수 담은 그릇을 손에 들고 왕래합니다. 이 사람들이야 정말 병을 고치러 온 것이외다.

그러나 이 삼방의 좁디좁은 거리와 거리를 거닐어보면, 병들지 않은 사람들의 이와 정반대되는 현상이 눈을 더럽혀줍니다.

이상야릇한 차림을 한 젊은 사내와 계집들의 행진. 얼굴에 분을 들씨우고 더러운 향수 냄새가 코를 찌르게 하는 첩(妾)쟁이. 이상한 계집들의 종종걸음. 방마다 모여앉아 수군수군하는 도박의 무리. 술파는 계집애의 악쓰는 노래 아닌 노래. 살이 밀뚜레 같이 찐 자들의 유유(悠悠)한 걸음. 밤거리를 왔다 갔다 하는 수상한 남녀의 속삭임. ○敎와 ○○敎의 선전강연. '인생철학'이니 하는 간판 밑에 관상, 사주쟁이의 떼.

이것이 내 눈을 얼마나 더럽혔으리까? 옛날 중국의 허유(許由)는 더러운 말을 듣고 귀를 씻었다고 하는데, 나는 이 더러운 꼴을 보았으니 눈이나 씻어낼까요? 그러나 나는 그와 같은 관념적인 청렴한 사람은 아니니까, 구태여 그렇게까지 할 것은 없을 것이외다.

그런데 이야기 하나가 남았습니다. 머리 깎고, 바지저고리 입고, 그 후에 파란 조끼를 떨쳐입은 '여승'이 이곳 약왕사(藥王寺)라는 절에 있은 일이 있는데, 여러 사람들은 그를 여승이라고 부릅니다. 그러나 그는 '여승'이 아니라 한참 당년에 ○○○○회 회장(?)으로서 여러 사람의 입에 오르내리던 '김○○○양'인 것을 알고, 나는 고소를 금치 못했습니다. 그것으로써 남녀평등이라고 할까요? 하하.

이와 같이 삼방에는 여러 가지가지의 사람들이 여기저기서 모여들어, 아주 말세기적 퇴폐상을 이루고 있습니다. 가난한 사람은 이곳에서도 기를 펴기가 어려운 것이외다. 훌륭한 자연을 순조로 이용 못하고 한 개의 저급적 오락장화한 것이외다.

이것은 현실사회에 있어서 비단 이곳뿐만이 아니겠지요? 그렇습니다. 자연도 비뚤어진 길로 걷는 것이 사실이외다.

*

친애하는 동무여!

동무여! 비 내리는 날 밤에 나는 동무를 그리워하면서 이 삼방을 떠나려고 합니다.

(1933년 8월)

사파잡기 娑婆雜記

3월 30일 밤. 략(略)

3월 31일.

무엇보다도 사회의 소식을 자세히 듣고 싶었다.

그러나 이리저리 다니고 싶은 용기가 별로 나지 않아 겨우 소용되는 것만 사기 위하여 시가로 나갔다.

날씨는 매우 좋다. 종로 네거리에 그 동안 변한 것이라곤 다만 토착 뿌르죠아지의 소유인 ○○백화점과 야소교서회(耶蘇敎書會)가 새로 지어있는 것뿐이다.

우선 책사(冊肆)에 들려보았다. 여러 가지 처음 보는 제목의 잡지가 많다. 그러나 과연 이것들이 좋은 출판물인지는 아직 알 수 없다.

시가 풍경은 너무나 쓸쓸하게 보인다. 여러 사람들은 우리보다도 더 원기가 없어 보인다.

*

우리가 여관에서 나올랴고 문 앞에 옹기중기 섰을 때에, 작가 ○○ 씨가 찾아왔을 그 순간! 나는 놀라지 아니치 못하였다. 과로와 굶주림에 몰리어 그러할 것이지만 너무도 그러한 데야 기가 막히었다. 나는 저윽히 암루(暗淚)가 떠돌았다. 악수하는 내 손은 떨리고 말았다. 한참 동안 말이 나오지 않고 우두머니 그의 얼굴만 쳐다보았다.

"어디 몸이 편치 않으서요?"

나는 무의식중에 그가 어떻게 생각할 것도 알지 못하고 이렇게 물었다. 그러나 그는 "아니오. 별로 편치 않은 데도 없는데 그렇소." 하고 가는 목소리로 대답하는 것이었다. 세상의 여러 사람이 그의 글을 읽고 퍽 감격할 것이 아니냐? 그렇거늘 그 글을 만들어낸 주인은 너무도 파리한 것이 스러운 일이 아니냐? 시간이 없어서 인사만 겨우 하고 헤어진 뒤에, 나는 얼마나 이런 생각 저런 생각을 하며 길거리로 걸어갔는지 모르겠다. 그래서 볼품없이 된 나의 꼴도 어느덧 잊어버리고 말았다.

*

오후 ○시. 나는 다른 동무들과 같이 경성역 대합실 한 귀퉁이에 앉았다. 소음과 잡담으로 말미암아 나의 머리는 띵- 했다.

구내매점에서 「개조(改造)」 4월 특집호를 샀다. 조선의 노동자는 하루의 임금을 다 바쳐도 모자랄 만치 책값이 많았다. 그 대신 책 내용은 너저분하게 많다. 뻐-나드 쇼- 의 기고(寄稿)와 쇼- 옹에 대한 글들이 많이 실려 있다. 75세나 되는 쇼- 옹(翁)이 사볘트를 방문해서 여러 방면으로 인기를 끌더니, 올해는 80세에 가까운 그가 동양 역방(歷訪)의 길을 떠난 것을 보면, 아직도 원기가 왕성한 듯하다. 빈정대기쟁이라 마음이 편해서 늙지도 않는 모양인가? 그러나 외국을 순례하면서 고위대작과 유유히 악수를 교환하는 노옹의 머릿속에도 고민이 적을 이치는 없을 것이다. 安部 사민당수(社民黨首)와 ○○수상, ○○육상(陸相) 등과의 회견하는 사진이 있다. 이에서 나는 연상되는 것이 있으니, 작년

감옥신문 「인(人)」에 아메리카 좌익배우라고 일컫는(세상에서는 희극왕이라고 한다) 차플린이 ○○수상과 대화하고 있는 그 사진이다. 하여튼 이 두 사람을 비교해 보면 퍽 재미있는 노릇이다. 빈정대기 잘하는 사람과, 웃은 짓 잘하는 그 두 사람이야말로 얼마나 좋은 대조일까?

*

일부러 역까지 나와 주신 민세 안재홍(民世 安在鴻)씨 등을 작별하고 우리 일행은 기차에 몸을 실었다. 기차는 훈풍을 헤치고 남으로, 남으로 달아난다.

창밖을 내다보는 이 마음은 얼마나 뒤숭숭한지 모르겠다. 태양의 혜택에 주리었던 나는 햇빛이 퍽이나 안타까웠다. 빨리 기차에서 내려 두 발로 대지를 뚜벅뚜벅 걸어보고 싶었다.

기차 연선의 경치는 의구한 듯! 한강철교 아래의 푸른 물은 예나 지금에나 도도히 흐르고 있다.

작은 배들은 석양에 흰 돛을 날리며 갈 길을 재촉하는 듯! 우뚝 솟아 있는 영등포 방직공장의 굴뚝에선 지금도 역시 검은 연기가 꾸역꾸역 나오고 있다. 시흥평야에서 밭 갈고 김매는 농부들의 꼴은 여전히 곤해 보인다.

산기슭에 있는 움막집도 그저 있기는 하나, 전보다 더 쓰러진 것을 알 수가 있다. 마당에서 기차를 쳐다보고 있는 얼굴이 누런 아이들을 보면, 그들의 생활도 더욱 참담하게 된 것을 엿볼 수 있다. 나물바구니를 옆에 낀 어린 처녀들도 맥없이 달아나는 차를 바라보고 섰다.

이렇게 나도 차창을 내다보고 있는 것이다.

조선의 봄! 이것을 독일의 하웊트만이 본 「희랍의 봄」과는 그 관점이 전연 틀리는 것이다. 그는 옷 홑입은 가난한 사람들을 보고 욕설이

나 던지고, 일하는 사람들을 보고 드럽다고나 하고, 좋은 경치를 보고 칭찬한데 지나지 못한다. 그의 눈에는 좀 더 심온(深蘊)한 것이 비치지 않았다.

사람들이 봄을 보는데도 그의 안목을 따라 달라지는 것인가? 아 -.
기차는 너무도 빠르게 달아난다. 창밖의 광경은 주마등과 같다. 나는 창밖을 내다보는 것보다는 그 보고 싶던 잡지를 읽고 싶어서, 책장 위로 눈을 돌렸다. 그러나 얼마 보지 않아 싫증이 났다. 또 옆에 있는 사람들과 사회의 이야기도 하고 싶었다. 그러나 이야기 역시 시원찮았다. 이렇게 하는 중에 기차는 자꾸 남방을 향하여 달음질한다.

저편 의자에 앉은 여학생은 나를 수상하게 보았음인지, 끊임없이 시선을 보내고 있다. 얼굴을 붉혔다, 고개를 숙였다, 하면서 어떤 때는 나와 시선이 마주치기도 했다. 얼굴이 시고, 옷이 추레하고, 그 위에도 오늘날 조선 사람들이 흔히 신는 고무신 하나 못 신고 짚신을 걸친 꼴을 보면, 그 여학생만이 아니라 아무라도 수상히 여길 것이다. 왜 하필 나는 그 여학생만을 발견했던고?

산 고개를 넘어온 기차는 어느덧 수원에 가까워왔다.

낯익은 북문이 뻔히 보인다. 서호를 바른 편에 두고 달음질한다. 수원! 서호! 이것은 붙어 다니는 말일 것이다. 내가 수원을 기반으로 하고 있을 때에 서호의 은덕을 얼마나 입었는지 알 수 없다.

쓸쓸한 회관에서 머리가 아플 때는 무조건하고 서호로 나왔었다. 봄과 여름 그리고 가을에는 더욱 많이 왔던 것이다. 고적을 좋아하는 나는 대개 혼자 왔었다. 달 밝은 늦은 가을밤에는 단 하나인 내가 서호반(西湖畔)을 거닐 때에 그 마음은 어떠하였겠는가? 쓸쓸한 바람, 우수수하는 낙엽! 전등불에 희미하게 비치는 물빛! 이 모든 것은 시달린 나를 한껏 센티멘탈하게 만들어 주었던 것이다. 어느 때인가는 여기를 다녀 읍내로 들어가던 즉시 장(場)에 들어간 일까지 있다. 그들은 미리부터 찾고 있었던 것이다.

서호! 이것은 어디로 보든지 나와 인연이 깊은 곳이다. 기차는 이 인연 깊은 서호를 지나서 수원역에 다다랐다. 봄날의 긴긴 해도 서산에 기울어져 버렸다.

*

한 정거장, 두 정거장 이렇게 우리는 서정리(西井里)에 도착되었다. 역 광장에는 넘어가는 햇빛에 얼굴들만이 우심(尤甚)히 반짝이는 수다한 사람들이 떼를 지어서 우리를 기다리고 서 있다. 우리를 보자 그들은 환호하였다. 우리들 역시 무한히 반가웠다.

이리 몰리고 저리 몰리고 해서 나와, 지금 중병에 걸려있는 남(南)동무를 찾아보기로 했다.

"우리는 먼저 결정이 되어서 이렇게 나왔소. 동무의 몸은 좀 어떻소?"

기가 막혀 이런 말도 나오지 못했다.

뼈끝까지 마른 창백한 얼굴! 놋젓가락같이 마른 팔뚝과 다리! 길고 긴 머리털! 차마 보지 못할 나의 눈은 감어지고 말았다. 뜨거운 눈물이 앞을 가리운다. 가련하다.

*

우리 일행을 태워가기 위하여 가마(轎子)와 당나귀 등속을 가져왔으나, 우리는 우리의 두 발로 걷는 것이 욕망이었기 때문에 그것들은 소용이 없이 되었다.

붉은 놀이 붉게 물들어 있는 서편 하늘을 쳐다보며 걸었다. K동무는 벌써 갈라져야 될 것이다.

  가는 길옆과 동구밖마다 흰옷 입은 사람들이 떼를 지어 우리를 쳐다보고 서 있다. 아마 우리가 온다는 것을 먼저 안 모양이었다. 이 동리 저 촌락을 지나서… 다다랐다. 오! 나의 마음은 어떠하였으랴?

  그뒤 우리가 이렇게 되었던 것을 그들은 어떻게 생각하는 것인지 모르겠다. 차라리 여러 가지로 추측하는 내가 신경질이 아닐까? 떼를 지어 쳐다보고 있는 것은, 우리를 목례로 환영하는 것이요, 몇 사람이 나와서 인사를 하는 것은 그들의 대표라고나 해석하면 얼마나 반가운 일이겠는가?

  그러나, 그러나 이것이 정말일까?

  도선장(渡船場) 저편에는 또한 여러 사람들이 떼를 지어 서있다. 여기서 또 C동무와 갈라졌다. 봄날은 어두워졌다. 선선한 바람이 몸에 부딪힌다.

  나는 묵묵히 여러 사람 틈에 끼어 걸었다.

4월 ○일.

  날마다 방구석에만 쭈그리고 앉아 있었으나 오늘은 이리저리 쏘다니었다.

  "저 백기(白旗)와 그 밑에 있는 종(鐘)은 무엇 하는 것인가? 요새 새로 생긴 종교가 많다더니 그것도 무슨 교의 행사인가?"

  "아니요. 저 백기는 납세가 완료된 동리에만 꽂는 것이고, 종은 농촌진흥회에서 매일 아침 치는 것이오."

  "저 동리의 적기(赤旗)는?" "그것은 납세를 속히 아니하는 때문에, 불자를 표시하기 위하여 달라고 한 것이래요."

*

　너멋말 ○○어머니는 서울로 안잠자기를 갔었다. 그러나 너무 오래 있기 때문에, 집에 남아있던 그의 남편이 밥 달라고 아우성치는 어린 자식들이 보기에 너무도 딱하여, 자기 아내에게 내려오라는 편지를 몇 번이나 하였지만, 도시생활에 도취한 아내는 종시 내려오지 않으므로, 할 수없이 차비를 빚내가지고 서울에 올라가서 데려 내려왔다.
　며칠 와 있던 그 여인은 죽으면 죽었지 시골생활은 못하겠다고 이것저것 다 돌아보지 않고 도루 서울로 가면서 하는 말이,
　"아이들은 학교에 넣으시오. 학비는 내 댈 터이니…"
　하니까 그의 남편 되는 이는,
　"학교커녕 밥이나 굶지 말어야지…" 하더란 말이다.
　나는 이 말을 듣고 감격에 넘치었다. 한갓 괘씸하거나 웃어버릴 일이 아닌 것이다.
　또 아랫말 ○○어머니도 서울로 안잠자기를 갔었는데, 어찌된 세움인지 얼마 안 되어 도루 내려와서 유산(?)을 하느라고 죽다 살아났다는 것이다. 안잠자기와 유산을 연상할 때에 얼굴이 반반한 그 여인의 일이 일목요연하다.
　또 예전부터 토반(土班)으로 일러오던 그들이 장터에서 사는 '백정'의 아들에게 딸을 시집보냈다고 한다. 이 때문에 그의 문족들은 한참 동안 절교까지 하였다는 것이다.
　소위 양반이 소위 백정과 결혼을 했다는 것은 이에 고사하고, 돈에 눈이 어둔 무의식한 빈농층의 무지한 행사(자기의 딸을 돈 앞에 바치는…)가 너무도 미웁게스리 가엾다.
　그리고 여기서는 살 수가 없어 서울로 갔었으나, 사랑하는 남편은

서울 공동묘지에 파묻게 되고, 자기만 어린 자식들을 끌고 고향을 찾아온 불쌍한 여인도 있다. 그는 앞으로 살아나갈 일이 실로 막연하다.

또 한참 당년(當年)에는 서울 봉건지주의 사음(舍音)으로서, 동리 모(某) 소작인이 자기의 명령을 쫓지 않는다는 이유로 살고 있는 집까지 헐어버리게 하였다고 한다. 소작인은 다른 곳으로 이주를 하였는데, 그것은 또 만족치 못하여 지대(地代)를 변출(辨出)하라고 내용증명과 지불명령을 하여서, 차압을 나오게 만들었다. 그 소작인은 하는 수 없이 모든 것을 다 치워버리고 가족이 제각기 헤어졌다. 그러나 그 사음도 이제는 상전으로 여기던 봉건지주가 몰락되어 관리하는 토지가 팔리게 되자, 사음권을 다른 사람에게 빼앗기고 말았다는 것이다.

이것이 오늘날 농촌의 축도(縮圖)이다.

3년 전만 해도 이곳에는 그런 일들이 적었던 것이다.

제 2 편

농촌기

農村記

마음속에 묘를 심어

'공동작업'이란 것은 재래 조선의 소위 '품앗이'의 신체제적인 확대 강화된 형식의 농역(農役)방법으로서, '공동협조의 정신 하에 통제있고 규율있는 행동'을 제일 주의해야 될 요건이라고 한다. 그런데 금년에 보리 베기(麥刈)와 모내기(移秧)와 목화밭매기(棉除草) 등등을 통해 본 공동작업의 상황, 실천을 말한다는 것은 그것이 지방에 따라 다소의 차이도 있을 뿐더러, 그 보는 바 안목에 의해 각기 저어(齟齬)도 없지 않을 것이므로 일률로 결론짓기는 참으로 어렵고 거북스러운 일임에 틀림없을 것이어서, 여기엔 대체로 공통성을 띤 일반적인 문제만을 들추는데 그치어 둠이 옳을까 한다.

첫째 농민심리라고 하면 대단히 이기주의적인 욕심쟁이, 인색한 자의 마음씨를 이름일 것인데 이 심리가 어느 정도까지 청산되는 때, 바꿔 말해 '도의심'이랄까 그런 아름다운 마음이 강하게 작용되는 날이래야 '공동작업'의 효과도 그만큼 크게 발휘될 수 있다고 생각한다. 그것은 금년 또한 그 실행상황을 보아 느낄 수 있는 전반적인 현상으로 무엇보다도 공동작업의 요건인 '공동협조의 정신'의 결여, 즉 농민심리, 이기주의의 발동으로 인해 생긴 결과가 자못 재미롭지 못함이 없지 않았다는 것이다.

　공동작업을 실시키 가장 곤란한 고비는 이른바 삼거루판, 모내고, 보리 베고, 거루 갈고 하는 눈코 뜰 새 없는 바쁜 때이다. 부락 내의 유력하다고 일컫는 사람 중에 간혹 이 바쁨을 핑계로 '통제있고 규율있는 행동'에 배치되는 따위의 짓을 감행하는 자 없지 않아 자기의 이앙(移秧)은 완료되었으므로 이제는 작업반에 빠져도 별손(別損)이 없겠다는 비뚤어진 생각에서 실그머니 물러남에 따라, 자연 다른 사람들도 시언치 않게 되는 수가 있다.

　논두렁 다툼, 논두렁 갈어들이는 심리, 서로 '저는 그러는데, 난 못 그러나' 하고 자꾸 갈어들여 통로를 좁혀 놓듯이, 그런 인색한 심리로부터의 탈각(脫却)은 좀처럼 어려운 모양이다. 기타의 복잡 미묘한 문제는 여기에 생략하기로 하거니와 더 하나 생각해볼 만한 것은, 재래의 '자리품'이란 것을 쓰는 관습이 공동작업 하에도 의연히 존재해서 자리품 일일 경우엔 1두락 반(斗落半) 내지 2두락 가까이 모를 심을 수 있는 것이, 공동작업반에 참가하면 1두락 심기도 빠듯하다. 혹은 재래보다 도리어 일의 능률이 저하되는 수도 있는 듯한데 그것은 손이 잘 안 맞고 품값의 제한 등의 이유라고 하나, 이런 것도 역시 생각해볼 만한 문제인가 한다.

　온반(溫飯)에 퍽 애착들을 갖고 좀처럼 그 습관에 떠나지 못하여 "찬밥 먹고 어떻게 힘든 일을 한담!" 하고 말하는 것은 그 또한 재래의 대농가 중심의 영농방식이 키워준 묵은 관념인 것 같다. 부락 내의 대농가에서 모를 심는다든지 논을 맨다든지 하게 될 것 같으면, 그날 먹을 음식을 한몫 특별히 차리고, 그리하여 당일엔 잔칫집처럼 부산하였다. 그러니 오늘날 그처럼 안타깝게도 온반을 못 잊어 점심때일라치면 끼리

끼리 은근히 각자의 집으로 돌아가는 그런 상태라면, 그것은 도리어 재래의 방식보다 더 시간적 물질적 낭비가 일층 우심(尤甚)타 하겠다.

부인 공동작업에 대하여도 공식적인 것에 무리가 없지 않았다고 본다. 적재적소, 경우에 의해선 밭일을 해도 좋을 것을 구태여 논일을 시킬랴고 할 것은 없다. 탁아소 같은 것도 일반부인의 남의 자식을 제 자식처럼 여기는 그런 아름다운 생각이 우선 간절히 요구된다. 공동취사야말로 남의 것일지라도 내 것 모양 애낄 줄 아는 그 수준에 이르도록 해야 가능하다.

물론 위에 말한 부족한 점은 그 전부가 아니요, 구체적인 것이 못된다. 그렇다고 농민들이 일하기 싫어해 그렇다거나 아주 몰염치하게 제 욕심만을 채운다거나 그런 편견에 치우쳐질 것을 두려워한다. 원래 이 고장 농민들은 부지런하고도 일을 잘한다. 그리고 상호부조의 전통적 정신을 가지고 있다. 그 부지런하고 일 잘하는 상호간 돕고 붙들어가는 그런 것에 착안하여 합리화, 정상화에 절대적인 노력이 서로 절요(切要)될 것이다.

무논에 들어 엎드려 두 손으로 부지런히 호미를 놀리면서도 지껍지껍 우스운 말 농을 하는 사내들이요, 족- 나란히 밭에 들어앉아 김을 매며 재깔재깔 쏟아지게 이야기를 하다가는 가끔 까르르 웃음을 터뜨리고… 하는 그런 여인네들이다. 거기엔 아무런 부자연함이 없다. 노력의 능률도 그만하면 상당하다. '공동작업'에 있어서도 그런 자연스러운 풍경이 있어야 되겠고 그만한 능률을 올리는 날, 비로소 정상적인 발족의 첫걸음을 떼어놓았다 할 것이다.

그러나 자못 통절히 한이 되는 일은 농민의 근대적 협동정신 '도의심'의 부족 그것이다. 이것이 공동작업 상 가장 큰 지장의 원인도 되거니와 흙속에 묘(苗)를 심는 것과 같이 마음속에 묘를 심어야겠다. 백성들의 착하고 아름다운 정신생활의 성장에의 요망은 '공동작업' 같은 그런 공동적인 행동을 통해 뼈아프게 느껴진다.

(「반도의광」, 1942. 8)

맹꽁이배들

특히 농번기에 있어서의 냉반(冷飯) 실행은 예상으론 퍽 쉬운 것 같은데, 실제로 겪어보면 여간 까다로운 문제가 아니다. 아직도 일반의 인식이 바르지 못한 탓, 쌓이고 쌓인 관습의 여폐(餘弊) 때문… 이런 데에 원인이 있는 상 싶으나 이것저것 모든 잡담 다 제외하고, 하루 세 끼, 네 끼의 취사를 해대자면 대체 여인네가 견디어 나갈 수 있겠느냐는 것을 생각해보자. 더구나 '곁두리'까지 네 끼를 먹는 형편이니. 일온이냉(一溫二冷) 주의는 우선 이런 딱한 문제를 고려해서라도 철저히 실행해야 할 일이다.

말할 것도 없이 배가 고파가지고서는 힘든 일을 감당키 도저히 어렵다. 배곯지 않게 밥을 먹어야 한다. 근대적 경역(境域)에 이르지 못한 농역 방법, 거의 육체적 노력으로만 해나가야 되는 농사일일수록 배는 쉬 고파진다. '배가 허전해 가지고서는 갱신하기 어려워 일의 능률을 낼래야 낼 수 없다.'고들 말한다. 그렇다고 꾸역꾸역 뜨거운 밥만을 잔뜩 먹어댄다고 해서 육체적, 생리적인 요구를 보충시킬 수 있겠느냐 하면 그건 그야말로 '판무식쟁이'의 생각일밖에아무 것도 아니다. 찬밥이라고 해서 쉬거나 썩지 않은 이상, 영양가치의 손색이 그리 크게 있을 리는 없다. 그러나 정히 찬밥만으로는 뭘 하면 국을 끓여 먹는 게 차라리 효과적일 것을 경험했다. 당일의 주인이 점심 한 끼 국을 끓여 대접하는 것쯤은 그리 수고로울 일일 것도 아니고, 또한 일하는 사람들에 대한 감사의 표시로서, 좋은 간편한 방법이 됨직도 하다.

요는 농업의 합리화에 반(伴)하여 적당한 영양, 휴식, 오락의 병행이 없고서는 문서상으로는 모르되 실천에 있어선 노력의 능률을 올릴까에 대하여 진심으로의 고구(考究)가 필요하다. 그만한 노력에 그만한 영양! 이것이 근본적이 해결책이 못되고 극히 한계 있는 방책에 불과하지만, 아무래도 과학적인 공동식당 등의 설비로서 시급한 영양문제의 해결을 강구해야 될 듯 생각된다.

이 공동취사 문제에 대하여 먼저 남의 것을 내 것처럼 애낄 줄 아는 수준에 이르러야 될 것을 말하였지만 진실로 그렇다. 이 고장 백성들의 인간적인 향상, 심히 막연한 말이나마 그런 것을 절실히 느끼지 아니치 못하는 오늘날이다. 첩경 하기 쉬운 말인 '계몽'이란, 그 한계를 초월한 그 속의 것이어야 한다. 농민들이 일시적 발라맞춤으로 기울어지지 않도록, 그러면 그럴수록 더욱더 인간적인 향상을 요하게 됨을 계(戒)해야겠다. 공동취사, 공동식당 등을 운영해 나가는데 있어서도 하라니까 어쩔 수 없이 하는… 그런 일시적인 발라맞춤과 같은 태도는 일척(一擲) 청산케해야 될 일이다.

카미이즈미 시데노부(上泉秀信)씨가 모(某) 지방 지도자간담회 석상에서 어느 지도자의 질문에 대해서 "한번 대원유학(大原幽學)을 읽어보시는 게 어떨까요?"라고 답변하여 대원유학과 같은 지도자형의 인물을 배우라고 말한 것을 어디서 보았지만, 첫째는 지도자의 문제가 아닌가 한다. 와다 츠토우(和田傳)씨 등 농민작가들의 작품을 통해 보면 참

마음, 아름다운 마음씨의 지도자를 꽤 많이 발견할 수 있어 「여기에 샘물이 솟다」의 주인공과 같은 사람도 대단한 열성이어서 20년간 노력의 결과 일 한촌(寒村)의 생활이 안정되고 문화적으로 전 부락 23호 중 20호가 주야선(晝夜線)의 라디오를 설비해 있게 되는 등, 오늘날에 있어선 실로 놀라운 것이 되지 않을 수 없고, 시게마츠 마사나오(重松眞修)씨의 『조선농촌물어(朝鮮農村物語)』에 나타난 공적도 어지간하여, 이것들이 죄다 비록 어떤 한계를 갖고 있는 것이라지만 '아름다운 인간의 마음이 그런 한계를 뚫어 넘게 한 것이다.'라고 말한 시마키 켄사쿠(島木健作)씨의 소견이 마치 그럼직도 하다. 참마음, 아름다운 마음씨의 일꾼! 전이나 이제나 그런 사람을 요하기는 마찬가지다. 농민들의 근대적 협동정신의 결여, '도의심'의 부족에 참으로 애착을 일으키게 하는 바 없지도 않으나, 그러나 그 원인과 그 현상을 잘 아는 공부도 실로 크다 하겠다.

영양문제. 이것의 해결을 위해서도 지도자의 책무를 생각하지 않을 수 없다. 일반의 사망병인이 크게 나타나는 통계도 그런 모양이거니와, 실제 작은데 국한해 보더라도 특수병급(及) 약간의 호흡기계 병을 제하고는 대부분이 소화기계 병이니, 그도 그럴 것이 어려서부터 위장을 아무렇게나 한 때문, 단단한 쇠로 만든 기계도 함부로 쓰면 몇 해 못가서 결딴나거든 하물며 인체일까 부냐. 더구나 농한기는 먹을 게 좀 흔한 때라 하루 네 끼, 다섯 끼의 따뜻한 밥을 먹어대니 그야말로 맹꽁이배처럼 되지 않을 수 있겠는가.

발가숭이 때꼽재기 애들, 도시 어린애들은 일쑤 "응! 나 1전만…" 해가지고 당분을 먹는 수가 있는데, 농촌 어린애들은 그 대신 콩 볶은 것이나 아드득 아드득… 하지 않으면, 덜 익은 과실 나부랭이를 거침없이 먹어대곤 한다. 그래서 으레 '복학(腹瘧)'이니 제것이니 해가지고 침(鍼)을 맞는다 '국니산' 금계랍(金鷄蠟)을 먹는다… 해서 한때 부산어을빈(釜山魚乙彬)인가 뭔가 하는 영국인의 주머니를 불려준 적도 있지만, 그런 딱한 현상이다.

조식(粗食), 과식으로 인해 위를 버리고 또 그 위에 회충 같은 기생충을 지니어 아이들이 도무지 말이 아니다. 「여기에 샘물이 솟다」의 주인공이 의사 아닌 의사였고, 그리고 또 배후에 아름다운 마음씨의 의사가 있어 원조를 애끼지 않았다는 사실 등등은, 이 맹꽁이배를 미루어서도 충분히 찬양할 가치가 있다 할 것이다.

영양문제는 이런 것까지를 생각하게 한다. 나는 오늘도 맹꽁이배를 하나씩 안은 동네 어린애들을 물끄러미 쳐다보고, 그리고 앞길이 먼 어린애들만은… 하고 생각했다.

(「반도의광」, 1942. 9)

요술쟁이 왔던 날 밤

'연극패'가 들어왔다는 소문이 쫙 퍼졌다. '연극패, 극단이라면? 별안간 웬 사람들일까? 혹은 근자 순회 중인 이동극단이나 아닌가?' 하고 선보(先報)를 듣지 못한 데에 의심을 품어 보았으나, 어쨌든 심심도 하고 하니 가보리라 하여, 마침 내객이 있어 동반해 갔던 것이 아지못게라 연극패가 아니라 '요술쟁이'라는 것이다. 소위 마술사 일행인 것이다. 장내에는 희미한 람프 불이 켜 있고, 뭇사람의 그림자가 그 속에서 웅성댄다. 이미 검은 장막이 두터워진 컴컴한 장외에도 사람들의 떼, 안팎 동네 남녀노유(男女老幼)가 총동원되었는가 싶었다. 입장료 10전이나 20전이 없어 멍-하니 쳐다보고만 서있는 사람들, 특히 어린애들의 정경은 그런 소박한 풍경이 저으기 어우러지는 듯하였다. 어쩐지 발길이 머뭇대어지는 것을 자꾸 만들어가자 재촉하여서 마지못해 들어가긴 했으나 도저히 유쾌할 수 없는 좌석이었다.

이윽고 개방이 되어 누구나 다 같이 구경은 할 수 있었다. 일행은 남녀 마술사 2인, 수원(隨員) 1인도, 합 3인으로서 요술이 시작되자, 장내는 지나치게 숙연해졌다. 제 딴엔 유모어- 익살을 떨랴는 것이겠지만, 촌부인네와는 차림차림부터 달리 차린 새파랗게 어린 '신여성'인 그 여자는 금니 번쩍이는 입을 일기죽대며 이 지방 특유의 말투인 "그래씨유!" "저래씨유!" "아니유!" "아녀유!" "야!…" 이 모양으로 흉내를 내고, 또 주간(主幹) 장발 청년은 눈짓, 입짓으로 익살맞은 짓을 다하여 가끔 사람들을 웃기는 것이, 도리어 딱하게 천덕맞은 장면이 아닐 수 없었다. 그러나 불을 먹고 목구멍에서 종이끈을 줄달아 꺼내고, 담배가 나오고, 작두날에 올라서고… 이렇게 온갖 요술을 다함을 따라, 사람들은 침을 삼키고 골독히 그것을 바라보는 것이었다. 졸림과 더위도 어디로 싹 날아가 버린 듯했다.

이 요술쟁이 왔던 날 밤의 인상, 감상을 통해서 농촌의 '오락'이 얼마나 중대한 문제의 하나라는 것을 생각하게 한다.

근로는 휴식과, 휴식은 오락과 서로 연관이 되어 있다고 보아도 좋다. 마차마(馬車馬)에게 지나치게 짐을 실어놓고 어서 가라고 다루는 거나, 왜 머리 치는 소를 억지로 부릴랴는 거나 그런 것이 모두 보기 민망스런 일인데, 하물며 사람에 있어서랴. "아이구 죽겠다!" "아이구 지겨워." "지긋지긋해!" "귀찮다!" 하는 류의 탄식이나 혹은 "심심해 못 견디겠다!" 하는 말 같은 것이 나오지 말도록 해야 할 것이다. 원체 사람이란 크나 적으나 또는 고상하나 야비하나를 불구하고, 무엇이나 즐거움을 가져야 살아나갈 수 있는 것이다.

촌 건달들이 주막에 모여 밤 이슥하도록 막걸리를 마시고, 춤추며, 노래 부르는 거나, 젊은 농군들이 포플라 늘어선 천변에 천렵놀이를 차려놓고 아침부터 저녁때까지 어지간히 장차게 두레를 놀아대는 것을, 단지 나질이만 볼 것인가? 그러나 그것이 건전한 것이냐, 아니냐가 실로 또한 중대한 문제이다.

물론 건전한 오락이래야 한다. 세태의 변함을 따라 건전한 기풍의 오락이 쇠잔해가고 퇴폐, 향락, 애상적인 유행가 부시러기와 불연(不然)

이면 소비적인 '쪼이'라나 뭐라나 하는 놀음(賭博)같은 것이 등장하게 되었을 뿐, 이렇다 할 오락이 태무(殆無)하게 된 오늘날 농촌의 현상을 볼 때, 그 원인의 여부는 고사하고 모름지기 식자로 하여금 절대(絶代)한 맹성(猛省)을 촉(促)하게 하는 바이다.

우리가 어렸을 적만 해도 농절엔 으레히 두레(농악)를 놀았고, 파일놀음, 백중 씨름, 줄다리기 등등 다종다양의 오락이 있어 백성들, 백성의 자식들은 철(節)만 되면 대단히 즐거워하던 것을 기억하고 있거니와, 오늘날엔 그런 역사 깊은 민속의 놀이가 거의 다 인멸(湮滅)되고, 단지 두레도 일부 건달패나 난봉꾼들의 놀음감이 되고 말았다.

영동지방에선 농악대를 편성하여 장려하는 듯 싶으나, 그 실정은 아직 모를 일이다.

이번 향토오락으로서의 '분용(盆踊)놀이'가 부활케 된 것도 그만한 중요성을 고려해서였을 것이다.

즐거움이 있어야 되는 생리적인 욕구, 근로하는데 없지 못할, 즉 노력의 능률을 올리는 작용, 농민의 빈곤한 정서에 윤택미와 농촌생활의 위안, 청년의 건전한 심신에로의 미화, 단련 등 교화 방면에서도 향토오락의 중절(中絶)상태가 오래 계속될까 걱정된다. 가장 일반성을 가졌던 병농(兵農)의 유풍인 농악(두레)도 좋고, 기타 재래의 것이 하나도 그냥 버릴 게 없으리라. 새로운 영화, 연극 등 죄다 좋은 것이나, 요는 건전한 것이어야 할 동시에 '공식적'인 것이 아니라 일반성, 다양성을 띠어야 될 것이다.

농민, 특히 농촌의 중견, 글자나 배운 젊은이들은 건전한 오락에의 지향(志向)을 새로이 굳게 해야 할 때가 아닌가 한다.

「반도의광」, 1942. 10)

김씨부인 이야기

 김씨부인은 나이 높아갈수록 그처럼 비참한 일평생을 어떻게 용케 참고 살아왔는지 생각하면 스스로 희한하고 이상해서 마치 꿈을 꾼 거나 같이 지난 일이 몽롱하였다. 사람의 일이란 이다지도 어려운 것일까. 더구나 여자로 태어난 몸이매… 무정할 손 사람의 일생, 여자의 한평생이로다… 하고 늙어감을 따라 혼자 한숨짓고 눈물을 흘린 적이 여러 번 있었다. 그러나 다시 생각하면 '사람의 도리'를 다했다 할까, 그런 아늑한 감정에 휩싸여 저윽이 위안을 느끼곤 하는 것이었다.
 김씨부인, 그는 원래 가난한 농가 오막집에 태어나 여덟 살 적에 아버지를 '쥐통'이란 전염병에 여의고, 대처 3년 만에 어머니마저 염병에 작고하고, 단지 어린 두 남매만 동그마니 남게 되었었다. 천행으로 남매만은 열병을 이기고 살아난 것이었다.
 온 집안 식구가 죄다 끙끙 앓고 누웠을 때 "여기 흰죽 쒀 왔수." 하고 사촌올케가 흰죽을 쑤어가지고 와서 봉당에 놔두고 갈라치면, 어머니가 간신히 몸을 일으켜 엉금엉금 기어나가 죽 그릇을 들고 들어오곤 했다. 그러던 것이 하루는 흰죽을 쑤어가지고 와서 몇 번이나 소리쳐도 어머니는 기척이 없는 것이다. 홑이불을 뒤집어 쓴 채 이미 운명을 한 것이었다. 두 남매는 그냥 벌떡 일어나 앉아 엉엉 울어댔다.

당숙과 사촌오라버니들이 홑이불 채 그대로 싸내다가 건폄한 데 가서 날마다 어머니를 부르며 울었으나 하늘은 무심할 뿐. 그래도 할 수 없어 동생은 산에 가서 나무를 해오고 누이는 우물에 가서 물을 길어다가 소꿉장난처럼 밥을 지어먹고 그날그날을 지냈다. 그러나 양식도 다 돼가서 이런 외로운 두 남매의 살림은 앞으로 더 계속될 수가 없었다.

한 달좀 남짓하여 부정이 가시자 열한 살 먹은 소저는 가마를 타고 생전 처음 먼 길을 떠나 '덕절이'란 동네 죽산박씨 집으로 시집을 오지 않으면 안 되었다. 팔자 드신 홀시부, 열 살 먹은 신랑. '신랑' '신부'는 곧잘 싸움질을 했다. 신랑이 신부더러 '달팽이'라 별병을 지어 "딸팡아, 딸팡아, 네미 집에 불났다…" 이렇게 놀릴라치면 신부는 "심술패기, 심술패기, 쇠똥에 주저 앉어…" 하고 맞겨름질을 했다.

김씨부인에겐 아직도 액운의 시련이 남았는지, 시집온 지 열세 해만에 남편을 또 여의였다. 하늘이 무너지듯 실성하다시피 날마다 자정이 넘어 내처 날이 새도록 산구렁 건폄한 데 가서 남편 시묘를 살았다. 손으로 건폄한 구덩이를 파서 썩어가는 살이나마 어루만져 봐야 견딜 수 있었다.

그러나 그에게는 한 가지 희망이 있었으니, 오직 하나의 혈육이 배안에서 꼼지락대고 있는 그것이다. 남편이 죽은 지 넉 달 만에 순산을 하였으나 후사를 이을 사내가 아니라 계집애였다. 참으로 박복한 여자다. 그러나 어쩔 수 없는 일이다. 모두 다 팔자소관이다. 딸자식이나마 졸압없이 잘 커라--하고 김씨부인은 어떻다 말할 수 없는 서운한 마음을 가라앉혔다.

그랬던 것이 유복녀마저 두 살만에 또 죽어버릴 줄을… 일이 이렇게 된 바에야 오직 시부에게 효도하고 시동생(그동안 얻은 서모는 아들 하나 낳고 또 죽었다)을 지성껏 양육하고 근검절약해서 집을 지키는 것이 그의 생의 의의(意義)요 또 위안도 되었다.

이런 가운데 김씨부인 한 집안에 가난도 가난이려니와 세상 형편도 크게 달라져서 '일한합병'이 결정되었고 통감부에서는 널리 효자절부를 구하여 표창하기로 되었는데, 김씨부인도 그 중에 한몫 끼게 되었다. "정절을 잘 지키어 향당의 모범이 될 만하다."는 뜻의 통감의 표창장과 함께 은상금이 나왔다. 은상금 10원은 동네 극빈자 10여 명에게 골고루 나누어 주고 자비로써 성대한 잔치를 차렸다.

이때 그 집에선 어느 유력한 천도교도의 권유로 동학에 입도하였던 것이다. 완고한 아버지가 순순히 천도교인이 된 것은 모두 아들(작은아들) 며느리의 행복을 위해서였다. '주마담'으로 고통을 받는 시동생은 마침내 집에다 '푯대'를 세우고 천도교를 대대적으로 믿었다. 그러나 그마저 아내와 유복자를 남기고 요절하게 되어 "집안 망할 도(道)다. 이런 걸 그냥 내버려둬선 안 되겠다!"고 일가친척들이 모여 천도교 '푯대'를 때려 부수고 책을 불살라 버리고 했으나 김씨부인은 좀처럼 배교(背敎)는 하지 않았다.

그동안 개가를 하라고 적잖은 매파가 드나들었지만 그는 조금도 마음을 동치 않고 "금자동아, 은자동아, 부모에겐 효자동이요, 나라에겐 충신동이요, 일가에겐 화목동이요…" 이런 축원가를 해가며 두 청상과부 중의 한 아들인 '천만'이란 유복자를 희망에 붙이고 살아왔다. 아직도 액운은 미진해서 천만이마저 죽고 보니 이젠 누구를 믿고 살랴. 이미 시부조차 작고한 뒤라, 두 과부는 서로 한숨만 짓고 괴로운 세월을 보냈다.

시동서는 그예 개가를 해가고 김씨부인만 외톨밤같이 홀로 남고 보니, 이건 당초에 생지옥살이다. 집안에선 밤마다 '도깨비장난'을 했다. "어서 날 잡아 가거라!"고 악썼으나 도깨비는 잡아가지도 않고. —물론 도깨비장난이란 것은 그의 정신상 착각에서 일어난 환상이었다. 도깨비란 절대로 없는 것이니까. 몇 번이나 목을 매고 간수를 먹고 했으나 '죽음도 팔자속'인지 좀처럼 죽어지지는 않았다.

마흔두 살 때 일가 조카 되는 애를 양자(養子)로 들여세웠는데, 그때는 벌써 소싯적의 고생의 여독인지 견비통 - 신경통, 류마티스가 심해서 무수한 고통을 받았다. 그는 마침내 인생의 허무함을 느끼고 운명을 저주하고 덕절이 동네에 뜨거운 눈물을 뿌리며 '방랑'의 길을 나섰다.

경향으로 다니며 명의를 찾아보고 절과 보살이 그리워 산을 찾기도 했다. 혈혈단신으로 나무 우거지고 물 흐르는 절간을 찾아들어 갔으나, 돌려 생각하니 이것이 안 되었을 뿐더러, 보살 노릇도 우선 돈을 가져야 하겠어서 그냥 집으로 되돌아오고 말았다. 행여 모래찜질 덕이었던지 몸은 아주 완쾌해져서 앞으로 새로운 생애를 맞이할 듯 생의 희열(喜悅)이 전신에서 용솟음쳤다.

이러는 동안 거듭 '포장'을 받고, 법의당(法義堂)이란 당호(堂號)까지 받은 천도교도 그럭저럭 버렸고, 오직 자신을 믿는 완전한 새사람으로서 집을 지키고 양자와 함께 농사에 힘쓰면서 고요히 여생을 보내게 되었다.

부기(附記) 이야기의 일단은 일찍이 다른데서(매일신보 1941년 3월 봄 수필 중) 말한 바 있거니와 처음 기도(企圖)는 이 기구한 운명의 여주인공의 일생을 장편소설의 재료로 써 보려던 것이 사정상 이런 형식으로써 간단히 쓰지 않으면 안 되었다. 그러나 이것으로서 '덕절이 노인'의 숙원(宿願)은 풀어졌으리라고 생각한다. 이 김씨부인과 같이 어려움을 극복하고 살아나가는 굳센 마음! 이런 마음은 시대와 인간을 초월한 교훈적인 의의를 가졌다 할 것이다.

(「반도의광」, 1942. 11)

기러기 날아오고

　천신하고, 햇밥을 맛있게 먹었었다. 노력에의 감사한 마음, 이루 척량해 말키 어려웠다. 또한 무엇이나 먹을 것, 별식이면 차마 그냥 덥석 먼저 먹지 못하고 반드시 천신을 하는 어른들의 오랜 옛날부터 내려오는 순풍미속(醇風美俗)이 그립직도 하였다. 시골은 무어니 해도 가을이 더 좋다. 맑게 개인 높은 하늘, 곱게 물들인 아름다운 산야도 좋지만 결실의 때라는 데서 그렇다. 시골 사람이 농사를 짓고 꾸준히 땅덩이를 지키는 것도, 이 결실의 가을을 바라는 때문에서다. 가을을 위해서다. 가을이 없으면 농민이 있지 못할 것이다.

　뜰아래 심어 창을 가리게 했던 나팔꽃(朝顔) 넝쿨을 모조리 거두어 냈다. 햇볕이 그리워졌고, 또 그늘 밑에는 국화의 노란 꽃을 재촉하기 위해서였다.

　어둠을 안고 들에서 돌아올 제, 선선한 기운이 몸에 스며들었다. 오싹 떨었다. 찬 이슬 속에서 따르르… 소리가 들려왔다. 옛날 옛적 매미(蟬)와 지렁이(蚯蚓) 두 놈이 있었는데, 매미는 띠를 띠었으나 눈이 없고, 지렁이는 눈은 있으나 띠는 없어, 매미는 지렁이의 눈이 부러웠고 지렁이는 그렇게도 노래 잘하는 매미의 띠가 부러워, 하루는 두 놈이 눈과 띠를 서로 바꾸기로 했던 것이다. 그러나 매미는 눈을 얻어 좋았지만 지렁이는 일조에 눈을 잃고 보니 후회막급이었다. 매미는 맴맴맴… 청아한 노래를 부르는데, 지렁이는 그만 슬퍼서 아뜨르르… 눈 잃은 슬픔의 울음이라고 한다. 일꾼의 그 재미있는 이야기를 듣고 보기 과연 우는소리 그럴 듯 슬픈 것 같아 귀를 기울이고 했었다. (그러나 실상은 그 울음소리 지렁이가 아니라 땅강아지[螻蛄]나, 귀뚜라미[蟋蟀]의 짝을 찾아 노래함이 아닐까?) 시장한 김에 깜박이는 등잔불 아래서 저녁 한 사발을 게 눈 감추듯 다 먹었다. 감사하는 가을, 배우는 가을, 반성하는 가을, 생각하는 가을, 희망에 찬 가을이었다. 그리고 일하는 바쁜 가을이었다. 남녀노소유(男女老少幼)가 죄다 추수에 동원되어야 하는 때, 극히 소수의 특수를 제층(除層)하고는 거개(擧皆)가 근로 선상으로 나섰다. 저녁엔 그냥 골아 떨어져 자고, 이튿날이면 또 일을 한다. 근로와 휴식의 상반(相伴), 그러나 휴식은 문화 없이는 너무나 야(野)하다. 땅을 지키는 농민에게 최고능률의 근로와… 적당한 휴식과 함께 진실된 문화가 수요(需要)되는 소위도 실로 크다 하겠다. 벼이삭 우거진 농촌 - 흙의 문화에로 눈초리를 돌리자. 도시와 농촌과 근본적인 조화, 그 조화된 문화의 관심이 커가는 연유도 필연의 추세가 아닐 수 없다.

어느덧 편야(遍野)의 황파(黃波)가 다 거두어지고, 구슬픈 벌레소리 물러가고, 시냇가의 버들잎 떨어지는 가냘픈 소리 잦아지고, 대공(大空)을 마음껏 날으는 우렁찬 기러기 소리가 성(盛)히 들려온다. 황고지 천변에 높다란 성처럼 쭉 들러선 포플라의 낙엽도 낙엽이려니와, 서너 그루 빨간 일산(日傘)처럼 퍼진 단풍나무의 곱고 고운 잎마저 떨어질까 안타깝다. 다 캐낸 고구마 밭머리에 서서 멍-하니 황고지 쪽을 바라보았다.

　백화조락(白花凋落), 국화만이 한참이다. 어느 새엔가 물이 얼었다. 그러나 바쁜 농사일은 좀 더 있어야 치워질 것이고, 집집마다 가마니들이 들여놓아질 날도 멀지 않았다. 조금 한가로워진 나는 양지쪽에서 물끄러미 재재대는 참새 소리를 듣고, 깍깍대는 까치 소리도 듣고, 모이를 줍는 닭도 쳐다보다가 갑자기 더 절간 같은 생각이 치밀어 들로 나갈까, 방으로 돌아가 책이나 볼까 하고 망설일 즈음, 마침 저- 아래 마당에서 놀던 어린애들 한 떼가 옹기중기 이리로 몰려와서 미소를 띠고 바라보았다. 누런 얼굴 때꼽자기 낀 살, 헌 털방이 옷일망정 귀엽고 재미났다.

　"기럭기럭 기럭아… 앞서가는 놈은 장수, 뒤에 가는 놈은 도둑놈"
　"기럭아 기럭아, 어디 가니? 한강 간다. 무엇하러 가니? 새끼 치러 간다. 몇 배 쳤니? 두 배 쳤다. 아들 낳고 딸 낳고 복 많이 받아라."

　기러기 한 떼 끽- 끽- 소리하며 하늘을 가로질러 날아오니까, 뛰놀던 애들이 두 팔을 벌리고 이렇게 소리 높여 노래 부른다. 나도 앙천미소(仰天微笑)했다. 그렇게도 맑던 하늘이 어느 틈엔가 부옇게 멀었다. 찬 바람이 불어온다. 낙엽 진 참준나무 가지에, 초가집 굴뚝에서 나온 저녁연기가 어린 듯 만 듯. 거리기 날아가고, 어린애들마저 헤어지고 보니 몹시 더 쓸쓸하고 심심했다. '옳지 이런 마음이 젊은 사람들로 하여금 술집엘 곧잘 가게 하는 게로구나!' 나는 입맛을 쩍- 다시고 천천히 안으로 발길을 돌리었다.

　농한기가 됨을 따라 예년과 같이 성황(盛況)을 정(呈)할 술집. 심지어 짙은 화장을 한 계절조(季節鳥) - 작부들의 노래 소리까지 들을 수 있는 형편이다. 대지에 기러기 날아오듯, 제 고장 시골을 떠났던 아가씨네 시골을 찾아 한철 농한기를 노리고 날아든다. 그러나 아가씨가 있는 주점에서 일어나는 온갖 불상사, 피땀 흘려 번 고달픈 고가(雇價)를 몽땅 까발리는 것도 기막힌 일, 소대의 불순한 '교제'의 시장으로서도 오늘날 술집은 이(利)보다는 해(害)가 더 많은 존재다. 그런 술집이 아니라 근로(勤勞)하는 농민들의 참된 위안의 장소로서 건전한 문화의 집으로서의 기능을 수행할 새로운 시설의 절요(切要). 향토의 미화, 농민 청년의 교화를 위해서도 농한기와 술집에의 절대(絶代)한 관심이 있어야겠다.

한 알의 쌀일망정

농민들은 대전(大戰) 전보다도 더 부지런해졌다. 노력의 부족, 기타 모든 당면한 생활문제를 부지런한 것으로써 해결하려고, 또 그럴 밖에는 딴 도리가 없었다. 농민이란 훌륭한 말보다는 몸소 실천을 해나가는 것이 바탕인지라, 무슨 엄벙덤벙 드나들거나 그런 것이 아니라 오직 묵묵히 주어진 임무를 이행하는데 충실할 뿐이었다. 대전(大戰) 1년 동안 농촌의 생태가 엄청나게 변해졌다 해도 무어 그리 크게 놀랄 것도 없이 그저 밥 잔뜩 먹고 힘써 일할 따름이다.

'근로보국단(勤勞報國團)'의 출동, 타지 노무자 공출 등등에 대해 지금엔 아주 으레히 그러려니 여기게 되었다. 농민은 모든 이론을 떠나, 첫째는 먹고 살 식량을 생산하는 성자이고, 둘째는 일하는 노동을 간직한 장정(壯丁)인 그런 중대한 임무를 가진 것은 새삼스러이 췌언(贅言)을 요치 않지만, 노력이 부족 되고 모든 것이 군색함을 불구하고 생산과 노력을 위하여 전심전신(全心全身)을 다 바치는 그 '천직'엔 아무래도 감격하지 않을 수 없으리라.

한 알의 쌀이 오늘날처럼 고귀해 본 적도 아마 일찍이 드문 일일 것이다. 한 알의 쌀을 한 방울의 피에 견주는 것은 너무나 지나친 감상일까. 한 알의 쌀이 되기에 농민의 땀이 여섯 방울 흐른다고 하거니와, 자신의 손발에 흙을 묻혀봄으로서 그게 거짓말이 아닌 것을 깨달았다. 씨를 뿌려 싹을 나게 하고, 싹을 길러 옮겨 심고, 옮겨 심어 자라게 하고, 그 자란 데서 이삭이 나와 결실하기까지의 수고도 이만저만한 게 아니다. 그러나 열매를 거두어들이는 그 수고도 적잖이 큰 것이다. 지금은 추수의 한 고비, 바쁜 때이다. 미처 손은 모자라고 일은 세서 농민들은 일희일우(一喜一憂), 두 손이 열 손, 백 손이 되어도 오히려 부족 될 듯, 부지런하고 또 부지런하다. 기후로 인한 냉한(冷寒)의 습래(襲來), 논에 살얼음이 덮였다. 초가지붕 위에 하얗게 덮인 찬 서리, 채 녹지도 않은 이른 아침부터 살얼음 속에 맨다리로 들어가서 썩썩 벼를 베어 냈다.

한 사람의 장정이 그렇게 힘차게 궁굴통(탈곡기)질을 하는 것에서 나는 어떤 초인적인 위력을 발견하는 듯싶었다.

눈썹달이 중천에 걸렸고 뭇별들이 반짝반짝 웃어 보일 때까지 그날 일을 다 거둬 쳐야 한다. 찬바람이 몸에 부딪혀 온다.

"이거 너무 이렇게 늦어 어떡한 담…" 할라치면 "가을은 원체 그런 게니깐…"하고 아무렇지 않은 대답이다. 입 밖으로의 대답뿐이 아니라 마음속으로의 생각이 그런 것이다.

이렇게 날마다 날마다 부지런히 일한다. 한염수해(旱炎水害)도 부지런한 것으로써 이겨나간다. 전시(戰時)하 농민은 부지런하다는 한 말로써 그 성격, 생태를 표현키에 족하다.

그러나 사람의 힘이란 일정한 한도가 있는 것이다. 농업의 합리화와 함께 경농(耕農)의 기계화를 생각하게 하는 소위인 것이다.

이상은 단지 벼농사에 국한해 본 것에 불과하고, 기타 잡곡 생산에의 노력, 특히 면화재배의 장려 같은 것은 전전(戰前)에 비해 놀라운 현상이다. 공판장에 들여 쌓인 면화더미, 송이송이마다 농민 특히 농부(農婦)의 노력의 결정물이라는 것을 알아주어야겠다. 한 알의 쌀이 귀한 것이라면 한 송이의 목화도 역시 귀한 것이다.

대전 1주년을 맞는 가을. 더 바쁜 가을이다. 베어 놓은 벼를 손수 훑을 사이도 없이 '근로보국단'의 교대(交代)를 스러 떠난다. 이미 가 있는 사람의 벼는 동네 일가친척(간혹 동리 전체)들이 나서서 베어 준다. 집집마다 모두들 거둬들이기에 분주하다.

식량 사정상 10월 말까지의 조장인(早場籾) 공출을 앞두고는 일층 더 바빴다. 일방으로는 비고, 일방으로는 훑고, 일방으로는 듸리고, 그래서 부랴부랴 포장을 해 공판장(共販場)으로 가져가야 한다.

씻은 듯이 구름 한 점 없는 맑은 하늘엔 아직도 샛별이 웃고 있었다. 갈고리달이 매달려 있었다. 새벽바람 제법 찼다. 으르렁… 기적소리 유난히 크게 들린다. 이윽고 참새들이 짹짹대며 까불어 치고, 외(外)치들이 깍깍깍깍… 좋아 날뛰었다. 개가 대문 앞에 쭈그리고 앉아있었다. 하늘에 별이 차차 사라지고, 달이 점점 얇아져갈 때 건넛집에서 어린애의 칭얼대는 소리, 조반을 지으러 나간 것이었다. 큰 닭, 작은 닭이 시염시염 홰에서 내려 마당으로 나와 고요히 모이를 주웠다.

그들은 새벽부터 그날 조장인(早場籾) 공판에 낼 벼를 선풍기(旋風機)로 듸리는 것이었다. 선풍기의 발판(페달)을 다리 힘껏 누른다. 윙윙 소리와 함께 부채살이 알아볼 수 없게 돌고 키에서 뽀얀 알이 비 오듯 쏟아진다. 그것을 몇 번이고 정성스럽게 고르고 다듬고 해서 가마니에다 피병백근(皮並百斤) 조장인환(早場籾限)이 되도록 담는다. 한 알의 쌀일망정 허수히 되는 게 아니다. 대전(大戰) 하 농민은 생산을 위하여 부지런히 일하였다.

(「반도의광」, 1942. 12)

고구마

밖에서 찬바람이 숨어들어 람프 불이 가늘게 흔들거리고, 당산(堂山)에서 부엉이소리 들려오는 것만 같은, 양력 정월을 갓 넘어선 그러나 아직도 쌀쌀한 치운 밤. 매년 당제(堂祭)를 지낼 무렵이면 으레히 울기 시작하는 부엉이, 당제 사나흘 밤에 부엉이 울면 내년엔 꼭 순풍이 온다고 한다. '부엉아, 울어라. 오늘 밤에도 숫놈 암놈 얼려 다 같이 크게 울어라.'

아랫집에선 잠간 가마니틀을 비켜놓고 다듬이질을 또드락또드락… 어려서부터 서울로 어디로 남의 집 일을 보아주러 다니었고, 월전(月前)까지 영등포 무슨 공장 여직공으로 있다가 돌아온 뒤론 가마니를 힘써 치더니, 어느 틈엔지 약혼이 성립되어 며칠만 있으면 시집을 가리라고 하는 소녀, 혼수를 준비하기에 바쁜 것이었다. 또드락또드락… 멋들어진 방망이소리. 희망에 가득 찬 즐거운 장단가락이다. 20원 남짓한 금융조합 부채정리 연부금조차 해마다 실기를 하여 쩔쩔매는 그 아버지에게 웬 돈이 있어 두둑한 혼수를 해줄 수 있겠는가. 잔치는 물론 생의도 못할 게고, 모르면 모르되, 공장에서 벌어온 약간의 돈으로 이미 옷가지라도 준비했을 테니까 그저 그거나 허고, 요새 가마니를 쳐서 생긴 돈푼으로 자자분한 거나 장만해가지고 갈 것이다. 그들 형제는 죄다 재조가 있어 환경이 좋아 가르치기만 했다면 분명 남에게 지지 않게 뛰어날 것이었다. 처녀는 마침내 궁벽진 농촌, 한 농민 청년의 아내로 되어 간다니 어찌되었거나 전도에 행복이 있기를 바란다. 이웃사촌이라고 한다. 그러므로 해서 마음은 더 간절한 것인가보다.

*

방망이 소리는 점점 더 잦아갔다. 밤은 길고 외로운 등불 아래 책을 펴 놓은 채 그대로 화롯불에 고구마(甘藷)를 구워 훌훌 불어가며 아이들과 나누어 먹었다. 그 맛은 참으로 일미였다.

"저, 고구마 좀 더 줘요."

놈이 더 먹겠다고 야단이다.

"담에 또 먹자, 지금은 그만 먹고. 잘 자리에 많이 먹음 못쓴다."

고구마를 아껴서가 아니다. 어린놈에게 실컷 먹일만한 분량은 아직도 남아 있다 저장방법이 서툴러 종자로 둔 것이 자꾸만 썩어가서 오래 둔다는 것도 실상 어려운 일이다.

지난해도 고구마를 좀 심었던 것이다. 고구마를 심었다가는 해마다 재미를 보지 못했었는데, 수박 소동 덕택이었는지 간해엔 누구 한 사람 '고구마 잃어 버렸다.'는 불쾌한 소문 없이 고스란히 수확하였다.

*

이른 봄 묘상(苗床)을 베풀어 싹을 내려던 것이 쥐란 놈이 모조리 종저(種藷)를 파먹어버려 실패를 본 뒤, 면을 통해 종묘 알선을 받은 것도 대부분 불충실하고 곯고 해서 하는 수없이 달리 주선하기로 하였던 것이다. 그러나 또한 좀처럼 비가 와 주들 않아 응급수단으로 물을 길어다 붓고 심을 수밖에 없었다. 모 농민도장(農民道場)에서 1반당(反當) 47가마니를 수확했다는 실례, 종래의 반만(返蔓) 대신 적만(摘蔓)을 해야 되는데 1척 5촌 내지 3척이 될 무렵에 적만을 하면 위로 갈 세력이 옆으로 퍼져 곁순이 생길 테니, 측지(側枝)마저 다 잘라버리면 힘이 죄다 밑으로 집중되어 많은 놈은 15개까지 달리느니라…그래 반당(反當) 47가마(叺)을 수확했다는 것이다. 일일이 넝쿨을 자르고 순을 치자니 적잖은 수고였다. 자르면 또 나고 또 자르면 또 나고… 무엇이나 뿌리채 또는 종자채 발근거원(發根去源)하기 전에 씨를 멸키 어렵다는 진리를 잘 체득한 것 같았다.

그랬던 것이 정작 고구마를 다 캐고 나서는 낙망치 않을 수 없었다. 기다란 뿌리, 자디잔 알이 지렁이처럼 움실움실… 쥐새끼처럼 오물오물… 한다. 그러나 생각하니 '이론'만은 틀린 게 아니었다. 훌륭했다. 실천방법이 틀렸던 때문이다. 넝쿨을 자르는 것만은 좋았으나, 그와 병행되어야 할 제조건이 구비치 못했던 것이다. 우선 날이 가물었다. 두둑이 얕았다. 토질관계도 있다. 밑거름(基肥)을 제대로 못 주었다. 싹이 좋지 못했다. 그러고서는 넝쿨만 잘자랐으니 알이 제대로 굵게 앉일 수 있겠는가. 농사엔 너무 무식한 것도, 책에만 의지하려는 것도 다 같이 위험한 일이라고 아니 할 수 없다. 완전한 저장방법이 아직 보급되지 못하여 그 역시 두통거리로 되어 있다.

그러나 손수 고구마를 심어 이렇게 두고 먹는 것에서 일종의 창조성을 발견할 수 있어 저윽이 기쁨을 느끼었다. 올해엔 좀 더 규모를 크게 해 고구마도 심고, 또 다른 여러 가지 농사도 지어보리라.

아이들은 어느 틈엔가 잠이 들어버렸다. 다듬이 소리는 그저 그쳐지지 않았다. 나는 고구마 껍데기를 한편으로 고이 치워놓고 책상 앞으로 다가앉았다.

(「반도의광」, 1943. 3)

강남제비 돌아오면

누구보다도 먼저 봄을 노래하는 것은 박새였다. 그처럼 쨍쨍하고도 재싸고, 재싸고도 명랑한 울음소리, 끈달아 동산 소나무 숲새에서 들려온 지는 벌써 한 달 전의 일이었다. 그러나 제비가 봄소식을 가지고 남남(喃喃)히 소리치며 날아들 때서야 봄은 정작 제 궤도에 들어설 것이다. 강남 제비 돌아오면… 사랑하는 마음 반갑고, 그리운 생각… 어쩔 줄을 몰라 비비구 배비구 재잴대리라.

시골이라면 으례히 옛날 선비들의 은둔처로서 누구누구의 영명(令名)이 생각나고, 그리고 옛날이야기- 전설의 출처로서 강남 제비와 가장 인연이 깊은 흥부놀부 이야기도 재미나고, 서울사람들이 낮게 말하는 '시골뜨기'라든가, 어리석은 백성들이 꾸역꾸역 아들 딸 낳고 사는 고장 등등, 또 '쌀나무'가 어떻게 생긴 것이냐고 물을 그린 어둔 서울 양반은 지금이야 생존치 않겠지만 시골사람이 서울이야기를 좋아하듯, 서울사람들은 시골 이야기에 일쑤 귀를 기울일 줄 알았다. 시골뜨기가 어쩌면 그렇게 음흉하냐고 서울 사람들은 일찍부터 시골사람들을 조소(嘲笑)도 해왔다. 참으로 시골 사람은 모로 못 볼 존재다. 시골사람에게 번번이 속는 건 서울사람이었다.

꽤 오래된 이야기지만, 어떤 사람이 쌀장사를 하러, 서울 갔던 길에 문득 한 꾀를 내어 바로 이른 아침 종로를 천천히 걸었다. 과연 그때의 통례대로 어느 상점(布木廛)에서 전꾼이 내달아 모셔드리는 대로 시골사람은 못이기는 체 그냥 끌려들어갔다. 이윽고 만반진수(滿盤珍羞)의 조반상이 나와 허리띠를 늦추고 배불리 먹었더니 등대하고 있던 주인이 이것저것 이름 모를 생전 처음 보는 값진 물건들을 주섬주섬 꺼내놓으면서 "이것을 쓰시랍니까?" "이건 어떻습니까?" "이게 좋갑쇼?" 하고 눈치를 살살 보는지라. 속으로 '큰일 났다.' 생각하며 그러나 객은 태연자약(泰然自若), 입을 열어 가로대 "아니, 덕룡 애비가 갓끈 하나를 사다 달랬는데…." 그래 결국 꼭두제비로 점방을 쫓겨나고 말았지만 따지고 보면 손(損)은 서울사람, 마침내 시골사람에게 속아 넘어간 것이었다. 시골사람을 멸시할 수는 없다.

꽃같은 색시들이 공장으로 몰려간다든가, 서울로 식모로 갔던 간난 어머니가 살이 부옇게 쪄가지고 내려와서 한 달만 되면 전같이 도로 홀쭉하고 검고 누렇게 되는 그런 고장이 시골이라든가… 하는 것도 모두 다 케케묵은 옛 이야기에 불과하고 오늘날 시골-농촌은 식량과 노력의 저수지, 공급지로서 가장 주요한 지위를 차지하게 되었다.

도회의 달은 마치 무슨 음험한 유령의 눈과도 같은데 비하여, 농촌의 달은 맑고 깨끗하기 은쟁반 같다. 농촌은 너무 쓸쓸하고 도회는 너무 수선하다. 이 쓸쓸하고 수선함이 잘 양기(揚棄), 조화되는 때 농촌과 도회는 비로소 그 차이의 현격(懸隔)함으로부터 벗어날 수 있다. 농촌은 농촌으로서의, 도회는 도회로서의 특징을 지탱해야 될 것이다. 말은 말이요 소는 소 듯이… 이런 것도 실상 따지고 보면 한가로운 음풍농월식의 수작일는지도 모른다.

시골이 오늘날처럼 중요해보기도 아마 일찍이 없었던 일일 것이다. 하지만 시골의 지위가 높던 낮던 간에 사람들의 시골을 사랑하는 상정(常情)은 일반이 아닐까. 육친을 사랑함과 같이 시골을 사랑한다. 몸은 비록 딴 곳에 가있다 하더라도 마음만은 늘 시골에 가 있다. 외처(外處)에 나가 있는 청소년들의 그리운 환향(還鄕), 귀성(歸省)에서 보자. 아무리 궁벽지고 교통이 불편한 곳, 초라한 동네, 추한 내 집일망정 산천과 사람이 반가워, 제비가 돌아와 옛 보금자리를 찾듯이 방학이나 명절이나 단 하루의 휴일이라도 이용해 찾아오는 심정! 사랑함으로서이다.

간혹 학교를 마치고 고향 아무런 데로 취직이 되는 수도 있다. 읍면리원(邑面吏員) 채용 조건에도 향당(鄕黨)을 위해 헌신 노력할 건실한 청년이어야 된다는 것을 언제인가 어디서 보았지만, 혹은 그와 반대로 향당을 몰이해하는 경향은 있지 않은지, 향당을 소홀히 하고 어찌 시골을 사랑한다 할 수 있을까, 모른 체 고개를 숙이거나, 외면을 해버리는 그 심리는 정말 이해하기 곤란한 바이다. 여기서 한걸음 더 내디뎌 마침내,

"아, 그놈이 제법…"

"아, 그놈이 아무개 자식 아녀…"

향당 부로(父老)들의 이런 반감을 사서는 시골사람을 사랑하는 아무런 보람도 없다. 이런 종류의 사람들 대부분이 손발에 흙 묻히며 근로하는 것을 무슨 큰 치욕인양 꺼려해 떠났던 소지식(小知識) 청년이라는 것에 또한 유의(留意)함직 하다. 지금 시골 농촌은 급격한 전환기에 들어있다. 어제와 오늘이 눈부시게 다르다. '통제'가 강화되기 전까지의 농촌인구의 동태(動態)는 금일과 동일하지 않았고, 물론 그 양상도 현하(現下)와 동일할 수 없었다. 그래 농촌을 등진 사람들 가운데 반도의

적 행위로써 벼락부자, 졸부가 되어 '새 양반' 노릇을 하는 층이 생기기까지 했던 것이다. 그들의 기반은 의연히 시골에 박혀 있어 농촌에서 관공리를 빼놓고 제일 똑똑하고 잘났다고 거들먹대는 축도 실로 그런 층에 속한 부류였다. 그러나 오늘날엔 통제로 인하여 반성국척(反省跼蹐)의 기회가 그들 앞에 닥쳐오게 된 것이다.

농촌에 있어 '교제'를 썩 좋아하는 자도 거의 다 이런 부류의 인간들로서, 교제에 모든 조화가 붙었다고, 교제에 능한 사람이라야 유지가 될 수 있다고… 그러나 실상 교제를 좋아하는 자들을 눈여겨보면 대부분이 선량한 사람이 못됨은 웬일일까. 거의가 다 뱃속이 컴컴하고 앞이 꿀리는 일이 있거나 사복, 명예욕을 채우기 위한 놀음인 것을 알 수 있다. 그리고는 제 잘난 체 횡행(橫行)을 하니 한심한 노릇이다. 무엇이나 '쓰면 된다' '먹이면 된다'… 이런 말처럼 불쾌한 어감은 없다.

참다운 교제를 거절하는 것은 아니다. 될 법이나 한 말인가. 사람과 사람 사이, 더구나 오늘날과 같은 때에 교제 없이 어떻게 살아갈 수 있을까. 진실한 참마음에서 우러나온 술 한 잔, 담배 한 대를 서로 나누는 것은 인정의 아름다운 발로로서 옛날부터 내려오는 시골의 자랑인 미풍의 하나다. 불순한 교제의 정신이 어느 틈엔가 그런 순미(醇美)의 정신을 침해했다. 그따위 구체제적인 반도의적인 습성이 도회로부터 수입된 것인지 모르나, 그것은 마치 평화로운 화원을 어지럽히는데 지나지 않는다. 너도 나도 다 함께 구도자가 되는 것은 쉬운 일이 아니나 또한 없지 못할 일이 아닌가 한다. 서로 아끼고 믿고 사랑하고 감사, 보은하는 참 마음에서 우러나온 사람과 사람과의 접촉- 교제, 그런 도의심의 화신이 장래(將來)할 인간일시 분명하다.

바야흐로 교제 위에 숙정(肅呈)의 매운바람이 불기 시작했다. 교제의 정신 대신 참다운 겸손의 정신을… 자기반성을… 너도 나도 다함께 가져야겠다. 오만과 교제가 없는 순수한 아름다운 시골이기를… 시골을 사랑하는 강남제비 그 남남히 지저귀는 소리엔 오만이나 교제의 정신 같은 것이 애당초 있을 수 없는 일이다.

착하고 순박하고 '교제'를 모르는 농민들이 살아오는 우리의 시골-농촌이 아니냐.

(「반도의광」, 1943. 5)

공의公醫는 자전거를 타고

여기서 무슨 인간의 생사문제 같은 것을 말할랴는 것은 아니다. 요새 요시다 겐지로(吉田絃二郎)씨의 신저(新著) 「위대한 아침」를 읽으면서 다시금 생사문제를 널리 생각해볼 여유를 가질 수 있는 듯도 하지만, 왜냐하면 거기엔 '생사일여(生死一如)'라든가 '생은 사(死)로부터 나와 오래지 않아 다시 사(死)로 환원한다. 생은 여(旅)다. 사(死)는 고향이다. 사(死)인즉슨 곧 생명 그것이다.' 등 체관(諦觀)이 어쩌면 생(生)에의 집착과 사(死)에의 고뇌를 초월하게 하는 알맞은 방법일지도 모르겠으나 그러나 현실적으로 또는 근본적으로 인간은 생을 욕망하는 것이고, 또 기쁘게 아름답게 씩씩하게 살아야 할 것이므로 누구나 인간에게 부여된 최고수명을 위한(爲限)하고, 앓지도, 조사(早死)치도 말고 길이길이 살아야 될 것이다. 더구나 오늘날과 같이 사람이란 이다지도 귀한 것이고, 인력(人力)이 그처럼이나 큰 것을 절절히 느끼는 데에 있어서 산다는 것은 무조건으로 위대하다는 것을 의미한다. 병자나 병신이 아닌 바엔 무릇 어떤 자이고 버릴 게 없이 죄다 써먹게 되는 오늘날에 우리는 살고 있는 것이다.

농촌 사람들이란 원체 튼튼하고 억센 그 반면, 죽음에는 힘없는 그

경향에 대하여 재고의 필요를 느끼고 있다. 코피를 쏟고, 이름도 모를 속병, 급사, 특히 어린애들의 놀라운 사망률 같은 것은 참으로 딱하고 한심스러운 일이다. 그들은 병이 날라치면 우선 뭇구거리를 하고 그래서 풀어내고, 무당을 들여대고, 상약(常藥)을 쓰고, 돌팔이 의원에게 침을 맞고 한다. 아직도 미신은 그들을 사로잡고 있는 것이다. 영원한 문제- 미신, 그것은 도시 사람들 사이에도 여간 크게 뿌리박고 있는 게 아니지만, 순박한 사람들이 살고 있는 농촌에 있어선 어느 것 하나가 미신의 대상이 아닌 게 없다. 미신은 그들의 과학이었다. 과학은 미신으로부터 나왔다. 우리는 곧잘 '미신타파'를 말해왔던 것이나, 미신타파 역시 말만으로 되는 게 아니고, 그것을 타파할 커다란 힘, 과학의 힘이 우선 긴요한 것이다.

속병-위경련이나 과로로부터 난 폐렴에 무당을 들여 안택을 한다든가, 경을 읽는다든다 하는 것에 대하여 언뜻 그 딱하고 한심스러움을 비웃을 것이다. 응당 비웃을 일이다. 그러나 당사자로서 생각할 때엔 병은 고쳐야겠고, 사람은 꼭 살려야 될 텐데 별다른 방도는 없고, 이것만이 그들에게 알려진, 익혀진 유일의 길이고 보니 무지를 나무라고 비웃기 전에 그것을 압도할 만한 커다란 힘, 과학의 힘을 실제로 보여주도록, 그렇게 된다면 미신타파는 저절로 될 것이다. 작금년간(昨今年間)에 걸쳐 앓고, 죽고 한 많은 장정과 어린애들 누구 한 사람 이 미신의 세례를 받지 않은 자 없다, 없을 것이다. 농민 속에 섞여 농촌에 사는 나는 가끔 이런 꼴을 몸소 보고 당하면서 자신의 무력을 부끄러워하고 슬퍼했다.

그런데 근자에 하나 현저한 경향은 이렇게 미신에 사로잡혀 허둥대다가 나중엔 마지막으로 "의사나…" 하고 병원 문을 두드리거나 의사를 직접 불러대거나 하는 것이다. 짐이 길울었으니 제 마무리 명의인들 어찌하랴. 병원에 한번 간다든지, 의사를 한번 불러온다든지 하는데 크나큰 비용이 드는 궁벽진 곳에 있어 일건 찾아보고 불러본 의사도 별수 없을 때 그들의 절망이란 이만저만한 게 아니다. "의사 그깐놈들이 뭘 알아. 돈 백정이지!" 결국 이렇게 욕설, 무시해버리는 것이다.

자전거를 타고 교통이 불편하디 불편한 좁은 촌길을 달리는 공의 - 옛 학우를 보고 - '저런 의사라면…' 하고 대단 감사로운 생각을 느꼈었다. 요전번 총총히 지나다 들렸을 때 자전거 머리에 람프를 장치를 해가지고 20리가 잔뜩 되는 장터를 향해 회정(回程)코자, 해 기울어진 촌락 길을 달리는 것을 보고 그런 감은 더 했다. 그는 학생 때 양심적인, 중용적인 성실한 인간성을 지금까지 잘 연장시키고 있다. '교제'를 모르는 아름다운 인술을 간직한 가위(可謂) 인의(仁醫)의 본분을 지키는 사람이라 할 것이다. 병자를 아끼고 촌사람의 주머니를 염려해서 될 수만 있으면 다액의 비용을 내지 않도록 한다는 정평을 가졌다. 이 방면에 어둔 농민들은 그럴 듯하게 꼬여 지나치게 비싼 대가를 짜내고, 그래서 당장엔 속였지만 그로 인해 의사에 대한 신뢰 내지 의약의 신용까지를 잃게 하는 술 잘 먹고, '교제' 잘하면서 사리사복(私利私腹)을 채우기에 급급한 일부 악덕 엉터리 의사와의 호대조(好對照)이다.

그런 선량한 의사들이 한 사람일지라도 더 많이 자전거를 타고 촌락에 자조 드나들게 되면 될수록 신화를 더듬는 것 같이 어둑한 미신이나, 무엇이라나 하는 이름을 가진 불쌍한 가봉자 녀석과 같은 그런 참혹한 꼴(이야기는 다음에 차차 자세히 하기로 하자)은 그만큼 줄어져 갈 것이다.

(「반도의광」, 1943. 6)

전두田頭에서

　사람들은 들로들로 퍼졌다. 그래서 들은 점점 푸르러만 갔다. 들은 한껏 푸르러 올라 신량(新凉)이 교허(郊墟)에 들 때, 기름진 성숙의 누런빛을 띠어야 할 것이다. 그러자면 우선 먼저 싱싱하게 푸르러야 한다. 사람들은 푸름을 심고 있는 것이었다. 남녀노소유(男女老少幼)가 모조리 동원되었다. 들에다 푸른 칠을 하는 고마움이여. 백묵을 잡던 여선생의 고운 손, 연필을 쥐던 학동들의 귀여운 손아귀에 흙물에서 뽑아낸 모침이 쥐어지고 잔자분한 가사에만 몰두하던 아낙네들이 넓은 들판으로 나와 허둥댄다. 그만치 달라진 우리들의 생생한 풍경이다.

　어떻게 하면 농사를 손쉽게, 그리고도 소출을 많이 나게 지어볼 수 있을까 하는 것은 농사철을 당할 적마다 더욱 절절히 느껴지는 숙제다. 아마도 이것은 사람이 곡식을 먹고 살게 된 이후부터 몇 만 년, 몇 천 년 내려오면서 생각하고 연구한 큰 과제였으리라. 그러나 그것은 어지간히 풀기 어려운 크나큰 일이었다. 그래 결국 '농자천하지대본(農者天下之大本)'이라고 이르면서도 영리한 사람들은 될 수 있는 한 이농을 꾀했다. 논 귀퉁이 밭이랑에 들어서 손발에 흙 묻히는 것은 어리석은 백성이나 할 짓으로 여기게 되었다. 그는 두말할 것 없이 도피적, 고식적(姑息的)인 생각이었고, 그것이 결코 흙을 떠나서 살 수 없는 인간의 영원한 문제를 해결하는 방도가 되지 못함은 뻔한 사실이다. 그러나 유구한 세월의 흐름을 따라 이 문제의 해결을 위한 서광은 차츰차츰 가늘게나마 바라보여지는 것이다. 물론 이것은 인간생활의 근본적인 중대한 문제와 불가분의 관련을 갖고 있는 것이지만 농경지의 정리화, 합리화, 농경법의 조직화, 기계화, 과학화 등등이야말로 그의 실마리가 아닐까 하고 생각한다.

오늘날 일반적인 생활의 규모가 점차 확대되어 가 농사를 짓는 일도 그와 상응되어야 할 때 '어떻게 하면 되는가?' 하는 이 숙제야말로 통절히 생각하게 된다. 먹을 것을 만들기가 이처럼 어려운가, 이토록이나 손쉽게 되는 게 아닌가. 거저 되는 게 아니로구나 하고 느껴질 뿐이다. 쌀 한 톨, 보리 한 알, 참외 한 개, 수박 한 통이 죄다 은혜 아닌 게 없다. 그러나 오로지 이것만을 따질 것도 못되는 것이 그렇게만 생각한다면 인색하기 그지없어, 인심은 자꾸만 얇아져갈지도 모른다. 농민의 인색을 동정은 할지언정 합리화시킬 것은 못된다.

농사짓는 백성들의 소질 향상은 더욱더 절감되는 오래고도 새로운 문제다. 특히 적삼과 치마를 입고 논밭에서 일하는 여인들, 그들도 남자 못지않게 부지런히 일하지 않으면 안 되는 오늘날. 여인들의 지위가 그만치 달라져 가는 때에 있어 그들의 재교육은 가장 필요 끽긴(喫緊)한 문제의 하나다. 여인들이 일하는 태도를 보면 모두가 임시변통의 고식적인 현상 같아 보인다. 흙을 떠나서 살지 못하는 인간의 영원성을 망각치 말아야 할 것이다.

약한 자 여인이라고 하나, 실상은 강한 자 여인이다. 여인의 힘은 원시시대부터 크다. 첫째 '어머니'로서의 힘은 여인의 제일 위대한 점이다. 그러나 이것만을 가리켜 위대하다 할까, 강하다 할까, 강함과 함께 아름다워야 한다. 사람으로서의 아름다움을 빼고는 여자의 여자다움은 성립되기 어렵다. 노력의 부족으로 인해 들에 나가 일을 하게 되면 될수록 여자는 더 여자다워야 한다. 일에 몰려 허둥대는 농부(農婦)들의 자태 내지 행동에서 '새댁 시절'이 한 시절이라든가, 저렇게도 불학무식하단 말인가 하는 인상을 주는 것은 심히 불안스러운 일이 아닐 수 없다.

정강현(靜岡縣) 하에서 농촌 부인의 신교육을 위해 국민학교 내에 '모친학교(母親學校)'를 개설하여 좋은 성과를 나타내고 있다는데, 그런 선진한 여성을 가진 고장에서도 그렇거늘, 사실상에 있어 엄청나게 틀리는 이 고장에서야 부녀자의 재교육이야말로 얼마나 시급한 일일까.

산에서 두견이 슬프게 운다. 비가 좀 멀어졌나보다. 마냥모도 어서 다 내야 되겠고, 보리도 빨리 다 거둬들여야 되겠다. 날마다 바쁘다. 그러나 바쁨에 져서는 안 된다.

오늘도 나는 전두(田頭)에서 바쁨에 허둥대는 추레하고 무식한 여인들을 바라보면서 생각은 자못 어지러웠다. 저런 이들에게 가사를 떠맡기고 자녀의 교양을 일임해 과연 안심될 것인가. 옷을 갈아입어야겠다. 심신을 깨끗이, 겉옷, 속옷, 마음의 옷을 활활 깨끗이 갈아입어야겠다. 저- 넓은 하늘 아래 기름진 땅 위에 송이송이 다채다색(多彩多色)의 고운 꽃이 되어줌은 강자(强者) 여성의 참스러운 자랑일 것이다.

나의 기억에 남아 있는 한 사람의 지식여성, 지금도 그의 행방조차 알려고도 않지만 그는 '뒘박팔자'를 박차버리고 저런 딱한 농부(農婦)

들의 씩씩한 앞잡이가 되어 농사짓는지, 어미가 되었는지도 모르겠다고 스스로 위안하는 것이었다.

(「반도의광」, 1943. 8)

제 3 편

농촌수필

農村隨筆

「동양지광」에 일본어로 발표된 작품은 번역가 신일철에 의해 번역된 것임.

신일철
게이오(慶應義塾)대학, 사회학 전공.
okjapan@naver.com

개구리蛙

　이 얼마나 쓸쓸한가. 밤하늘에서는 반짝반짝 별들이 빛나고 있지만 달빛은 으스름하기만 하다. 고요한 봄날 밤이다. 건너편 논에서는 시끄럽고 소란스러운 소리가 들려온다. 그러나 자기 혼자 명랑한 소리를 내고 싶어 눈꺼풀을 꿈벅거리며 가만히 앉아 있는 정적이 개구리와는 너무도 잘 어울린다. 개구리는 시골에서는 봄날 밤의 훌륭한 명가수이다. 그 누구의 제재도 없이 모든 사람들이 들을 수 있는 노천무대를 활용하는 대중적인 명연기자이다. 이 얼마나 사랑스러운가. 잠을 빼앗긴 오늘 밤도 여전히 나 혼자서 (하지만 아프리카의 무어인같이 번잡한 세상으로부터 숨어서 고독한 생활을 고집하고 있는 나는 아니다) 쓸쓸한 등불 밑에서 책을 펴들고 앉아있다. 나는 잠시 동안 홀연히 자아를 잊고 그 소리에 빠져들고 만다. 덧창문을 달으면 개구리소리는 갑자기 까마득히 멀리 떨어진 곳에서 들리는 듯 멀어진다. 하지만 사랑스러운 나의 명창가수가 불러주는 노래 소리는 조용히 귀를 간질여 주어 편안히 꿈나라로 나를 인도해 준다. 그러나 불과 얼마 지나지 않아 나는 어떤 공포스러운 악몽에 시달릴지도 모른다. 개구리들이 떼를 지어 몰려와서 모두가 함께 합창을 하는 일종의 시위행렬대를 만들어 나의 누추한 집으로 밀려들어 오는 꿈을 꾼다. 그리곤 무엇인가 중대한 요구조건을 제시하며 나를 강박한다. 오롯이 홀로 있는 나는 어디가 어딘지를 몰라 당황스럽게 부산을 떨고 서있다. 이같은 장면을 꿈에서라도 볼라치면 지금까지 즐겁게 듣고 있던 흥취에 비하면 그것은 얼마나 황당한 손실이냐. 이른 봄, 경칩이 지나고 청명 절기를 전후로 한 이때에 과일나무를 심어야 하겠기에 삽을 들고 열심히 땅을 파고 있는데, 그만 불행히도 나도 모르게 개구리가 삽날 끝에 다쳐서 비참한 주검으로 변하는 것이 아닌가. 사지는 찢겨서 피는 흙 위로 흘러나온다. 마치 채를 친 듯 찢어진 몸체는, 가슴은 가슴대로 다리는 다리대로 따로따로 파르르 떨고 있다. 나는 모골이 송연해져 거의 무아지경에 빠져 시체를 삽으로 떠서 허공으로 던져 버린다. 두 번 다시는 볼 생각이 없었는데 눈에 다시 띈 순간에 나는 달려가서 얼른 흙으로 덮어서 묻어 주지 않을 수 없었다. 작은 봉분에 '와공횡사지묘(蛙公橫死之墓)'라고 써 붙어주고 마음속으로 조용히 읊조리듯 명복을 빌어 주었다. 이런 식으로 개구리를 세 번인가 네 번인가를 더 희생시킨 그날 과실나무를 몇 그루 더 심었다는 즐거움이 드는 것도 사실이었지만, 마음 한편에서는 무엇인가 정체를 알 수 없는 슬픔이 번져갔다. 개구리님은 철학자다. 숨어 지내는 은인으로써 자존심이 강한 철학자일 것이다. 추운 겨울 동안 그는 땅 속에서 차분히 틀어박혀서 동면을 취하며 봄을 기다리며 명상에 빠져 있었을 것이다. 조금만 더 기다리면 그는 철학자, 아니, 음악가로서 훌륭하게 출세할 수 있었을 터인데 애석한 일이다. 불쌍한 일이다. 미안한 일이다. 나는 도대체 어떻게 그 죄를 속죄 받을 수 있을까?

그렇기는 하지만 다행히도 이것이 행운이었을까. 개구리는 자신의 자식까지도 아무렇지도 않게 죽여서 먹는다는 것을 처음으로 마을 노인네로부터 듣고 겨우 한숨을 내쉬게 되었다. 개구리는 자식 3천 마리 중에서 천 마리는 부모가 먹고, 천 마리는 뱀이 먹고, 결국에는 천 마리만이 살아남아서 성장한다는 것이었다. 슬픈 비명을 지르면서 뱀에게 잡아먹히는 모습은 얼마나 불쌍하더냐.

"이런 나쁜 뱀 새끼"

이라며 돌을 던져 뱀을 쫓아 개구리를 도왔던 어렸을 때의 기억이 지금도 생생하게 떠오르지만 사실은 개구리가 골육상쟁의 현실을 안고 있었다는 사실은 오늘 처음으로 알게 된 것이다. 생각해 보면 그 얼마나 놀라운 번식력을 가진 개구리인가. 이런 개구리였기 때문에 지금까지도 자신들의 종족을 보존할 수 있었던 것은 아니었을까. 논 가득히 우글거리는 수많은 올챙이를 보고 대단한 번식력을 가진 족속이라는 것에 그저 놀라움을 느꼈다. 해가 서쪽으로 기울고 이슬이 풀들을 적시는 황혼이 깊어지는 시각, 개구리들이 다니는 길을 가 보았더니 셀 수도 없을 만큼의 작은 개구리, 큰 개구리들이 온 천지에 가득하였다. 사각사각하는 어떤 묘한 소리는 개구리들이 어디로 뛰는 소리이다. 어디를 가도 어디를 보아도 개구리이다. 자손창성! 물속에서도 땅 위에서도 살 수 있는 좋은 조건을 갖추고 있는 것도 원인 중의 하나일 것이다.

개구리여! 울어라, 크게 울어, 노래를 불러, 헌걸차게 노래를 불러라! 천자만손으로 자식들이 번성할 수 있도록 화음에 맞춰 평화를 꿈꾸는 마을을 위해 합창을 하여라. "울어야 할 때를 알고, 오로지 울기 위해서만 태어난 개구리는 수확한 벼 밑둥이 사이를 이리저리 헤집으며 돌아다니다가, 일하고 있는 사람들의 주위를 맴돌다가는 사람의 발밑을 간지럽히며 민첩하게 손을 움직이라고 재촉하는 듯 이리저리 잠시도 멈추질 않는다. 개구리가 갑자기 소리를 삼킬 때는 한낮의 따스함에 사람들도 노곤해져서 논두렁 위의 풀밭 위에 누워 있을 때이다. 그러나 개구리가 고요한 정적이 감도는 밤이라도 되면 얼마나 자기의 목소리가 멀리멀리 퍼져 나갈 것인가를 자존심을 내걸고 온 힘을 다해서 운다. 덧창문을 닫으면 개구리 소리는 갑자기 멀리멀리 멀어져가는 소리가 되어 푹 처진 몸과 마음을 간질여 주듯 힘들게 일한 모든 농부들을 편안한 꿈나라로 인도한다. 이렇게 숙면을 취하게 됨으로써 농부들은 모두가 짧은 시간으로도 소모된 체력을 회복시킨다." 나가츠카 타카시(長塚節 : 1879~1915. 시인, 소설가. 35세로 요절. 향리에서 요양하면서 농촌소설을 쓴 농촌소설의 선구자)의「토(土)」에 묘사된 개구리에 관한 내용은 이렇다. 개구리는 농부의 좋은 친구이다. 나도 모르게 어느새 개구리의 친구가 되어 버렸다. 그리고 나카무라 하쿠요우(中村白葉 : 1890~1974. 러시아문학자. 번역가)는 이반 알렉세비치 부닌(1870~1953. 러시아 출신 작가. 러시아인 소설가로서 최초의 노벨상 수상)의「마을」을 읽으며 교정을 하고 있을 때, 자신이 좋아하는 개구리 소리가 들려와 빨간색 연필을 놓고 인생을 음미하면서 자신에 대해 생각할 수 있는 시간을 가졌다고 하는데, 나도 봄날 밤에 개구리 노래 소리를 들으면서 이와 비슷한 경우가 아닐까하는 생각이 들었던 것이다.

그건 그렇다손 치고, 무엇보다도 겨울이나 봄보다는 개구리의 전성시대는 여름이다. 여름날의 작열하는 태양은 노래 부르기를 중지하고 즉각 가수로서의 일을 휴업하고는 삶을 생각하게 하는, 즉 철학을 업으로 하는 철학자로 전업을 한다. 수천, 수만의 개구리들이 각자 자신들의 지역에서 정좌를 하고 앉아 눈꺼풀을 꿈벅거리며 명상을 하고 있는 것이다. 무엇을 생각하고 있는 것일까. 삶에 대한 생각이라도 하고 있는 것일까? 너희들의 자유다! 얼마든지 묵상 하거라! 나는 하루에도 몇 십번이고 너희들의 명상을 함부로 방해해서 매우 미안한 마음이기는 하다. 그러나 미안하기는 한 일이지만 나도 논에 나가 보아야 한다. 내가 논에 나가기 위해서 논두렁 길에 서 있는 풀들을 발로 밟거나 차면서 지나간다는 것은 명상에 빠져 있는 너희들 대철학자들에게는 방해일 것이다. 움직이기 싫어하고 둔감한 몸을 움직이게 할 뿐만 아니고, 더구나 재빨리 도망치지 않으면 안되기 때문이다.

개구리라는 동물이 매우 어리석고 못난 존재라고 흔히 말할것이다. 장난꾸러기 사내아이가 던지는 가짜 먹이에도 그 보기 추한 입을 크게 벌리고 먹으려 뛰어 올라 덥석 하고 물어대니 재미있을 정도로 잘 낚인다. 낚여서는 가죽이 부풀어 오르는 괴로움을 당한다. 이솝 이야기 속에 나오는 너희들의 이야기는 씁쓸한 웃음이자, 죽음과도 같은 의미를 가진 돌을 던지는 악동들의 놀이는 공포이리라. 사람들에게 비통한 마음으로 항의를 할 정도의 개구리는 보기 드문 이지적인 개구리가 아니면 엄두도 못 낼 일일 것이다. 그저 동화를 위한 동화 정도일 뿐이겠지만 말이다. 개구리 중에서도 작고 파랗고 불그스레하게 생긴 것은 두꺼비로, 말하자면 기품이 있는 개구리다. 비라도 내리기 시작하면 꼭 슬피 울기 시작하는 청개구리. 아마도 엄마가 보고 싶어서일지도 모르겠다. 아니면 아이가 보고 싶은 것일까? 낙엽이 떨어진 나뭇잎에 매달려 있는 우스꽝스럽게 생긴 파랗고 불그스레한 비단개구리의 '견(繭 : 아기 비단개구리)'는 왠지 귀엽다. 시골 아이들이 이를 잡아서 놀이감으로 삼는 것도 이해가 간다. 그리고 이 개구리는 종기를 다스리는 약재로도 쓰인다고 한다. '비단개구리 신선'이라 해서 그림의 제목으로 많이 사용되고 있는데, 여기에서 말하는 '신선'도 다른 개구리라면 신선이라는 말에서 친밀감을 얻을 수 없을 것이다. 그 대신에 이 종류의 개구리는 자손 복이 없는 모양이다. 이를 일컬어 '귀인귀자(貴人貴子 : 귀인은 아들이 귀하다)'라 하는데 이는 지극히 당연한 것이리라. 개구리 종류도 여러 가지가 있어서 강감찬과 연고가 있는 것에서부터 시작해서 천세토록 긴 수명을 가지게 한다는 두꺼비에 이르기까지 가지가지다. 싱거운 이야기지만 두꺼비 이야기를 하나 소개하고자 한다. 내가 살고 있는 마을 부근에 섬암(蟾岩 : 두꺼비바위)라고 해서 이전에는 한문 서당에서 학동들에게 한시의 제목으로 꽤나 이용되었던 바위가 있다. 바위가 마치 두꺼비를 닮았고 더구나 그 머리 쪽이 우리 마을 일대를 향하고 있었기 때문에 사람들의 입에 자주 오르내린 바위이다. 그도 그럴 것이 입으로는 들이 마시고 꼬리 쪽으로는 흘러들기 때문에 두꺼비바위의 꼬리 쪽에 있는 마을은 점점 부자가 되고, 입 쪽에 있는 마을은 점점 가난해져 간다는 전설 같은 이야기가 전해져 오고 있기 때문이다. 나는 최근에 기분전환을 위해서 자주 두꺼비바위가 있는 산에 오르는데, 두꺼비 머리에 서서 사방팔방을 조망해 보는데 나에게는 꼬리 쪽보다는 입 쪽이 더 마음에 든다. 입 쪽에는 내가 좋아하는 땅, 평야가 있다.

그렇지만 누가 뭐라 해도 개구리는 평범한 동물이다. 우선 겉모습이 추물인 것은 피할 수 없다. '정중지와(井中之蛙)'라고 해서 제 잘났다고 뽐만 내는 것이 바보라는 증거다. 그리고 의외의 돌출된 전설을 가지고 있지 못한 것도 그런 판단을 가지게 하는데 그리 큰 무리가 없을 듯하다. 지금 내 기억에 남아 있는 어린 시절 보통학교 교과서에서 배운 명필 오노 미치카제(小野道風: 894~967. 헤이안시대의 귀족, 서예가)의 이야기는 개구리 이야기였던 것으로 기억한다. 그 내용인즉슨 뛰어 올라서는 떨어지고, 떨어지면 다시 뛰어 결국에는 뛰어 오른다. 이 모습을 보고 오노 미치카제는 크게 느낀바가 있어서 마음을 다 잡고 서도에 다시 정진하였다고 하는 이야기이다. 우둔하지만 꾸준히 노력하는 그런 모습은 확실히 배워야 할 장점일 것이다. 그러나 개구리는 개구리다워야 한다. 더구나 개구리를 빗대어 생에 대한 의의나 인간본위에 대해서 말한다는 것은 어불성설일 듯싶다. 그리고 그 실용가치가 의심스러우며 아울러 어딘가 모르게 불안해서 견딜 수가 없다. 그리고 이 녀석들은 도대체 이익충인가 해충인가에 대해서 나로서는 아직도 확실한 분별력이 없다. 이익충이라면 어떤 점이 이익이 되는지, 그것이 아니고 해충이라면 어떤 것이 해로운 것인지. 수륙 모두에서 살 수 있는 양서류이기 때문인지 이 녀석은 처세술에는 영리한 놈이다. 그것만으로는 이익이 되는지 아니면 해가 되는지 정체를 쉽게 파악하기 어려운 일지도 모른다. 아니 어느 누구라도 가지고 있는 어리석음에 대해 하늘이 내려준 삶의 길을 알려 주는 것일지도 모를 일이다. 그리고 개구리는 옛날부터 식용이었다는 사실이다. 개구리 요리가 매우 맛이 있다는 이야기를 들어본 적은 있지만 아직 나는 먹어본 적이 없다. 더구나 이곳의 농부들은 개구리를 식용으로 하지 않는다. 그러나 반드시 그렇다는 것은 아니고, 아주 가끔은 개구리를 먹는 사람이 전혀 없는 것은 아니다. 소년시절 비슷한 나이 또래 중에 아무개라는 사람도, 나보다는 조금 나이가 많았는데, 개구리를 잡아서 자주 구워 먹었다. 그러면 아이들은 호기심어린 눈초리로 그 모습을 바라보았던 기억이 난다. 하지만, 그 개구리를 잘 먹었던 아무개는 아버지가 장래 '나리'님이 되기를 바라는 마음으로 대대로 물려받은 땅까지 팔아서까지 그를 학교에 다니게 했었다고 한다. 그의 아버지가 그가 나리님이 되기를 염원하였기 때문이었다. 아버지의 소원대로 매우 다행스럽게 나리님이 되기는 하였는데, 팔아버린 땅이 아까워 병을 얻었던 것일까, 그의 아버지는 생전에 아무런 보상을 받지 못하고 일찍 죽어버렸다. 그리고 어떻게 된 영문인지는 모르겠지만, 아무개는 지금은 나리님 짓을 그만 두었다. 요즘에는 개구리 먹기를 하는 대신에 술 마시기를 즐겨한다는 이야기를 전해 들었다.

요컨대 개구리가 명가수인 것은 틀림없다. 또한 농부들의 벗으로서도 충분한 자격을 가지고 있다. 평화스러운 마을에서 평화를 노래하는 개구리, 개구리가 우는 곳에 농부는 있는 것이다. 노래하라! 노래해! 노래가 네가 전념해야 할 일이다. 전업을 고수하라! 무슨 명상 따위를 흉내 내는 것인가, 철학은 너희들의 것이 아니다.

오늘도 나는 개구리가 있는 길을 몇 번이고 왔다 갔다 하였다. 문득 정좌를 하고 앉아 명상을 하고 있는 개구리가 눈에 띄어서 걸음을 멈추고 한참을 처다보았다. 미동도 하지 않는 한 녀석을 놀래 줄까하는 생각에 흙 한 줌을 던졌지만, 개구리는 그리 쉽게 움직이려 하지 않았다. 두 번인가 세 번을 연달아서 던져대자 드디어 개구리는 느릿느릿 도망가는 것이었다. 나는 기기묘묘한 형상을 하고 있는 구름을 올려다보며 혼자서 미소를 지었다. 비를 머금은 상서로운 구름? 비여! 내려라! 가뭄을 해소할 위대한 비여, 만곡(萬穀)은 지금 혹독한 더위를 참아내고 있다. 비야 내려라! 그리고 하루빨리 나의 개구리를 울려라.

(「동양지광」, 1942. 8)

참외瓜

참외 이야기다. 참외 하면 왠지 기품이 없어 보이는 촌스러운 감이 없지는 않다. 그렇지만 '기품 없는 촌스러움' 이것이야 말로 땅 위에서 살아가는 인간들의 본래 모습이며, 동시에 신성한 것은 아닐까. 사람들은 한번 '기품 있게' 되면 '기품 없는 촌스러운' 것에 대해서 갓난아기가 어미젖을 그리워하는 듯 한 심정을 가지게 된다. 옛날부터 이름깨나 날리는 사람이나 이미 성공을 거둔 사람, 이른바 '명사'라든가 '국사(國士)'라든가 하는 사람들은 대개가 만년이 되면 스스로 전원(田園)으로 돌아가거나, 또는 귀향을 하고 싶어 하거나, 아니면 돌아가지 않으면 안 될 것 같은 태도들을 보이는데, 이와 같은 모습을 보고 있노라면 그같은 마음을 충분히 이해하고도 남는다.

자, 그럼 참외 이야기인데, 참외에도 여러 가지 종류가 있다. 아니 오랜 역사로 보면 아득한 오랜 시절부터 우리 인간들의 부식으로서 훌륭한 역할을 해 온 채소반찬으로써 으뜸이었다. 그래서 상당히 많은 화제거리를 가지고 있었다. 이런 결정적인 이야기꺼리를 가지고 있지만, 아직은 경험이 일천해 같은 천학(淺學)한 지식을 가진 나로서는 사실 이 이야기를 하는데 있어서 적당하지 않을지도 모르겠다. 다시 한 번 밝혀 두지만, 이것은 단지 내가 올해 참외를 재배해 본 경험을 바탕으로 한 것을 말하는 것에 지나지 않는다. 그리고 이와 관련한 약간의 단편적인 이야기 등으로 엮어지는 매우 빈약한 내용에서 벗어나지 못할 것 같다.

참외라고 하면 우선 어린시절의 일들이 기억난다. 빨리 초여름이 되어서 참외를 먹고 싶다는 생각이 어린 동심에게는 그 이상 아무 것도 없을 만큼의 무상한 즐거움이었다. 이미 돌아가신 할머니에게는 불초불효한 손자이지만, 금지옥엽처럼 나를 귀히여긴 할머니는 내가 좋아하는 참외가 있으면 당신은 손도 대지 않으시고 나를 먹이려고 하셨다. 여름방학이 되어 서울에서 오랜만에 귀향을 하게 되면 이내 "참외밭에 가 보아라. 익은 것이 있거든 네 마음대로 따 먹어라"라고 말씀해 주셨었다. 지금도 참외를 보면 할머님의 얼굴이 떠올라 나는 추모의 의식에 옷깃을 새롭게 여민다. 그렇지만 이미 '수욕정이풍부지(樹欲靜而風不止 : 나무는 조용히 있고 싶은데 바람이 그치지 않는다는 뜻으로, 자식이 부모를 공양하고 싶어도 부모가 별세하여 세상에 안 계심을 비유)'이다. 이 불초불효의 손자는 어떻게 해야 할머님에 대한 은혜에 보답할 수 있을까.

'과전불납이(瓜田不納履 : 오이 밭에서는 신발을 고쳐 신지 않는다는 뜻으로, 의심받을 짓은 애당초 하지 말라는 말)'을 가르친 공자는 자신의 에피고넨(Epigonen : 독일어. 본래 뜻은 문학이나 예술분야 등에서 뛰어난 사람의 스타일 등을 그대로 유용하거나 모방하여 오리지널에 미치지 못하게 제작하는 자를 일컬음. 모방자 또는 아류라고도 함)인 안자(또는 안회)에게 "회래 가빈거비 호불사호(回來 家貧居卑 胡不仕乎 : 안회야, 이리 오너라. 집은 가난하고 신분도 낮은데 어찌하여 벼슬을 하려지 않느냐)"라고 어느 날 물었다. 안자는 "불원사 회유곽외

지전오십무 족이급전죽 곽내지전십무 족이위사마…(不願仕 回有郭外之田五十畝 足以給飦粥 郭內之田十畝 足以爲絲麻 : 저는 벼슬을 원하지 않습니다. 제게는 성곽 밖의 밭 50묘가 있어 죽을 얻기에는 충분하고, 성안에는 밭이 10묘가 있어 무명과 삼을 얻기에 충분합니다)" 운운한다. 그런데 그와 같이 이만한 땅을 가지고 이 땅을 경작할라치면 한가한 시간을 만들어 책을 마음껏 읽을 수도 없을 뿐만 아니라, 선생님(공자)이 가시는 길을 배우며 심신을 수양해 나갈 수 있는 짬을 만들 수 있을 것인가 하는 의문을 지울 수 없다. 남양초당(南陽草堂)의 주인인 제갈공명의 유명한 「출사표」에서도 "…신은 성도에 뽕나무 800주와 밭 45묘 정도를 가지고 있기 때문에 이것으로 가족들의 생활에는 아무런 걱정거리가 없습니다"라고 말하고 있다. 「귀거래사(歸去來辭)」의 도연명이나 그밖의 많은 동서고금의 유토피언들은 과거 이 땅의 가장 깨끗한 '은사(隱士)'들이었다. 이와 같은 경우와 나를 비교하는 것은 물론, 같은 반열에 놓고 생각할 성질의 것이 아니다. 나의 '귀농'의 의의는 이보다 훨씬 절실한 것이 있을지도 모른다. 또한 대부분의 인텔리들이 귀농해서 실패하고 서울로 다시 돌아가지 않을 수 없는 오늘날, 나 혼자만 고향을 지키고 있다는 것이 무슨 위대한 일이라도 되는 양 자랑하려는 바보짓도 아니다. 그렇지만 내가 잘 알고 있는 선배님은 확실히 위대한 점이 없는 것도 아니다. 그도 그럴 것이, 그 선배는 지금은 마을사람과 조금도 구별할 수 없을 정도로 촌부가 되어 있기 때문이다. 아니, 말 그대로 앞에서 말한 '기품 없는 촌스러움을 그리워' 하는 마음과 상통하는 그 무엇인가가 있다고 한다면, 그것은 역시 지상에서 최고이자 최선인 '행복'이 되지 않을까 생각한다.

    그건 그렇고, 다시 화제를 원래대로 되돌린다. 나의 참외 재배는 사실은 '귀농' 이후에 처음으로 지은 농사는 아니다. 소위 '벼농사 조수'도 해 보았을 뿐만 아니라, 여러 가지 밭농사에도 관여해 보았으며, 과수류, 토마토 등, 내가 좋아하는 채소 재배도 조금은 경험을 가지고 있다. 참외 농사만 올해 처음으로 내 스스로 재배해 본 것뿐이다. 참외라고 간단히 말하지만, 이 참외라는 것이 내가 알고 있는 것만 해도 5,60종을 넘는 것으로 알고 있다. 즉, 호과(胡瓜 : 오이), 첨과(甛瓜 : 참외), 서과(西瓜 : 수박), 남과(南瓜 : 호박), 동과(冬瓜 : 동아), 월과(越瓜 : 월과) 등등 여러 가지가 있다. 그리고 이 첨과(참외)라는 한 종류만 해도 성환(成歡)참외, 강서(江西)참외, 극과(棘瓜 : 가시참외), 이과(梨瓜), 청대은(青大銀)참외, 경성(京城)참외, 감노란(甘露蘭)참외, 천성(千成)참외, 금(金)참외 등등 각종 참외가 있지만, 그 중에서 나는 재래종인 이름도 없는 '참외기경(甛瓜幾頃)'과, 그리고 '신대화(新大和)'라고 하는 서과(수박)를 약간 재배한 것에 지나지 않는다. 주로 수박에 주력해서 한 말에 소매가격으로 3백 원(圓)이라 허풍을 떠는 경성의 어느 한 종묘원에서 사온 씨앗을 땅에 심은 것은 4월 하순이었다. 물론 경험이 없는 초심자로서는 노지(露地)재배 이외에는 다른 방법이 없었다. 지금은 나가고 없는 머슴과 둘이서 퇴비를 뿌리는 등 열심히 땅을 고르는 작업을 책을 읽어가며 책에서 가르치는 대로 최선을 다했다. 귀여운 떡잎이 나오고부터는 거의 매일 나는 수박밭에 가 보았다. 가서 보고 싶어 견딜 수가 없었다. 성장은 진리다. 수박은 매일 매일 쑥쑥 커 나갔다. '과갈지의(瓜葛之誼 : 인척관계로 맺어진 정의)'도 명언 중의 하나인 것이, 덩굴을 잘도 뻗어 내면서 줄기와 잎사귀가 서로 뒤엉키듯 커 나간다. 이것이 얼마 지나지 않아 드디어 꽃을 피우고 열매를 맺어서 7월 초순에는 밭 전체가 수박덩이들이었다. 달걀마냥 조그마하던 것이 다음날

가서 보면 자그마한 공처럼 되었다가, 그 다음날에는 사발처럼 되었다가, 사발이나 또는 축구공 같았던 것이 얼마 지나지 않아 크나큰 바가지 크기만 해져서 눈 앞에서 엄연히 굴러다니는 것이 아닌가! 순종씨앗이라 말한 것은 그들 씨앗 장사치들의 전통적이며 상투적인 허튼 말이었을 뿐 실제로는 하얀색, 반점, 검은색 등이 박혀 있었다. 하지만 여하간 형용하기 어려운 기쁨이 나의 가슴을 뛰게 하였다. 이런 것이 자식 복이 많은 부모의 심정일까? 그 심정이 그때의 나의 심리였으리라. 가슴과 배에 가득히 그 무엇인가가 하나 가득 차있는, 그러면서도 만족 그 자체여서 바라만 보아도 '행복'스러운 기분이었다.

"매년 때가 되면 수박 같은 과실을 많이 사 먹어 왔지만, 자신이 스스로 심어서 키우고 나서부터는 왠지 아까운 생각이 들어서요, 어쩐지 변변히 먹을 수가 없네요. 허허허…"라고 솔직한 웃음을 보이던 B형 위 심정이 처음으로 이해가 되었다. 나도 전적으로 동감이다.

재배한 작물을 집안에서만 전부 소비해 버리는 경우가 사실은 너무도 많았다. 그런데 이번에 수박을 바라보면서 나는 여러 가지로 곰곰이 생각을 해보았다. 여러 사람들과 나누어 먹자, 팔거나, 주거나 또는 멀리 있는 이에게는 보내 주자. 먼저 귀농한 선참자인 B형의 이야기에 따르면 품질만 좋다면 파는 것은 문제도 되지 않는다고 하였다. 가까운 도회지에라도 나가서 팔 요량이면 그런 것은 문제도 되지 않는다고 말했다. 6월 중에는 한 개에 소매로 1원 90전, 7월이 되고난 이후부터는 한 개에 소매가격이 80전, 팔아서 그 돈으로 용돈이나 벌어서 읽고 싶은 책을 마음껏 사서 읽자. 동네 사람들에게도 한 집도 빼놓지 말고, 그리고 아는 사람들에게도 보내자. 혹시, 서울에서 친구가 별안간 찾아올지도 모르지. 그런 때는 물릴 정도로 먹이고, 먹고 남은 것은 가져가도록 하고, 멀리 있는 가족들에게도 보내도록 하자. 그런 생각을 하자 머리 속에서는 아는 사람에게, 친구들에게, 혈육들에게 먹일 생각에 마음이 흥겨워졌다.

 원두막은 만들지 않기로 하였다. 밭머리에 작은 집을 짓고 낮이고 밤이고 감시의 눈을 번득이는 것은 본래 내가 좋아하는 풍경도 풍속도 아닐 뿐만 아니라, 더구나 내 자신이 그런 보기 싫은 원두막 첨지를 흉내내는 것은 자존심이 허락지 않았다. 물론 자존심도 자존심이지만, '양심'이 허락하지 않았던 것이다. 원래부터 원두막첨지를 멸시하는 것도 이유가 없는 것은 아니다. 원두막첨지를 멸시한 나머지 남의 밭의 참외를 훔치는 정도는 당연한 것으로 여기고, 그리 대수롭지 않은 일이라고 인식되어 왔었다. 도둑을 용서없이 극형으로 처벌하였던 옛날에도 참외 도둑은 대수롭게 처리하지 않았다는 것을 짐작해 볼 수 있다. 그것은 엄연하게 오늘날까지 남아있다. 왜냐하면 그런 관습이 지금까지도 남아 있지 않다고는 단언할 수 없는 것이 씁쓸한 현실이다. 참외밭에서는 신발을 고쳐 신지 않는다는 '성현의 명언'도 이 땅의 논밭 한 뼘 없는 최하층 농민에게는 쇠귀에 경 읽기이다. 임어당(林語堂)은 "식불언 침불어(食不言 寢不語 : 먹을 때는 교훈을 말하지 않고, 잘 때에도 말하지 않는다)"라고 말하는 등, 위와 같은 일련의 엄격함에 따라서 공자나 맹자도 도둑을 한 아내와는 헤어지지(요즈음 말로는 이혼) 않으면 안 된다고 말했었다. 하지만 무릇 성현군자라는 사람들조차도 그 엄격함이 이 시절이 되어서는 변화된 것은 아닐까? 과거 이 땅의 유학자(땅 한 뼘 없는 가난한 농부가 아니다!)들은 '과전불납리(瓜田不納履 : 참외밭에서 신발을 고쳐 신지 않는다)' 정신을 엄수함으로써 군자가 군자로서 갖추어야할 특색을 갖추었다고 생각하는가? '과전불납리(瓜田不納

履)' 정신이야말로 유학자가 가진 최고의 도덕적이며 문학적인 기준이 되지 않으면 안 되었을 터인데도 말이다.

그러나, 유학자와 참외는 천추만대에 이르도록 오늘날까지 남아 있는 크나큰 원한 맺힌 악연이 있었음을 나도 최근에서야 알았다. 그것은 전혀 의외의 사실이었다. 고우재(苦雨齋)의 주인장인 주작인(周作人 : 현대중국의 산문작가. 번역가. 노신의 동생)의 저작물 중 그 유명한 진시황제의 「분서갱유(焚書坑儒)에 대해」라는 책 속에서 다음과 같은, 다른 책으로부터의 인용이 서술되어 있다. 이를 여기에 다시 재인용한다. "사람들은 모두 유학을 묻으려는 것을 알면서도 무엇 때문에 이를 묻으려고 하는지를 알지 못했다. 짐작하건대 후한의 유학자 위굉(衛宏)이 쓴 〈고문기자서(古文奇字序)〉에서는 진시황이 비밀리에 사람을 시켜 여산의 형곡이라는 골짜기의 따뜻한 곳에 참외를 심도록 하였다 한다. 열매가 맺히자 사람을 시켜 겨울에 참외열매가 열렸다고 글을 올리도록 시켰다. 올라온 상소를 박사 등 여러 유생들을 불러 이같은 사실을 알리고 유생들이 의견을 내도록 해서는 각각의 의견이 다를 때에는 모두 가서 이를 직접 보도록 하게 함으로써 평복을 시켰다는 것이다. 이는 모든 유생들에게 해당하는 것으로, 서로 그곳에 결코 가지 않으려고 하였기 때문에 이들을 모아 위에서부터 흙으로 이들을 덮어버려 모두가 압사하게 되었다는 것이다." 라고 하였다. 즉 참외는 그곳으로 불러들이기 위한 트릭의 씨앗으로 삼아 유학을 굴 속에 넣고 묻어 버렸다는 것이다. 그렇지만 이는 중국에서 일어난 일이며, 문제로 보아도 결코 작은 일도 아니다. 단지, '아, 그런 일도 있었구나!' 정도로 해두고 원두막첨지 이야기로 다시 돌아가 보자.

그런데, 원두막첨지는 어째서 멸시의 대상이 된 것일까. 한마디로 정리하자면 부자가 아닌 가난한 자가 하는 짓거리이기 때문이다. 원두막첨지는 즉, 가난한 영감의 대명사인 것이다. 더구나 이들은 장사를 천시하였던 이 땅의 양반들인 것이다. 식량에 궁핍한 가난한 자가 동정은 얻었지만, 그 대가로 강매하듯 참외와 식량을 교환하게 하는 짓은 더 더욱 참을 수 없는 일이다. 원두막첨지 3년이면 죽어서 장례식에 오는 사람이 한 사람도 없다는 말이 있다고 한다. 내가 잘 아는 사람 중에서 원두막첨지로 정말 잘 어울리는 전형적인 사람으로 3명이 있다. 한 사람은 이 아무개라는 사람으로 본관도 항렬도 잘 모르는 이 사람은 도대체 양반인지 상민인지, 어디에서 흘러 들어온 사람인지 그런 것조차도 아무도 모르지만, 동네에서 잘 알려진 인물임에는 틀림없는 사실이다. 왜냐하면, 어렸을 때부터 나는 그를 알고 있기 때문이다. 내가 살고 있는 동네 부근에서 단 한 집 유일하게 유명한 참외밭집 주인이 그였다. 그는 동학당에서 천도교에 이르기까지 독실한 신자로서 얕은 지식을 자주 자랑삼았었다. 그러다가 자기를 이해해 주는 듯한 사람이라도 만나거나, 아니면 술이라도 한 잔 마시고 취해 있을 경우에는 입버릇처럼 "자, 지금 됩니다! 기다리세요!"라고 떠드는 것이었다.

'글쎄? 반드시 그렇게 될까?'라고 상대방이 반신반의하는 모습이라도 보이면 '되고말고, 되고말고, 수 년 이내에는 반드시 됩니다! 지켜보세요!'라고 호언장담을 하는 그였다. 다분히 그것은 당시 경성의 본부에서 주워들은 후천개벽 '예언'일 터이지만, 그런 '예언'을 그렇게 쉽게 광언(狂言)처럼 내뱉는다는 것이 우스꽝스럽기만 하였다. 그러는 그는 일반적으로 땅 한 뼘 없는 가난한 농부가 아니기 때문에 그를 단지 정신이상자 또는, 동학도가 가진 공통된 광기라고 생각하고 접어 두기로 하였지만, 그는 계속해서 그 '예언'을 반복하는 것이었다. 그야말로 이 땅의 '어디에서나 나옴직한 사람'이 아닐까하고 생각한다. 드디어 원두막첨지도 그만두고 인생의 고독한 마지막을 마칠 때까지 그 '예언'을 그는 미친 소리처럼 떠들어댔다. 정말로 그는 지극히 고독한 신세였다. 무남독녀, 아니 무녀무남으로 그와 같이 살았던 아내도 실상은 본남편과 아이를 떼어놓고 도망쳐 나온 박복한 여자였다. 그래서였을까, 그들은 단지 둘이서 쓸쓸하게 지냈으며, 더구나 부창부수(夫唱婦隨)로 천도교에는 없어서는 안 될 충실한 신자이기도 하였다. 봄이 되면 참외 재배를 시작하여 초여름에는 벌써 밭머리에 참외원두막을 짓는 것을 잊지 않았다. 그가 죽자 참외 원두막도 지을 수 없었으며, 그 참외밭 소작인도 마침내 바뀌게 되어 참외 대신에 보리와 콩과 수수가 심어졌다. 그리고 얼마 후 박복한 미망인은 유랑의 길을 떠나 행상인가 무엇인가를 한다며, 최근에도 이 마을 저 마을 찾아다니는 것을 보았다. 어찌 되었건 그는 불쌍한 원두막첨지였다. 또 다른 한 사람이 있는데 그의 아버지는 양반이고, 어머니는 상민이었다. 이를테면 기괴천만(奇愧千萬)한 일이기는 하지만, 그의 부친의 집안은 가난하였다. 아내가 죽자 가난한 그 아비에게 후처가 쉽게 들어오지 않아서 같은 동네에서 살던 해방된 노비 출신의 상민과 동거를 하게 된 것이다. 그는 동거를 시작한 이후에 후처에서 태어난 서자로 겉과 속이 다른 성격의 주인공이었다. 그도 그럴 것이 앞에서는 지극히 놀기 좋아하는 것처럼 행동하지만, 뒤에서는 매우 성실해서 가난하기는 하였지만 조금 물려받은 유산을 자식에게 남겨 줄 정도의 위인이었다. 그도 자주 참외 원두막을 지었다. 당시에 참외라고 하면, 우선 조선의 재래종 첨과(甛瓜 : 참외)인 물치가 대표적이어서 나의 고향인 포촌(浦村) 일대에서는 물치 재배가 성행하였다. 풍성하게 산출된 참외는 지게(어깨에 메고 물건을 나르는 기구)에 쌓아 올릴 정도로 큰 것이었다. 그런데 춘풍추우(春風秋雨 : 지나간 세월)라고 했던가, 불과 얼마 지나지 않은 몇 십 년 사이에 물치는 그 모습을 감추고 주먹보다도 작은 금참외가 등장한 것을 보아도 이것만으로도 변한 세태를 엿볼 수 있다. 그런데 그가 재배한 참외가 아마도 물치참외이었음이 틀림없을 것이다. 그리고 그는 참외 원두막을 도박장으로도 제공했었다. 그리고는 이른바 '구전'을 받았으며, 참외도 팔아 소위 일거양득으로 돈을 벌었다. 물려 준 유산은 방탕한 아들이 모두 날려 지금은 경성인가 어딘가로 떠나고 없다. 자신의 죽은 아버지에게는 지극히 불효자가 된 것이다. 그리고 또 다른 한 사람이 있다. 이것은 올해 이야기인데 어느 원두막첨지가 자신의 손자에게도 참외를 팔았다는 이야기이다. 분가한 차남의 아이이니 즉, 자신의 손자임에는 틀림없지만 손자 녀석이 10전을 들고 와서 "참외 주세요!"라고 말하자 할아버지는 '녀석…'이라 하면서 재빨리 그 돈을 받아 들고는 돈 받은 그 손으로 참외를 한 개 주었다는 것을 현장에서 직접 본 사람이 있어서 아마도 거짓은 아닐 것이다. 이로써 처음으로 "원두막첨지 3년이면 죽어서 장례식도 사람도 없다"라고 하는 말의 의미가 개운하게 풀리게 될 것이다.

 일이 이렇기 때문에 참외를 심고 참외 원두막을 세우는 것은 다시 한 번 깊게 생각해야 할 문제가 아닐까하고 생각한다. 그러나 이같은 것들을 궁극적으로 표현하자면 양조회사의 경영자는 높은 사람이고, 소매 술집을 하는 사람은 천한 사람이라는 기괴한 상식과도 일맥상통한다 할 것이다. 원래 술집은 사람들이 깔보는 곳이기는 하지만, 큰 양조장이라도 경영하는 사람이라면 어디를 가든 간에 '유지'처럼 행세를 하고, 사람들도 유지로서 대우를 해 준다. 참외 종류를 다량으로 생산하는 대규모 농원 주인을 가리켜 사람들은 누구나 원두막첨지라고 할 것이고, 더구나 멸시할 것이다. 세상도 상당히 변해서 사물에 대한 생각도 완전히 바뀌었다. 특히 지금은 '대용식(代用食)' 시대이다. 참외가 대용식으로서 높이 평가를 받으면서 경성의 거리거리, 특히 광장통 주변에서는 참외로 메워져 있을 정도이다. 물론 다른 과일들과 비교해도 풍부한 풍경을 보여주고 있는 것도 이런 시대적 상황을 나타내는 특색의 한 단면일 것이다. 농촌에서도 그만큼 비싸게 팔리고 있어서 그야말로 참외 전성시대의 면모를 연출하고 있다. 참외가 대중적이라 한다면, 수박은 하이칼라 맛을 내는 신사적이라 할 수 있다. 그도 그럴 것이 수박보다는 참외가 대중들에게는 더 많은 환영을 받고 있기 때문이다. 내가 참외보다는 수박에 힘을 쏟았던 것은 이제야 생각해 보니 크나큰 실수였다는 것과 함께 '정말로 내가 직접 종묘(種苗)까지 사서 재배를 했던 거야?'라며 속으로 나의 실수를 아쉬워했지만, 여하간 이같이 결정했던 것이 정말로 너무도 바보 같아서 매우 후회하고 있다.

 수박은 새롭게 개척한 개간지가 토양 성질도 적합하고 비료도 상당히 뿌려주고, 여기에 더불어 태양의 위대한 은혜에 힘입어 한발 한발 완숙을 향해 가는 것이다. '제자리 찾아주기 작업'을 게을리 하면 큰일이 된다. 이른 아침 신선한 공기를 마시고 넓은 하늘을 올려다보고, 먼 산을 바라보고, 평야를 한번 둘러본다. 그리고 천천히 길을 걷는다. 개구리들은 여기저기서 뛰어 오르고 이슬에 젖어 춤을 추듯 일렁이는 풀잎을 열어젖히며 작은 길을 걸어 수박밭으로 걸어가는 그 즐거움이란 무엇과도 비견할 수 없다. 전원(田園)의 친숙함이라는 것이 아마도 이와 같은 것이리라. 그렇지만 한편으로 '어제 저녁에 누가 따가지는 않았을까?'라는 소유자로서의 심리가 발동하면 그 즐거움에 약간 상처를 받는다. 부처님이 말한 소위 물욕(物慾)에 대한 고민이란 것이 이런 것일 것이다. 밭을 한번 둘러보고 어제와 아무런 변함이 없으면 그것으로서 크게 안도의 한숨을 내쉴 수 있게 된다. 쑥잎을 깔아 주기도 하고 과수(顆數 : 과일을 세는 단위)를 헤아려 놓는다. 한편으로는 수수깡 껍질로 작은 표식을 해 놓았기 때문에 만약에 뱃속이 아무리 검은 놈이라도 쉬운 배짱을 부릴 수는 없을 것이다. 설령 이 수박을 따간다고 할지라도 그것은 금방 판명되도록 방책을 세워 놓은 것이다. 거의 매일 이렇게 이른 아침의 '행사'를 반복하고 있었다. 착실하게 앉아 있는 귀엽고 동그란 과수들을 지켜보고 있는 순간의 그 즐거움은 최고조에 달한다. 농부는 이상주의자이면서 현실주의자이다. 이상과 현실이 야무지게 융합되어 하나의 농민상이 만들어진 것이다. 농민을 단순한 현실주의자라고 가볍게 판단하는 경향이 있다. 그런데 이것이야말로 근시안적이다. 현실에서는 어떤 '불행'이 있을 지라도 장래의 행복을 이상으로 그리면서 현재의 삶을 영위하는 그들이다. 나도 언제부터인지는 모르지만 어느새 이런 타입으로 나 자신도 변화되어 있음을 느낀다.

    그러나, 어쩌랴. 전혀 예측하지도 못한 사건이 하룻밤 사이에 벌어진 이 엄연한 사실을. 이는 나를 매우 슬프게 하였다. 이같은 일로 이 땅의 농부들에 대해서 다시한번 생각하게 할 기회를 주리라고는 상상조차도 하지 않았었다! 나는 그저 선 채로 아연실색하면서 수박밭을 바라보고 있을 뿐이었다. 이렇게 멍하게 선 채로 한 순간이 지나고 나서야 분노가 전신을 엄습해 왔다. 아연실색한 감정이 한 순간이었다라고 한다면, 분노의 감정은 그 새 배는 계속되었다. 잠시 후에 분노의 감정도 가라앉았다.

'도대체 누구의 행위일까? 동네 사람일까? 아니면 다른 동네 사람일까, 동네 사람이라면 어른일까, 아이일까. 어른이라면 이 동네에 정착하고 있는 사람일까, 아니면 떠돌이로 이 마을에 와서 고용된 사람일까…'

'종묘사에까지 직접 가서 사와 내가 재배한 것을 알면서도?'라는 자존심은 산산이 부서진 파편이 되었다. 8백 년 전 금나라의 강홍(岡興)이 말한 명구(名句)인 '화피초목 뢰급만방(化被草木 賴及萬方 : 성인의 감화는 초목까지 덮어버리고, 그 신뢰는 만민에 이르기까지 미친다)'라는 말이 생각이 나서 자신의 처지에 마음이 몹시도 아팠다. 그러나 분하고 억울하였다. 겨우 정신을 차리고 빈 표식을 뽑으면서 개수를 헤아려 보았는데, 이 중에서 가장 큰 것만을 따 갔다는 것을 알았다. 생각해 보니 어젯밤은 음력 14일로 달빛이 밝은 밤이었다. 달빛에 의지해서 도둑질을 감행한 것이다. 제 육감을 발동시켜 보았지만 아무래도 그럴만한 사람이 생각나지 않았다. 예전부터 전해져 내려오는 이야기에 "도둑맞은 사람이 죄가 많다"이다. 빈틈없이 비밀에 붙이고 사찰(査察)의 망을 펼치기를 수 십일 동안 하였음에도 범인은 드러나지 않았다. 이놈인지 저놈인지 도대체 모르겠다. 모두가 그럴만한 놈으로만 여겨진다. 그러나 다행히도 어느 소식통을 통해서 단편적이지만 하나의 '정보'을 얻게 되었는데, 이것은 전혀 의외의 소인배라서 어쩐지 믿어지질 않았다. 그러고 있던 중에 두 번째 도난사건을 접하게 된다.

요즈음이야 '과전불납리(瓜田不納履)'라는 정신은 한 푼어치 값도 없는 골동품이 된지 오래다. 새로운 도의(道義)의 수립이 운운되는 것을 보고 있자면 '과연!'이라고 수긍이 간다. 결국 '범인'은 우리 동네 사람이 아니었으며, 어른이었다는 것과 그밖의 상세한 것들을 알게 되었다. "도둑은 앞에서 잡히는 것이지 뒤에서 잡히는 것이 아니다"라는 말이 예전부터 일컬어져 왔다. 하지만 만약 이 말이 정말이라면 이 세상은 이미 도둑들의 세상으로 변해 버렸을지도 모를 일이다. 이것은 불을 보는 것보다 명확한 것일 것이다. 드디어 '엄밀한 비밀'을 해제하고 문책의 화살을 쏘았다. 도둑질은 인근에 이미 널리 알려져 있어서 '이번 기회를 계기로 철저히 소탕을 하자'는 것이 일반적인 여론이었다. 이들은 참외 류는 물론이고 밤 등 과일, 감자, 무 등등 모든 부식물을 아무렇지도 않게 따갔다는 것이다. 아니 따갔다는 것보다는 훔쳐가는 나쁜 습관을 가지고 있어서 적지 않은 폐해를 입으면서도 "자식과 우마(牛馬)를 키우는 사람은 입을 조심하라"라는 도덕적인 '관점'에서 모두들 서로간의 얼굴만 바라보고 있었던 상태에서, 이번에야말로 이번 사건을 계기로 이런 종류의 악습을 일거에 청소하고 싶어 하고 있었던 것이었다. 가만히 앉아서 어부지리를 얻으려고 하는 것일까, 모두가 나도 나도 외치면서 모두 도둑맞았다는 사람들뿐이었다. 우스꽝스러운 세상이다. 참외 도둑도 하나의 기이한 인연일까. 그들은 모두가 이웃마을 사람들로써 형제와 숙질간으로 된 두 쌍이다. 더구나 둘 다 아버지가 없는 과부의 아이들이다. 그 중에서 두 명은 당당한 학생이었다. 또다시 세 번째 도난사고를 당하여 참외밭은 엉망진창이 되어 버렸다. 마치 사면초가이다. 정말로 정나미가 떨어지는 이 땅의 농부, 농부의 자식들이다. 그들은 혹시 놀부의 후예인가. 더 이상 방법이 없다. '철저한 소탕'의 길 이외에는 특별한 도리가 없다.

"어째서 참외 원두막을 세우지 않았습니까?"

"그 놈들, 참외 도둑은 상습적이며 더구나 능수능란합니다. 밤에 옷을 벗고 다른 동네까지 원정까지 할 정도입니다."

"철저하게 추궁하지 않으면 안 됩니다."

"어쨌든 참외 원두막을 세웠어야 했다. 그 정도로 심어 놓고 참외 원두막을 짓지 않았다는 것은! 그냥 방관하듯 가만히 두지는 않지. 이런 세상에서."

나는 이런 '위문'에 그저 씁쓸한 웃음 이외에는 아무 것도 할 수 없었다.

과수원에는 철칙이 진리처럼 존재하는 것이 있는데, 그것은 가시 달린 철선을 치는 것이었다. 그러나 이처럼 하는 사람들은 거의 대부분이 주로 외부에서 들어와 농사를 짓는 사람들이 하는 짓거리였다. 더구나 몹시 참기 어려운 것은 선조의 명예를 위해 세워 놓은 비석 주위마저 부아를 치밀게 하는 가시 달린 철선을 치는 것이 이들의 행태인 것이다. 이와 비슷한 이야기인데, 우리 동네에 십 수년 전에 세워진 어느 공공목적을 가진 건물(지금은 마을집회소로 사용되고 있지만…)을 외부의 창문부터 시작해서 자물쇠, 자물쇠를 잠그는 자물통, 철못, 아연철판 등 손에 집히는 대로 뜯어내고, 그리고 내부도 바닥 판자, 칠판, 책상 등 어느 것 하나 남기지 않고 가져가면서 마지막으로 나무로 된 바깥문짝마저도 뜯어 가져갔던 것이다. 이 같은 소행은 전부 외부에서 들어온 침입자가 아니고 동네 내부 사람의 소행이었다. 그래서 더욱 더 한심하기가 그지 없었다. 실은 공공도덕심이 없는 농부들이다. 길가에 피어 있는 한 줄기 꽃조차도 사랑하고 보호하고자 하는 그런 아름다운 마음이기를 바란다. 무엇보다도 '인간개량'이 급선무이며, 이전부터 주장해온 옛날로 돌아가자. 가정의 학문적인 교육도 등한시해서는 안 될 것이다. 특히, 공공심이 빈약한 농부들의 아이들을 보면 대체로 가정적인 결함이 있는 아이들이다. 그 다음으로는 유전이다. 콩 심은 곳에 콩이 난다. 참외 도둑질 하는 패거리들, 그 중에서 특히 숙질(삼촌과 조카)간 짝패는 멘델의 법칙을 빌리지 않고도 명명백백하다. 이야기가 조금 길어졌지만 이 '제물포 상인' 가족의 재미없는 야화에 대해서는 그만 두기로 하자.

"과부 돈 7푼이면 하늘이 안다."

이 청승맞고 구슬픈 속담이 나를 크게 감격시켰다. '철저한 소탕'을 그만 두자. 이 모든 것이 나의 부덕의 소치이다. 농사에 아직도 친밀해지지 않았기 때문이다. 아직도 어리석은 나의 마음을 청산하지 못했기 때문이다. 내년에는 참외 원두막을 짓는 일, 그래서 낮이고 밤이고 감시한다면 나를 이길 수는 없을 것이다— 라고 내심으로는 이렇게 결심을 내렸다. 하지만 하루라도 빨리 도의심이 발현되는 천하가 되어서 이러한 불유쾌한 일이 일어나지 않았으면 하는 절실한 바램을 가져본다. 원인은 좀 더 큰 것에 있지는 않은 것일까. 그러면서도 나는 참외가 없는 참외밭을 무심하게 바라보다가 또 다시 어떤 괴로움이 밀려와서 다시 고개를 들어 하늘을 올려다 보았다. 하늘은 무심하다. 한 덩어리의 하얀 구름, 파란 구름만이 뭉게뭉게 떠있다. 긴 한숨을 내 쉬고는 다시 한 번 평야를 둘러보자니 거침없이 온통 한 색깔로 물든 초록물결, 파란색 물결이 넘실넘실 거리면서 파도가 일렁이듯 보인다. 이를 보고 있자니 참외 따위는 벌써 깨끗하게 잊어버린 듯한 기분이 들었다.

(「동양지광」, 1942. 10)

스님僧

　어느 한 탁발승이 문 앞에 서서 쌀 동냥을 한다. 서서히 수확의 시기가 되었음을 느낀다. 이제는 가을이 성큼 와 있음을 마음속에서 강하게 느낀다. 느끼면서도 지금 자신이 즐거울까, 아니면 슬픈 것인가를 실제로는 결정하기가 어려운 것이 가을이다. 왜냐면 가을은 쓸쓸한 마음이 드는, 고독의 고동이 떨려오는 계절이기도 한 것이다. 물론 가을은 이미 와 있다. 창공에 수채화 같은 구름이 떠 있는 것을 보면 알 수 있다. 그 탁발승은 이번 달 언제쯤에도 새하얀 무명 가사장삼을 벗어던지고 색 바랜 밀짚모자를 쓰고서 수확을 기다리고 있는 논과 밭을 한번 둘러보는 것을 본 적이 있다. 오곡은 풍성함을 더해가고, 과실은 완숙을 향하고 있고, 채소는 파릇파릇하고, 산과 들판은 완전한 가을 색깔이 완연하다. 가슴 가득이 가을 생각이 차오르고 있었다. 그런데, 쌀을 동냥하는 탁발승. 그를 보면 가을과 스님에 대한 어떤 잊을 수 없는 지난날에 있었던 어떤 기억이 떠오르는 것이다. 나의 가을은 스님으로부터 온다.
　그것은 어느 해의 만추(晩秋) 무렵이었을 것이다. 복잡하기가 이를 데 없는 사회상, 이런 깊은 우수에 젖어 있는 인생살이에 대해서 완전히 빠져 나오게 하는 것은, 순전히 대자연에게서 받는 큰 기쁨과 열락이 크다. 그리고 큰 위안을 만끽하려는 순수한 인간적인 심정에서 오늘도 즐거운 하루이기를 바라면서 희희낙락 담소를 나누며 꾸불꾸불한 좁은 풀길을 걷고 있었다. 맑은 가을! 하늘은 높고 깨끗하며, 산과 들과 마을에는 가을색이 완연하였다. 들국화의 향기도 향기이지만 초가지붕 위에 말리려고 널어놓은 불꽃보다도 빨간 고추, 그것은 아름다운 서양 자수와 다를 바가 없다. 이 고추야말로 이 땅의 가을이 가을이게 하는 하나의 징표가 아닐까하고 생각해 본다. 그렇다, 고추야말로 이 땅의 사람들에게 있어서 없어서는 안 될 기호물이 되어 있다. 고추를 먹는 농부. 예를 들어 단 하루라도 고추를 먹지 않고서는 살지 못하는 것이다. 논과 밭과 산에서 가을의 수확을 거둬들이는 바쁜 남녀노소가 바로 이 고추를 먹고 가을의 풍취마저 잊고 오로지 일에만 전념하는 것이다. 대자연 속에서 살아가면서도 자연을 모른다고 말하는 것은 너무나 자조적인 망상일까?

맑고 높은 하늘에 싸여 있는 몸과 마음은 그저 유쾌 그 자체이다. 우울한 우수 같은 것은 깨끗이 태워 날려버리고 티끌을 깨끗이 치워 놓은 것과 같은 상쾌한 기분이다.

"저 바위를 게바위라고 한다면서요…"

저산(樗山) 선생이 길가에 서있는 한 바위를 가리키면서 이런 말을 한다.

"…저 안에 큰 구멍이 있다고 하네요. 어느 날 촌마을을 돌고 있던 스님이 마침 우리가 지금 걷고 있는 이곳을 지나고 있었다네요. 갑자기 큰 게에 물려 저 바위구멍 안으로 끌려들어갔다고 합니다. 게에게 납치된 스님은 어찌 할 수가 없어서 물린 채로 맡겨 끌려들어가 보니, 그곳은 50리 정도 떨어진 해변이었다고 하니, 이야기가 도대체 허황되고 더구나 밑도 끝도 없이 유장합니다. 하하하…"

"그렇군!"

"작은 바위인데도 어마어마한 전설을 가지고 있었으리라고는!"

이런 촌스러운 전설에 일동은 모두가 웃고 말았다.

옛날, 이 땅의 농부들은 이런 이야기를 잘도 믿고 좋아했었던 것일까. 그 정도로 물정에 어두운 세상이었던 것일까? 농부를 판단하려거든 그들이 말했던 전설을 보아야 할 것이다. 아무런 전설도 없는 요즘 세상살이에 대해서 생각해 보았다. 문득 어느 집 앞에 세워진 수수깡으로 만든 사립문에 기댄 듯이 서 있는 멀구슬나무(樗木)가 눈에 들어와 그 나무를 가리키며 "아! 저 나무 멋있네!'라고 외쳤다.

열대지방 식물을 연상시키는 멀구슬나무. 조금은 하얀색 껍질에 매끈매끈한 줄기, 파랗고, 그리고 뻑뻑하지 않은 넓적한 잎사귀를 늘어뜨리고 있는 것이 왠지 다른 나무에서는 볼 수 없는 멋과 독특한 아름다움이 있었다. 살랑살랑 부는 미풍에 나부끼는 나뭇잎이 마치 영화에서 볼 수 있는 야자나무 같다. 이런 멀구슬나무에 역시 금상첨화로 어울리는 품격으로서는 학(鶴)일 것이다. 실제로는 갈매기나 매일 것이지만 말이다. 그런데 실제로 무리를 지어 있거나, 또는 앉아 있거나, 또는 빙빙 날고 있었다. 나는 그 나무를 보면서 나도 반드시 저 나무를 심어야겠다는 생각을 하면서 헤어지는 것도 잊고 걸음을 멈추었다.

송나라의 임화정(林和靖 : 967~1028. 북송대 시인. 林逋. 和靖은 인종이 내린 호)이라는 '은사(隱士)'는 아내도 자식도 없어서 일찍이 정원에 매화나무를 심고, 학에게 먹이를 주며 이를 키우는 재미로 살았다고 한다. 매화는 자신의 아내이고, 학은 자식이라 하였다고 한다. 이 멀구슬나무를 심은 사람은 아무 것이라도 닮고 싶은 마음에 임씨를 모방해서 매화나무 대신에 멀구슬나무를 심은 것은 아닐까. 그러나 무엇보다도 그에게는 훌륭한 아내와 자식이 있다. 그저 단지 저 나무의 아름다움에 상당히 빠져 있었기 때문일 것이다.

"내가 요즈음 저산(樗山)이라는 아호를 조금씩 사용하고 있는데요. 그런데 사실 저(樗)나무는 원래 좋은 목재가 아니라네요."

저산(樗山) 선생도 유난스럽다는 듯 저(樗)나무를 바라보는 것이었다.

"나쁜 목재? 그것은 조금 이상한 말이네요."

"저(樗)나무는 확실히 나쁜 목재이에요."

"어째서지요? 내가 보기에는 결코 나쁜 목재가 아닌데요. 나쁜 목재라고 하는 나무가 오히려 좋은 목재로 여겨지기도 하는데요."

"하하하."

저산(樗山)은 쓸쓸한 모습을 보이면서 대답 대신 웃음을 보였다.

'나에게 큰 나무가 하나 있는데, 사람들은 이를 저(樗)나무라고 부른다. 그 큰 나무는 옹종이 있어서 먹줄을 튀길 수 없고, 가지는 구부러져 있어서 목수가 쓰는 도구를 사용할 수 없으므로, 이를 용도에 맞게 사용하려 해도, 장인에게 부탁을 할 수 없다.'라는 장자(莊子)에 의하면, 태고 때부터 저(樗)나무는 사람들에게 나쁜 목재 취급을 받아 왔던 불명예스러운 역사를 가지고 있다는 사실이었다. 요즈음과 같은 공리적(功利的)인 측면에서 실용적인 가치만을 따져들어 악의적인 평가를 내리고 마는 인간의 심리가 그저 증오스럽기만 하다. 세상 사람들이 이미 잘 알고 있는 아호(雅號)를 하루아침에 바꾼다는 것은 쉬운 일이 아닐 터이다. 아쉬운 기분을 느낄 겨를도 없이 자신의 아호를 버리지 않으면 안 되었던 저산(樗山) 선생의 저(樗)나무 사랑은 짐작은 간다. 그래서 아호를 버린 그 심정은 충분히 동정의 여지가 있다 할 것이다. 하지만 저(樗)나무가 본래 가지고 있는 뽕나무 성질을 목재로서는 사용하지 못한다는 의미로 '땔감나무'라고 통용시켰던 옛날 사람들이 그는 다시한번 증오스럽게 여겨졌다. '악목부재(惡木不材 : 사용하지 못할 재목은 없다)'라는 전통적인 정신에 의해서인지는 모르겠으나, 저(樗)나무가 지붕보다 높이 자라면 그 집은 망한다고해서 그 아름다운 나무를 무참하게 베어버리는 나쁜 풍습이 이 땅에는 있었다. 차차 자라서 큰 나무가 되어 늠름한 모습을 보여 줄 무렵에는 예외 없이 '순사(殉死)' 되는 것이 저(樗)나무의 슬픈 운명이다. 예를 들면 저(樗)나무가 있는 집에 어떤 재난이 찾아온다면 이는 저(樗)나무의 저주라고만 여기는 것이다. 그래서 아무에게도 알리지 않고 아무도 모르게 도끼날로 무너뜨리는 것이다. 그럴 뿐만이 아니라 옴과 같은 피부병이라도 걸리면 어쩌나하는 걱정이 앞선 나머지 아무 관련도 없는 엄연히 살아 있는 이 저(樗)나무의 껍질을 잔혹하게 벗겨서 약으로 사용하는 것이다. 이래저래 저(樗)나무는 비참한 존재일 수밖에 없는데, 이 집에서 자라고 있는 그의 나무는 정말로 파격적인 존재인 것이다. 그래서 조금은 괴이한 기분마저도 들 정도였다.

그들은 저(樗)나무 이야기를 하면서 고개를 넘어 갔다. 고개를 넘으면 바로 주점이 나온다. 그리고 서울로 통하는 남쪽으로 내려가는 큰길도 보인다. 아마도 옛날에는 이렇게 꾸불꾸불한 풀길이었을 것이다. 지금은 거의 사용하지 않는 길이 되어 있었다. 길옆에 있는 주막조차도 한산하기가 그지없는 상태이다. 쓸쓸한 그 정자(亭子)는 북적이던 화려한 과거를 기억하고는 있을까. 크나 큰 갓을 쓰고 오래 된 담뱃대를 입에 물고 있던 당시의 과객들은 이곳에 이르러 잠시 쉬면서 피곤을 회복했음에 틀림없을 것이다. 아니면 술을 마시거나 혹은 밥이나 떡을 먹고, 먹고 난 후에는 배를 두들기면서 그 흥에 엽연초를 태우면서 유유히 객담을 나누었을 것이다. 그때부터 이 정자를 지켜오고 있을 것 같은 호호백발의 노인이 쇠락해가는 정자 밑의 한쪽에 돗자리를 깔고 고고하게 앉아 있는 모습이 보였다. 이를 보고 과연!이라는 생각에 고개를 끄덕이며 수긍도 되었지만, 한편으로는 이채로운(그도 그럴 것이 양복을 입고 있었기 때문에) 행각을 바라보는 것도 왠지 나른한 풍경으로 비춰졌다. 하지만 그 노인의 심경을 미루어 짐작해 보는 것은 그리 어려울 것은 없었다.

그 사용하지 않는 폐로(廢路) 대신에 경부(京釜)가도가 새로 생겼다. 새롭게 만들어진 철도와 국도를 횡단하면 마치 풍경화 같이 아름답게 앞이 탁 틔어 전망 좋은 활곡(豁谷)이 옆에 누워 있기라도 한 듯 흐르고 있다. 깨끗한 물이 흐르는 강물 위에 걸려 있는 가교(架橋)는 원시적인 색채가 풍부하다. 이것이 또한 하얀 모래사장과 묘하게 어울려 한층 더 아름다운 화폭을 이루고 있는데, 가교는 모래사장을 앞에 두고 있어서 마치 성벽 같은 모습을 하고 있었다. 지금은 색깔이 바래져 있었고, 부서져 내리고 남은 남루한 문루(門樓)와 퇴락한 기와지붕만이 고색창연한 모습을 보이고 있다. 당시에는 관사로 사용됐음직한 조선식 기와지붕을 한 학교의 운동장에서는 농부의 아이들이 하얀색 모자와 빨간색 모자를 쓰고 운동회 연습을 하고 있는 자못 기세가 등등한 것이 하늘을 찌를 듯하였다.

절은 옛날 읍 소재로부터 얼마간 떨어진 곳에 있었다. 고려 말에 세워졌다고 전해지는 지극히 평범하고 한산한 절이다. 소나무 숲이 울창하여 산중으로 들어섰다는 느낌은 들지만, 절 냄새는 그다지 나지 않았다. 소위 이 땅의 절이 가지고 있는 운명이 이런 말사(末寺)에서도 그 영향이 여실히 나타나 있었다. 주지는 탁발이라도 나간 것일까 좀처럼 돌아오지 않고 있었다. 누추한 옷을 걸치고 있는 이웃의 부인에게 물어보니 어딘가 가까운 곳이라도 내려 간 것 같다는 이야기이지만, 쉽사리 돌아오지 않았다. 그들은 우리들에 대해서 조금은 불쾌하다는 거동을 보인다. 주인이 없는 불당이라도 한번 둘러보는 것으로 권태로움을 달래고 있었다. 그다지 웅장한 불상도 없을 뿐만 아니라 존엄한 분위기도 없었다. 특히, 눈에 띄는 것은 벽에 붙여져 있거나, 매달아 늘어뜨려 놓은 여러 사람들의 생년월일과 성명이 씌어진 조선식 닥나무 종이(백지) 조각들이었다. 그것은 아무 것도 아닌 일에 우매한 촌아낙네들이 약간의 쌀과 소소한 돈을 치마 속에 숨겨 놓았다가, 이 절에 와서 임신한 아이가 여자아이가 아닌 사내아이가 태어 날 수 있도록, 그리고 남편의 사랑을 독점할 수 있도록, 무병장수와 부귀공명을 누릴 수 있도록, 또는 한 해의 재난이나 액운을 남김없이 피하도록 부처님에게 축원한 생생한 흔적들이었다. 이를 보는 사람으로서는 그저 파안대소를 할 뿐이었다.

　잠시 후에 돌아온 노승은 우선 저산(樗山)선생과는 구면인지 기뻐서 어쩔 줄 모르는 모습이었다. 껄껄 소리를 내며 웃거나, 때로는 합장을 하거나, 혹은 양손을 잡거나, 또는 충성스러운 하인과 같이 연신 고개를 숙여 공손함을 표시한다.

　"아 이쪽은 나리님이십니까? 어서 오십시오. 잘 오셨습니다. 이런 귀한 분이, 귀한 분이. 허허허!"

　그 웃음소리가 왠지 비굴하게 들려서 도리어 불쾌한 느낌이 들 정도였다. 그런 행동도 해석하기 나름이겠지만, 사실은 저산(樗山)선생 일가가 이 절의 주요한 시주이기 때문에 주지로서는 이만저만한 친절과 존경심을 나타내는 것이 아니었다. 그도 그럴 것이 노승에게 있어서는 너무도 당연한 의리였을 것이다.

한낮이 되어 산에 올랐다. 높은 곳에서 내려다보니 근방이 넓게 보였으며, 높고 낮은 여러 야산들이 내려다보이고, 여기저기 흩어져 있는 촌락이 아스라이 조그맣게 조망되었다. 빨갛게 물든 단풍을 보니 옛사람이 노래한 것이 떠올랐다. 두보가 말한 '정거좌애(停車坐愛 : 가마를 멈추고 만연한 단풍숲을 찾아든 석양을 음미한다)'를 할 만한 풍경에 뒤지지 않았다. 산봉우리에 앉아 말없이 밤을 먹으면서 원시인들을 상상해 본다. 정말로 원시인이라면 원시림이 없으면 안 될 일이다. 그래서 산은 좀 더 높고, 계곡은 좀 더 깊고 험했으면 하는 바람을 가져 보았다. 참담한 제1차 유럽전쟁의 지옥 같은 상황을 눈앞에서 보면서도 묵묵히 이 소설을 쓴 에드몬드 아로클의 「어떤 원시인-원인(原人) 다아」에 의하면 인류의 선조는 깊은 삼림 속에서 살아가면서 집도 없이 이리저리 헤매면서 살았다고 한다. 어떤 원시인 한 쌍이 결혼의 향연을 준비한 곳도 숲속이었다고 한다. 할 말이 없다! 할 말 없다! 두 사람이 최초로 뱉은 말은 오로지 '다아!'와 '오크!'라는 말이었다는 것이다. 그리고 서로 이 한 마디씩을 주고받은 곳도 숲속이었다는 것이다. 그것은 숲속에서 밀월을 보낸 이후였다고도 한다. 원시인 다아를 가리켜 '악인의 상징, 혹은 악의 화신'이라든가, 또는 '건설적인 인간성을 지닌 모습'이라든가, '인간성의 재인식을 위한'이라든가 하는데, 사실이야 어찌 되었든 간에 상관없는 일이다. 절이나 산을 찾아간 여행객에게는 좀 더 높은 산, 좀 더 깊은 숲을 보고 싶을 뿐이다. 그것만이 문제인 것이다. 그런 것도 아니라면 끝없는 광야? 무한한 대양, 그 수평선? "쓸쓸한 광야에서 홀로 생각한 것은 단순히 자신만의 생각일 뿐이다. 그러므로 광야를 무서워하는 것이다. 자신과 함께 있는 것이 무서운 것이다."라고 말한 미하일 프리슈벤의 산문시를 빌린다면, 광야도 역시 그의 것은 아니다. 바다는 태고 적부터 아메바의 선주지였다. '혈연'적으로는 바다가 들판이나 산보다도 가까울지 모른다. 그러나 그것이나, 이것이나, 저것이나 그 모든 것이 그에게는 부정적인 것일 수밖에 없었던 것이다.

원시인마저도 될 수 없었던 인간들이 가진 고뇌를 그가 계속 번민하면서 하산하자 늙은 주지스님은 항상 그래 왔던 것처럼 공손하기만 하다.

"허허허! 곡차 한잔 드십시오. 모처럼 오셨는데 아무 것도 준비한 것이 없어서…허허허… 오시기 전에 먼저 알려 주셨으면 좋았을 텐데… 허허허."

입에 말린 말을 하면서 손님들을 별당으로 안내하는 것이다.

'곡차?' 그가 말한 곡차는 무엇을 의미하는 것일까? 처음 듣는 말에 약간은 이상하다는 것을 느끼면서 그가 안내하는 곳으로 갔다. 들어선 별당에는 이미 한 상이 차려져 있었지만 곡차 같은 것은 눈에 띄지 않았다. 노승이 먼저 권하는 것은 약주였다.

'아, 이것이로구나!'라며 마음속으로 나직이 중얼거렸다. 곡차란 바로 곡차(穀茶)였다. 술을 술이라 하지 않고 곡차라 이르는 것에 약간은 청아한 정취가 없는 것도 아니지만, 한편으로는 노승의 인간적인 괴로운 심정이 뚜렷이 나타나 있는 것 같은 생각이 들자 조금은 슬프고 침울한 기분도 들었다. 한 잔, 두 잔, 어느새 취했다. 취중에도 직접 술안주를 손수 조리하고 있는 70세를 넘긴 노승의 고난에 가득한 한 평생을 달려온 힘겨운 일생을 생각하고 있었다.

　산에는 점점 해가 떨어져가고 있었다. 그들은 청풍에 안겨 낙조를 옆에 끼고 줄을 짓듯 산을 내려왔다. 주지 스님은 구읍내까지 뒤따라 와서는 또 다시 술의 본거지라 할 수 있는 양조장으로 손님들을 권한다. 산속 절간에서 살아가면서도 술을 좋아하는 그 가엾은 노승은 가교를 건너서도 몇 번이고 합장하고 국궁(鞠躬)을 여러 번 하여 정중한 예를 다하면서 전송하는 것이었다.

　"아이고, 이 정도로 충분합니다. 너무도 수고가 많으셔서…"

　라고 하자 노승은,

　"허허허… 별 말씀을 다하십니다. 갈 길이 먼데. 부디 무사히, 날이 저물어 너무도 죄송합니다…"라며 한층 더 공손하게 허리를 구부려 합장을 한 채로, 시야에서 멀어져 사물을 분명하게 분간할 수 없어 어렴풋해져서 거의 보이지 않을 정도까지 서 있는 것이었다.

　그 이후로도 가끔 밤이면 노승에 대해서 생각나는 것은 어쩔 수 없는 인지상정이었다. 때로는 그도 환속 승려인 미야지마(宮島) 모씨의 저서「선(禪)에 산다」를 섭렵할 정도로 '산'을 염두에 두었기 때문일지도 모른다. 도대체 그가 언제부터 스님에 대해 관심을 가지게 되었던 것인가는 확실치 않지만, 필시 자신의 이상을 현실세상 속에서 실천하는 것에 큰 괴리를 발견하게 되면서 시작된 것이라고는 짐작이 된다. 그래서 결국에 내린 결론은 지금 당장 현실 속에서는 '산'도 자신의 것이 아니라는 것을 깨닫게 되었을 것이다. 더욱 명료하게 얻은 것은 다른 절의 스님처럼 '방만'하게 생활하는 대신에 '비굴'하지 않으면 안 된다는 것을 깨닫게 되었는지도 모른다. 그것은 결코 '절에 가면 중이 되고 싶다'라는 세상에서 흔히 일컬어지고 있는 속된 이야기로부터 시작된 것은 아니다. 예전부터 머리를 깎고 중이 된다는 것은 어떤 의미에서 삶에서 '행복'을 얻지 못하기 때문에 이를 구하고자 기인하는 것으로 알려져 왔지만 과연 그럴까?

역시, 어느 가을날의 일이다. 어느 날 밤에 우연히 어떤 젊은 청년승 - 아마도 이름은 운수(雲水)였을 것이다 - 의 자신의 살아 온 인생역정을 들을 기회가 있었다. 청년승은 서북지방의 어느 가난한 농가에서 태어났으나 소년시절에 일찍이 불가(佛家)에 귀의하게 되었다고 한다. 불가에 귀의하게 된 동기는 지극히 간단하였다. 그의 집은 가난하였으며, 더구나 부모님이 모두 돌아가셨기 때문이었다. 청년승은 마치 동정이라도 구하는 듯한 말투로 장황하게 자신의 불행을 호소하듯 이야기하였다.

"농촌으로 내려가서 땅을 일구면 어떨까요?"라고 하자, 그는 그 말에 위안을 얻는 한편으로는 이렇게 말했다.

"허허! 저더러 농사를 지으란 말씀입니까! 그렇지만 땅이 없는 걸요."

이 얼마나 운명적이고 기이한 인연인가. 이후, 역시 우연한 기회에 등에 바랑과 바라를 지닌 채로 탁발을 다니고 있는 스님을 보게 되었다. 순사에게 끌려 나가는 모습이 눈에 띄어 살며시 바라보고 있자니, 의외로 그 때 만났던 청년승이었다. 시국을 빙자해서 금속류를 구걸하였다는 혐의였다.

당사자인 청년승은 어찌 되었는지, 절에서 수양을 하는 대신 감옥에 들어가 있는 몸이 되었는지는 전혀 알 수 없었다. 그리고 이후에 어렴풋이 들려오는 소문에 의하면 말술도 사양하지 않던 그 노승은 전문학교를 나온 인텔리 출신 스님에게 주지직을 넘겨주었다고는 하나, 그리

시간이 흐르지 않아 바로 빼앗기고 말았다는 것이다. 그리고 그 절에서 나왔다고는 하는데 쫓겨났다는 표현이 어울릴 것이다. 그 이후로는 어떻게 된 영문인지 술도 변변히 즐기지 못하고, 이제는 이미 열반에 들었을지도 모른다는 풍문이다.

(「동양지광」, 1942. 11)

쌀 米

모일.

　정성을 들여 잘 정선해서 골라 놓은 종자인 나락을 큰 항아리에 넣고 발아가 빨리 될 수 있도록 물에 담근다. 드디어 씨앗을 파종하기 위한 준비이다. 이미 때는 곡우, 자애로운 비도 소리없이 내리고 있다. 날씨가 좋은 아침에 열심히 고른 이앙을 위한 못자리판에 한 알 한 알 나락을 정성들여 파종한다. 이런 순서를 거쳐서 수 백 배의 알곡을 수확하기 위해서는 아직도 짧지 않은 날들과 적지 않은 노력을 필요로 한다. 농사는 인간의 역사와 함께 그 규모가 점점 확산되고 커져 왔다. 태초부터 인간이 먹기 시작한 음식물은 과일 그리고 육류였다. 그것이 사실이라고 한다면 정말로 슬픈 일이고 또한 유감스러운 업보임에는 틀림없다. 왜냐면 그 선악과라는 기독교적인 전설이 사실이라면 말이다. 과일을 먹는 김에 아울러서 점차 고기도 먹는 습관이 생겼다고 하는데, 이 육식을 맛보기 시작한 사실이야말로 그 무엇보다도 인간에게 근본적인 비참함을 안겨주었으며, 또한 영겁의 업보를 안겨 주었을지도 모른다. 피비린내 나는 투쟁의 역사가 시작된 것도 사실은 육식이 시작되고 부터이다. 약육강식이라든가 우승열패(優勝劣敗)라든가 하는 재미

없는 관용적인 숙어도 어차피 멀고 먼 태고적 육류섭취로부터 유래하였을 터이다. 그렇다고 해서 오늘날 우리들이 보는 것처럼 천지만물이 살아가는 것은 강자나 약자나 모두가 함께 상존하며 살아 온 것이 현재의 우리들의 모습이다. 진리라는 것도 조금은 복잡한 것이다. 인간이 곡물을 먹기 시작한 것은 필경 오랜 유목시대를 거쳐 농경시대가 되면서 어떤 누군가의 뛰어난 예지를 가진 원시인의 시도에서 시작되었을 것이다. 이로써 처음으로 인류에게 정통적인 문명과 문화가 발상되었다고는 하지만, 육식을 하는 대신에 곡물이 등장한 것은 인류가 생존해 나가는데 있어서 헤아릴 수 없는 큰 의의를 부여하였던 것이다. 그런데 곡류에도 여러 가지가 있는데, 그 종류를 나누는 방법은 어떤 기준으로 시대와 환경에 따라서 구별할 수 있기 때문에 어떤 고정화된 틀이 있는 것은 아닌 것 같다. 간단히 말하자면 몇 천 년 전의 아주 오랜 옛날부터 오늘날에 이르기까지 오랜 세월 동안 곡물은 끊임없이 쉬지 않고 성쇠를 거듭해 왔다. 이 시대가 되었음에도 크게 나누어 보면 서양인은 주로 잡곡류를, 동양인은 주로 미곡을 먹는다는 사실은 크게 바뀌지 않고 있다. 동양에 있어서도 옛날에는 보리가 주요하게 섭취하는 곡물이었지만, 지금은 쌀이 훨씬 높은 비율을 차지하고 있다. 이미 알고 있는 사실처럼 일찍이 농민은 하얀 쌀을 생산은 하지만 함부로 쌀을 먹을 수는 없었다. 그럼에도 현재까지도 훌륭하게 살아왔다. 이런 것을 보면 반드시 쌀밥이 아니라도 인간이 건강하게 장수하는데 있어서는 영향을 크게 미치지 못함을 알 수 있다. 이같은 사실은 동서양 사람들의 생활태도를 보면 충분히 증명할 수 있을 것이다. 그러나 선조 대대로 전래되어 온 쌀(미곡) 지상주의야말로 좀처럼 없어지지는 않을 것 같다. 파종 이후에는 남겨 놓은 나락을 정성들여 씻어 절구질 하여 새하얀 축하 시루떡을 만들어서 모가 자라고 있는 못자리에 제사를 지낸다. '저건 모판이나 망가뜨리는 뱀이란 놈에게 먹이려는 것일 거야…' 그 제사를 지내는 이유를 물어보니 이런 어정쩡한 대답이 돌아오기는 하였지만, 어찌 되었건 모가 안전하고 태평하게 쑥쑥 성장하도록 기도하는 것임에는 분명한 사실이다.

모일.

도대체 쌀은 언제 어디서부터 시작된 것일까? 세상의 권위 있는 의견에 따르면 전설의 시대에 인도로부터 시작되었다고 알려져 있다. 그 이상의 역사에 대해서는 알 수 있는 방법이 없으므로 편의상으로라도 인도가 원산지가 되어 점차적으로 동양 각지로 전파되었다고 일단은 가정을 내려놓도록 하자. 세상 어느 곳이라도 전설은 있으며, 어떤 사람일지라도 유래는 있는 것이다. 아주 오랜 옛날 어느 선인이 하늘에서 내려와 들판에서 놀고 있었다. 그런데 이것도 하나의 업보였을까, 무의중에 벼이삭을 따서 먹었는데 별안간 몸이 무거워져서 다시는 하늘로 날아올라 돌아가지 못하고 어쩔 수 없이 지상에 남아서 쌀을 먹으면서 살게 되었다는 이야기다. 이는 인도의 신화라고 하는데, 중국에서도 이와 비슷한 전설이 있다고 한다. 즉, 신농(神農)씨 시절에 벼 씨앗이 하늘에서 떨어졌다는 것이다. 그리고 이를 주은 신농씨가 처음으로 이를 심어 전파시키는 소위 '신농씨의 유업(遺業)'의 기초를 다졌다는 이야기이다. 쌀이 이 땅에 들어 온 것도 물론 중국을 경유한 것은 틀림없겠지만, 그와 비슷한 신화나 전설이 이 땅에 있는지 어떤지에 대해서 나에게는 확실한 기억이 없다. 밭에서 자라는 벼의 역사는 위에서 언급한 것처럼 상당히 오래된 수 천 년 전까지 올라 갈 것이다. 그렇지만 벼를 그다지 크게 식량으로 취급하지 않았다는 것이 사실인 것 같다. 무엇보다도 인간의 가장 경건하면서도, 더구나 존엄한 행사로 여겨 온 상례(喪禮)와 제례(祭禮)에서 쌀을 사용하지 않았다는 것을 헤아려보면 알 수 있다. 오늘날 우리가 보는 것과 같은 쌀 지상주의의 역사도 그다지 먼 선조들의 시대까지는 미치지 않았음을 알 수 있다. 오늘날 우리들이 먹고 있는 논에서 수확되는 벼에서 나오는 쌀은 사실은 지금으로부터 3백여 년 전인 임진(壬辰)년 이후의 일로서, 그 재배법도 타국에서 건너온 군인들에게 배웠다는 사실이다. 이같이 벼는 상당히 짧은 역사임을 알 수 있다. 이뿐만이 아니라 쌀을 주식으로 하는 사람들은 전 세계 인구의 3분의 1에 불과하다는 것이 현재의 상황이다. 그럼에도 불구하고 아무리 가난한 사람이라도 돈을 빌려서까지도 임산부에게는 반드시 미역국에 하얀 쌀밥을 먹이고 있다. 그러나 이같은 모습은 관례로써 제사를 지낼 때에는 하얀 쌀밥이 으레 따르게 마련이었다. 그러나 생일이나 그밖의 명절에 쌀밥을 지어 먹는 습속(習俗)은 의외로 그다지 오래된 것이 아닐지도 모른다. 그리고 나머지 3분의 2의 인구의 경우에는 어떠하였을까? 그들은 하얀 쌀밥 대신에 무엇을 먹었을까? 그리고 잘 차려진 식사에는 반드시 정해진 어떤 것이 따로 있었던 것일까? 이에 대한 표준은 결국 자신이 좋아하는 것을 먹는 것이 좋은 식사라고 할 수 있을 것이다. 어떤 어머니는 촌동네 아이들 사이에서 일어난 싸움에도 흰 쌀밥을 먹는가 못 먹는가로 그 승부를 가리는 표준을 두었다. '우리 아이가 싸움에 자주 지고 울기만 하는 것은 잡곡만을 먹기 때문이다!'라고 자기 자식의 못남과 용기 없음을 이와 같이 변호하였던 것이다. 백성들이 가지고 있는 일생의 염원은 하얀 쌀밥을 먹는 것이었다. 쌀이 잘 재배되는 옥답을 소유하고 있지만, 세상의 흐름과 바깥일에는 어리석고 제 속 차리기에는 명민한 사람이 있었다. 아울러 그는 입 밖으로 나오는 말은 어리숙하지만 제 잇속을 말할 때는 능숙한 어떤 촌부도 그런 전형적인 사람임에 손색이 없는 자격을 가진 이가 있었다. 어느 해 여름날 풀을 없애야 할 시기였다. 그가 어느 날 하루 동안 옆 동네의 어떤 부자집으로 일을 하러 가게 되었다. '나는 언제나 이런 비옥한 땅을 가지게 될 것인가, 죽고 나서야 가지게 될까?'라며 스스로 한탄을 늘어놓으면서 호미로 느릿느릿 김을 매고 있었다. 염불에는 마음이 없고 젯밥에만 마음이 가 있었다. 그래서 어서 빨리 정오가 되어 점심을 먹고 싶었던 것이다. 점심은 다행히도 1할의 보리에 9할의 쌀로 된 하얀 쌀밥이었다. 천재일우의 좋은 기회라는 생각만으로 그는 원도 한도 없이 하얀 쌀밥을 어마어마하게 먹어 치웠다. 그런데 너무 많이 먹어서 그만 자리에서 일어날 수 없을 형편에까지 이르게 된 것이다. 도대체 이를 어쩐다. 오늘 하루 일을 한 임금 품값은 둘째 치고 배가 고통스러워서 어찌할 수 없을 정도로 곤란하였다. 오로지 한 덩어리의 똥이라도 나왔으면 하는 염원을 가지고 그는 드디어 땅을 기다시피해서 밭두렁 끝으로 가서 자세를 취했다. 자세를 잡고 앉아 있지만 아무리 힘을 주어도 똥이 나올 낌새가 없었다. 배는 찢어질 듯한 고통만이… 결국에 그는 어떤 꾀를 생각해 냈다. 주문이라도 외워보면 나아질까 싶어서였다. '아이고! 신령님! 도와주십시오. 어떻게든 똥을 눌 수 있도록 부탁드립니다. 단지 작은 대추열매 정도라도 괜찮습니다….' 라면서 하늘을 올려다보면서 궁시렁거렸다. 오늘 문득 그가 어떻게 일을 하는지를 보고 있던 집주인 노인은, 그의 그런 우스꽝스러운 모습을 하고 앉아 있는 것을 보고 혼자서 빙그레 웃고 있었다. 그렇기는 하지만 그의 소 같은 우둔함에도 행복이 깃들어라! 여생도 그다지 길지 않기 때문에 더욱 더 그렇게 되기를 바랄 뿐이다.

모일.

이 땅의 농업은 여전히 쌀 생산이 대표적이다. 더구나 최근에는 점점 그 징후가 농후해지고 있지는 않나 하는 생각이 짙게 들어서, 이것이 마음에 걸려서 여전히 불안하다. 좋은 현상인지 나쁜 것인지에 대해서는 별도로 하고 무리하게 쌀을 생산하도록 하는 경향은 조금 생각해 볼 문제라고 생각된다. 개간, 개간… 개간 바람에 토지 경기의 거센 광풍에 편승해서 최근 개간 열풍은 상당한 열기를 띠고 있다. 쌀, 쌀이다. 즉, 돈이다, 돈이면 다 치는 것이다. '통제' 이전에는 토지 브로커들이 상당히 부도덕한 행동을 감행했었다. 물론 이를 우리들의 선조들과 비교하면 아무 것도 아니지만 말이다. 그것은 우리 조상들이 오늘날과 같은 방대한 면적을 논으로 전환시켰기 때문이다. 겨우 3백여 년에 불과한 짧은 시간에 이 정도로 논을 개간해서 자손들에게 속속 물려주었던 것이다. 그 고생, 그 고마움을 무엇이라 형언할 수 있겠는가. 지난 몇 년 동안 토지 브로커들의 부도덕한 행동은 이같은 의미에서 크게 동떨어진 차이점이 있기는 하지만 말이다. 단지 그들은 불로소득을 기도하였던 것에 불과하기 때문에 이를 미워하는 마음뿐이다. 역시 내가 가진 이 농토도 처음에는 토지 브로커에 의해서 논으로 전환된, 즉 새롭게 개간된 땅이다. 이 농장에 서서 여러 가지를 생각하였다. 그렇지만 눈앞에 펼쳐져 보이는 광경은 대단히 훌륭하였다. 평야, 촌락, 그리고 하늘과 구름. 평야에는 큰 소와 작은 소들이 방목되어 있으며, 고압선이 늠름하게 서 있는 철탑, 포플라 나무로 된 초록색 성벽, 촌락은 여기 저기 흩어져 있으며, 천변만화하는 구름떼, 생동감 있게 뛰어 날아오르는 이름 모를 새들과 제비와 오리. 쿠보타제작소에서 제조한 7마력반짜리 발동기는 웅웅 소리를 내면서 으르렁거리고 있다. 석유 한 방울이 피 한 방울이라 하는 이 시대에도. 여하간 언제부터인지도 모르게 이 땅의 토지는 이렇게도 넓어졌으며 흘러넘치게 된 것일까. 불가사의한 일이 다. 아니 그다지 불가사의한 일이 아닐지도 모른다. 새롭게 개간한 땅이어서인지 토질이나 수리관계나 기타 사정으로 인해서 밭농사는 잘 진척되지 않는다. 작년에는 때마침 적당한 시기에 큰 비가 내려 강이 범람할 정도여서 강물을 유인하여 쉽게 밭에 씨앗을 뿌렸었다. 하늘의 힘과 사람의 힘 중에서 어느 쪽이 이긴 것일까. 그런데 올해는 그런 하늘의 도움도 없었다. 물론 이 농장에만 한정된 문제는 아닐 것이다. 원래부터 비옥해서 경작에 편리한 밭 이외에, 이 땅이나 저 땅이나 할 것 없이 예전에는 없었던 괄시를 받고 있다. 쌀 생산 지상주의에 대해서 다시 한 번 생각해볼 여지는 없는 것일까. 물론 이와 같은 현상이 쌀 생산에 편중되어 있기 때문에 일어난 결과라고만 할 수는 없다. 사람의 노동력 부족도 하나의 큰 원인이라고 생각하고 있다.

모일.

수음초(水陰草)라고도 하는 벼. 벼의 성장에는 3단계시기로 나뉜다. 제1시기는 '모내기하고 3일, 솥을 떼어 둘러메고 도망간다'는 속담처럼 매우 바쁜 시기이다. 모내기 이후 얼마 지나지 않아 시작되는 제초, 이후부터는 푸르게 무럭무럭 자라나는 시기이다. 제2시기는 충분히 성장한 다음에 누렇게 익어가는 때이고, 제3시기는 나락이 되어서 가마니에 담는 추수하는 때를 가리킨다. '추수동장(秋收冬藏)'이라는 말은 지금은 이미 시대에 뒤떨어진 옛말이 되었지만, 개념적으로는 이 추수동장의 계절이 그래도 농부에게는 제일 반갑고 즐거운 시기이다. 어느 친절한 농민연구학자의 통계에 의하면 농민 한 사람이 여름 6개월 동안에 매일 흘리는 땀의 양이 6홉이고, 겨울을 중심으로 한 6개월 동안에 매일 흘리는 땀의 양은 3홉이라고 하였다. 이를 1년을 합계하면, 1섬 6말 4되 3홉이라 한다. 다시 이를 식량으로 환산하면 사람이 하루에 먹는 3홉의 쌀에는 12만 5천 방울의 땀이 들어가 있다는 것이다. 이런 너무나도 친절한 연구자의 말을 빌리지 않더라도 옛날부터 쌀은 피와 땀이 뭉쳐진 결과물로서 노력에 대한 하사품이라 일컬어져 왔다. 그렇다고는 하지만 괴로움만 있는 것은 아니다. 즐거움도 있는 것이다.

듬성듬성 수확 작업이 시작되었다. 정말로 바쁘다. 바쁘지만 최후의 골을 향한 목표로 가슴은 벌떡벌떡 뛴다. 물론 희망의 두근거림이다. 수확을 눈앞에 두고 쌀밥으로 배를 가득 채우고, 있는 힘껏 모든 노력을 다해서 일을 한다.

모일.

파드득 파드득 나는 솔개가 끊임없이 울면서 푸른 하늘에 둥그런 고리모양을 그리면서 선회하고 있다. 얼마간의 따스한 햇살, 이 산 저 산에는 단풍이 물드는 나무들. 들판에는 점점이 쌓아올려지는 볏단. 벌써 곳곳에서는 벼를 추수한 자리에 땅을 일구어 보리 씨앗을 파종하고 있는 사람들. 목화를 따기에 여념이 없는 어머니와 딸. 빨리 목화를 처리하고 보리 종자를 심기 위해서일 것이다. 붕붕 소리를 내는 탈곡기 소리가 얼마나 믿음직스러운가. 이 땅의 헤아릴 수 없는 많은 자손들 중의 하나인 천손이는 활기차게 페달을 계속 밟고 있다. 볏단을 일하기 쉽게 적당량을 만들어 페달을 밟는 사람의 손으로 전달해 준다. 그런데 손으로 전달해 주기가 곤란할 정도로 정말 짧은 한 순간에 벼에서 나락은 떨어져 나간다. 황금의 낟알이 점점 높이 쌓인다. 그럴수록 천손이의 얼굴은 땀범벅이 된다. 땀, 땀, 땀이 없이 어찌 노력의 결과물을 얻을 수 있겠는가. 천손이는 태어나 머리에 털이 난 이후로 계속해서 땀을 흘리면서 살아오고 있다. 지금 우리가 먹고 입는 것에 그다지 힘들어 하지 않게 된 것도 이들 수많은 천손이들이 땀을 흘린 은혜이고 덕택이다. 불가사의할 정도로 힘을 쏟아 일을 하는 천손이와 천손이를 닮은 이 땅의 숱한 천손이들에게 미안한 마음이 든다. 그런데 이상한 것은 사람들은 이렇게 열심히 일을 하고 있음에도 불구하고 '유지'라고 하는 아무개씨는 도대체 어찌 되어먹은 사람이란 말인가. 정신적인 노력은 물론 육체적인 노력도 전혀 없다. 도대체 어떤 마음을 가지고 있는 자인지 정체를 알 수 없는 인간이다. 남녀노소가 총동원이 되어서 일을 하고 있는 이때 그자만이 오롯이 의복을 정제하고는 손은 뒷짐을 지고 건들건들하는 것이 이 판국에는 도대체 전혀 맞지 않다. 마치 산책이라도 나가려는 것은 아니겠지만, 사람들이 일을 하고 있는 것을 구경이라도 하는 양 어슬렁거리고 있다. 자신의 가족들마저도 지저분해진 옷을 걸치고 열심히 일하고 있지 않는가. 그의 양심이 의심스럽다. 참으로 시대에 뒤떨어진 '구체제'적인 '유지'이다. 천손이와 그밖의 사람들이 온 종일 일한 성과는 겨우 나락 13가마니이다. 내일이면 '조생(早生)종 나락'으로 공판(협동조합을 통해서 그 생산물을 공동판매)에 내 보낼 예정이다. 해는 이미 저물어서 땅위의 물건이 분별할 수 없는 시각, 살갗에 쌀쌀한 기운이 들 때까지 일은 계속되었다. 그러나 이 정도로 쉽게 일을 마칠 수 있게 된 것도 탈곡기가 도입 된 이후의 일로서, 탈곡기도 없었던 시절에는 생각할 수도 없이 고생이 막심했었다. 지금의 〈다

마금〉, 〈곡량〉, 〈풍옥〉 등등의 개량종 벼가 아직 보급되기 전에는, 타타배라고 하는 재래종을 심던 시대에는 벼농사 규모도 상당히 작았기 때문에 홀태(납작한 쇠못을 나무판에 촘촘히 박고 그 사이에 벼이삭을 끼워서 훑는 탈곡기구)로 벼를 훑었던 것이다. 두 쪽으로 뾰족뾰족하게 갈라진 철 젓가락처럼 생긴 도구 사이에 끼워 넣고 흔들흔들 잡아끌면서 벼 이삭을 훑었던 형편이었다. 내가 4,5살, 아니 5,6살 무렵의 일이었을 것이다. 돌아가신 할머니는 그 홀태로 벼훑기를 잘도 하셨었다. 그렇게 힘들게 일하시는 할머니 모습을 보고 마침내 부친이 시장에서 새로운 도급기(稻扱機)를 사 들여왔다. 그때 이를 보고 매우 신기해했던 기억을 하고 있다. 그것이 어느새 마을에서 그네가 자취를 감추게 되는 좋은 징조의 서막이 되었던 것이다. 이것이 발단이 되어 새로운 농기구인 도급기가 마을로 들어오게 된 것은, 부친으로부터 시작된 것이라 할 수 있다. 현미로 도정할 수 있는 기구, 깊게 땅을 갈 수 있는 쟁기, 선풍기, 석유발동기도 모두 부친의 도입으로부터 시작된 것이었다. 도급기에 대해서 말하자면, 지금처럼 발로 밟는 탈곡기가 처음으로 마을에 나타난 것도 물론 부친의 손으로부터 시작되었다. 그것은 그렇다 치고, 예전 그네를 사용하던 시절의 수확과 지금처럼 탈곡기를 사용하게 된 시대의 수확은 비교를 할 수 없을 정도로 이른바 천양지차이다. 같은 면적의 밭, 예를 들면 현재 1두락에서 평균 두 섬이었던 것이 옛날에는 두 말 조금 더 나온 정도라고 한다. 그 원인은 주로 비료 덕분일 것이다. 하얀 쌀밥이 오늘날과 같은 정도로 일반화된 것도 사실은 겨우 수십 년 내외에서 일어난 현상이다. 특별히 쌀이 농부들의 주요한 식량은 아니었다. 잡곡이야말로 그들의 일반적인 식량이었던 것이다. '쌀 천배'로 결국에는 '쌀 전매'를 주장하는 사람도 있다고는 하지만, 중앙공론(中央公論) 9월호에 게재된 니시미야(西宮)씨의 '쌀 전매제도'보다는, 오히려 앞으로는 쌀을 생산하는 농부들에게 넉넉하게 쌀밥을 먹도록 하게 함으로써 앞으로 더욱 더 분발하여 몇 배 더 많이 생산하도록 유도해야 하지 않을까. 쌀만 많이 생산된다면, 새롭게 표어가 만들어져 보급되고 있는 '대용식 시대'라는 말도 간단하게 해소될 것이다. 단, 쌀농사를 크게 장려하는 것은 좋지만, 그러나 이 시대의 쌀 만능주의에 대해서는 자기비판이 필요하다고 본다. 생산 확충이란 것이 무조건 쌀농사 지상주의를 의미하는 것이 아니라는 것은 이미 알려진 대로이다. 그렇지만 역시 쌀은 우리들에게 있어서 주요한 식량임에는 틀림없는 사실이므로 어찌할 수 없을지도 모른다.

모일.

10년 가까운 어느 해, 일확천금을 꿈꾸면서 마을을 떠난 부재지주 아무개도 드디어 시골로 다시 돌아 왔다는 소식이 들려왔다. 애첩까지 데리고서 돌아왔다는 것이다. 시골이 보다 더 행복하니까라고 말하면서 돌아왔다는 것이다. 도회지 사람들은 자꾸만 시골생활을 찬미한다. '시골'이란 미개발된 땅, 세상물정에 어두운 자들만이 살고 있는 더러운 곳이라고 인정하던 그들의 고루한 인식이 이를 계기로 깨끗하게 시정되었을지는 모르겠다. 한때, 너도 나도 서로 선두를 경쟁하듯 마을을 버리고 떠난 자들, 이제 와서 향수라도 새롭게 느낀 모양이다. 일찍이 노동을 경멸하는 유한층, 드디어 노동에 대한 본질을 마치 이해라도 한 것인 양 '아~ 시골은 행복하다. 시골은 좋다'라고 입버릇처럼 말하고 있다. 그러나 실상은 쌀 생산지이기 때문일 것이다. 시골에서 농사를 도와주는 것은 천한 일이라 여기고, 도회지는 활기가 있어 좋고, 생동

감이 있다며 제 멋대로 마을을 버리고 도망치듯 나가서 행방을 감춘 여공(女工)도 요전에 끈달아서 고향으로 돌아왔다. 하얀 쌀밥을 먹으면서 이 밥이 그리워서 울 정도였다는 이야기가 들려온다. '근로보국대'에서 교대근무를 마치고 고향으로 돌아 온 어떤 총각은 오랜만의 맛있는 하얀 쌀밥을 너무나 많이 먹어서 5,6일간이나 잠만 잤다는 이야기가 들려온다. "밥이 그렇게 맛있었어?"라고 물으니 "헤헤헤…"라며 비루한 웃음을 웃고 있을 뿐이더란 것이었다. 그들에게 있어서 고향땅에서 지냈던 기억은 이미 지난 과거가 된 어느 날 먹었던 하얀 쌀밥이 생각이 났을 것이다. 이 세상과 격리된 먼 곳에서 한 톨의 쌀이 들어간 밥이 얼마나 감사하고 귀중한 것인가를 통감하였을 것이다. 역시 쌀은 우리들에 있어서 주요한 생명이 될 만한 충분한 자질을 가지고 있는 것 같다. 쌀의 지위는 날마다 점점 높아져 가고 있다. 여러 사람들이 모여 있는 항간에서 떠도는 쌀에 관한 수많은 이야기들을 여기에 전부 다 쓸 수가 없지만, 어쨌든 쌀에 대한 소중한 가치는 충분히 알려져 있어서 한 톨의 하얀 쌀이 한 조각의 황금보다 뛰어나다는 사실을 크게 명심하지 않으면 안 될 시대가 되었다. 그러나 한 톨의 하얀 쌀이 한 조각 황금보다는 낫다고는 하지만 자식인들에게는 이런 생각이 미치지 못한다는 것을 알지 않으면 안될 것이다. 인간이 있고 난 뒤에야 쌀도 황금도 있는 것이다. 생산 확충도 결국에는 농부의 손으로 이룩되는 것이다. 우리들은 삶에 대한 절대적인 신념을 가지도록 스스로 힘써 마음을 가다듬어야만 한다. 그래서 인간을 무엇보다도 존중해야 옳을 것이다. 쌀과 사람의 지위에 있어서 이것이 먼저냐 저것이 나중이냐에 대해서 서로 충돌해서는 매우 곤란하다. 경성(京城) 일대를 중심으로 하는 각 기차역의 풍경 중에서 특히 부인들의 모습을 보고 통상 갖지 못한 감정을 느졌다. 얼마 전 신문에 발표된 쌀 단속에 관한 상부의 '경고'는 이러한 소식을 전해 주는 한 단면일 것이다. 역시 쌀보다 사람이 먼저라는 사실을 배워야 할 것이다.

(「동양지광」, 1942. 12.)

묘墓

이른 봄. 음력 10월이다. 바람은 조금 차지만 아직은 온기가 남아있는 맑고 깨끗한 햇볕. 가을 추수도 거의 끝나갈 무렵의 전원 풍경은 다소 삭막하고 황량한 모습을 보이고 있다. 아득히 저 멀리 평야의 끝에서 웅크리고 앉아있는 잣나무 봉우리, 흡사 근해에 정박 중인 흑선(黑船 : 서양배)같다. 보기가 그다지 좋지 않다. 황구지천의 명물인 포플라 나무는 물론 어느새 맨몸이 되어버린 백양나무도 쓸쓸한 바람에 잦아들고 있는 것이 머지않아 우악스럽게 불어 올 겨울 바람을 어떻게 견뎌낼 작정일까라는 걱정이 앞선다. 들판의 거인인 무쇠로 만들어진 고압선 철탑은 한층 더 괴기스럽기만 보인다. 아무리 보아도 보기에도 좁고 작게 보이는 회색으로 칠해진 듯한 마을들의 초가지붕. 농부들이 사는 주거이다. 굴뚝에서 연기가 나오는 것을 보고 나서야 비로소 안심할 수 있다. 추수가 끝난 논에 남겨진 벼 밑둥이조차도 이미 말라 있지만 농부들의 일은 아직도 쌓여 있다. '농한기'라는 멋스러운 말은 이미 허용되지 않는 시대가 되어 있었다. 쉬지도 못하고 놀지도 못하고 그저 일을 하지 않으면 안 된다. 이 일이 끝나고 나면 바로 또 저 일도 해야 하는, 그래서 촌각도 허투루 할 수 없는 농부들에게 어디에서 이런 건전한 정신적인 힘이 아주 깊고 야무지게 담겨져 있는 것일까. 불가사의하게도 그들은 제삿날처럼 바쁜 날이라 할지라도 자신들의 아이를 단 하루라도 놀리고만 있지 않을 것임에는 절대 틀림없다.

낙엽이 뒤덮인 선산, 종중 소유의 종산(宗山)에서는 예년처럼 '시제(時祭)'가 거행된다. 음력 10월 어느 날이었다. 옛날의 신분이야 어찌 되었건간에 요즘 시대에는 그들도 나도 모두가 양반이다. '종(宗)'이 있고 '종토(宗土)'가 있으면 반드시 선조의 묘역에서 시제를 지내는 것이다. 그 축문에서 이르기를 "…기서유역(氣序流易) 상로기강(霜露旣降) 담소봉형(瞻掃封塋) 부승영모(不勝永慕)…" 운운 한다. 이와 같이 시제를 지내는 것은 확실히 순풍미속(醇風美俗) 중의 하나이지만, 세월의 흐름에 따라 시제 자체에 대한 근본적인 재검토가 필요한 것이 아닐까하는 것이 현 상태이다. 이런 현실에 놓여 있다는 것이 지극히 어처구니가 없다. 그것은 존엄미라고는 전혀 없는 형식적인 측면에만 치우쳐 있으며, 불결하며 운치가 없으며, 화기애애한 화목이 결여되어 있어서 오로지 먹고 마시기 위한 소행 같아만 보이기 때문이다. 물론 선조를 소중히 하는 것은 나쁜 일은 아니다. 선조가 없다면 자신도 있을 수 없기 때문이다. 자신을 소중하게 여기는 것 이상으로 선조를 소중히 한다는 것에 아무런 이견이 낄 수 없다는 것은 상식이리라. 북경의 고우재(苦雨齋) 주인장 주작인(周作人)은 일찍이 "선조숭배는 부락시대의 야만적인 풍습이다. 우리들은 선조숭배를 폐하고 자기숭배와 자손숭배로 바꾸지 않으면 안된다"라고 하였다지만, 그것은 주선생의 미적 감각에서 말한 것에 지나지 않는, 이를테면 고급스럽게 비유한 것에 불과하리라. 그것도 아니라면 일시적으로 흥분해서 그렇게 말했음에 틀림없을 것이다. 선조숭배가 부락시대의 유풍이라는 것, 그러나 이 유풍이라는 것은 확실히 지역을 넘어서는 어떤 공통점이 없지 않을까 하고 깊이 생각해 본다. 이 땅에서도 최근 수십 년 전까지는 묘에 관한 송사가 매우 소란스러웠다고 한다. 오늘날도 여전히 이와 같은 야만스러운 풍속이 이따금 남아 있기는 하는 듯하다. 우리들의 선조는 묘지 분쟁을 인생 일대에서 꼭 한번은 해야만 해야 할 일이라고 여기는 듯하였던 모양이다. 스스로 그렇게 결정짓고는 그같은 소송을 한 것 같다. 그 쟁송의 하나는 다른 성씨와 서로 다투는 수단으로써, 두 번째로는 풍수지리설에 따라서 무엇을 옮기고자 할 때 백골과 묘소를 유일한 도구로 삼았던 것이다. 소위 토반(土班)이라도 되는 자의 집에는 반드시 몇 장인가의 오랜 된 조선식 종이에 간곡히 쓰어진 산(山) 소송 따위가 적혀 있는 종이가 있을 것이다. 그것은 성주(城主) 앞으로 "…모소거민(某所居民) 유학모단자(幼學某單子) 공(恐) 감복이민지모산재어치하(鑑伏以民之某山在於治下)…" 운운 하는 매우 한탄스러워 하며 슬픔에 겨워하는 글이다. 그리고 따뜻한 인정에 호소하는 가슴이 불타오르는 진정서이다. 성주의 수결에 각각 초서(草書)로 '제사(題辭 : 백성이 제출한 소장에 쓰던 관부의 판결이나 지령)'를 쓰고 관인이 날인되어 있다. 이것이 제판을 처리해야 했던 당시 관리를 한 자들조차도 머리를 아프게 하였을 증거품인 것이다. 그렇지만 이것에도 한 가지 예외가 있었다. 그것은 무슨 정승, 무슨무슨 대장과 같은 고관대작의 집에서는 아무 것도 두려워하거나 거리낌 없이 당당하게 타인의 산에, 이미 조성되어 있는 묘지를 이장을 시켜서라도 제멋대로 제 조상을 매장하였다. 더구나 어처구니없는 것은 묘지와 가까운 일대의 산들을 소위 '금향(禁向)'이라 해서 이를 무상 몰수하였던 것이다. 이런 강압적인 권력을 사용한 자나 그 자손이 이 시대가 되어서는 대부분은 패가망신이라는 어려운 지경으로 전락한 것은 도대체 어찌된 운명의 장난이란 말인가.

요즘 같은 세상이 되어서 생각해 보면 묘지 이야기도 상당히 번거롭고 귀찮은 일이기는 하다. 동시에 나의 이 작은 뇌 속에는 몇 천, 몇 만 권의 묘지 기록을 쓸 정도의 이야기 원천이 들어 있음에 스스로 생각해도 오싹해 진다. 편집부 선생이 "당신이 최근 쓰는 것들은 너무 길어서 괴롭다"라는 주의를 번번이 들었다. "이런, 바보 같은, 당신도 생각해 보시오. 글을 쓰는 사람에게 글의 길고 짧음을 말하는 것, 그것이야말로 구체제적인 저널리즘의 악습이 아니오. 단 한 줄로 모든 것을 표현해야 할 경우도 있지만, 책 한 권으로도 부족한 경우도 있지 않겠소?"라고 항변을 하는 것까지는 너무한다 싶어 그만 두기는 하였다. 사실 요즈음 매우 바쁜 몸이기 때문이기도 하지만, 가능한 간단하고 짧게 쓰려고 한다. 그러나 다음의 두 세 가지 이야기는 꼭 모두에게 소개하는 영광을 얻었으면 한다. 그것은 왜일까? 그것은 이 이야기가 없으면, 이 글이 엉거주춤해져서 말이 안 되게 되어버리기 때문이다.

어떤 마을에 한 상민(常民) 출신의 부자가 있었다. 부친은 벙어리이고, 더구나 원시형 그 자체였지만, 아들은 또랑또랑한 근대형 청년이었다. 그는 자신이 살고 있는 동네에 궁궐에 필적하는 크나 큰 기와집을 지었다. 옛날이라면 그런 방자함을 꿈속에서라도 생각할 수 없었을 것이다. 또한, 그는 조부모의 묘를 완전히 새롭게 개장해서 장상(將相)의 묘에도 지지 않을 만큼의 굉장한 석물(石物)에 지난 일을 세기고, 이를 새롭게 세웠다. 당당하게 보이는 신도비마저 건립하였다. 사람들은 말한다. 묘지가 명당자리이기 때문에 그 집이 그렇게 큰 부자가 되었을 것이라고.

여기에 예외 없이 비슷한 이야기가 하나 더 있다. 어느 마을에서 일어난 일이다. 이 이야기도 역시 상민 출신 어느 부자의 이야기다. 그런데 그는 우암(尤庵) 송시열(宋時烈) 선생의 후손이라 자칭함으로써 문제가 조금 커졌다. 그들 일족에게 있어 모관모씨(某貫某氏)가 된다는 것은 '근본'을 모르는 상민이 된다는 것을 의미하였다. 이 일족은 서울의 아무개 양반 대가의 마름, 즉 토지관리자였던 것이다. 마름 노릇을 해서 한 밑천을 잡은 이 사람이 매우 교활한 자라는 사실 등은 근린에 사는 사람들은 모두 이미 알고 있지만, 자칭 우암의 후예라는 것을 아는 사람은 극히 드물었다. 그것도 지극히 당연한 것이 사교 상으로나, 또는 족보 상에나 나와 있는 것에 지나지 않기 때문이었다. 아울러 이렇게 한정시킬 수밖에 없는 것이 '숨기고 싶은 뒷거래'이었기 때문이었다. 대외적인 '교제'나 혼인관계에서는 우선 양반이 무엇보다도 유리하다. 하루아침에 벼락부자가 되고 나면 '교제'는 으레 따르게 마련인데, 이때 교제와 함께 첩(妾), 그리고 축음기, 그 다음으로 선영의 산소개장, 즉 선조의 묘를 훌륭하게 만드는 일이다. 아무개의 아들들은 부모가 돌아가시고 난 이후에서야 각각 모두 소원을 성취하게 되어 겨우 '높은 사람'들과 교제도 할 수 있게 되었다. 가짜로 위장된 양반이 아닌 진짜 양반(단 아직도 빈곤의 나락에 있는)의 자녀와 자신의 자식을 결혼도 시키게 되었다. 첩도, 축음기도 모두 골고루 세세한 것까지 갖추게 되었었는데, 불행한 것이 단 하나 있었다. 다름 아닌 부모 묘지 앞에 석물을 세우지 못하고 있는 것이다. 망주석, 상석 등등은 물론이려니와 '모공휘모지묘(某公諱某之墓)'라고 하는 석비조차도 세울 수 없었다. 풍수설에 의하면, 그 묘를 훌륭하게 단장을 할 때는 크나 큰 화가 후손에게 미칠 것이라는 것이다. 그래서 변변히 봉분의 개수조차 할 수 없다고 한다. 앞에서 이야기한 송우암(宋尤庵) 후손의 묘지도 실체가 없어져 버렸다. 왜냐면 그 이유는 지극히 간명하다. 한때 항간에 넘쳐흘렀던 가련한 족보 브로커에 의해서 모관모씨(某貫某氏)의 세보(世譜)계열 중에서 비어 있는 공란에 편입시킴으로써 그 족보 속에 들어가는 것으로 하였기 때문이다.

'현재의 불행이 선조의 소위'라면서 몇 백 년도 지난 선대의 묘를 파헤쳐서 화장을 한다거나 이장(移葬, 緬禮)을 한다거나 하는 야만적인 풍습도 그렇게 간단하게 보아 넘길 문제가 아니다. 쓸쓸하게 이 세상을 떠난 어느 청년의 묘를 엉망진창으로 파헤친 다음에, 더구나 썩어 있는 시체를 꺼내서 불에 태워버린 통탄할 미신적인 행위는 용서할 수가 없다. 애처롭고 가엾은 기억이다. 그 작은 묘가 파헤쳐지는 처참한 모습. 아! 무슨 묘 이야기를 하려는 것이 아니다! '우리의 아들이여! 너는 어떻게 이렇게도 무참하게…' 철쭉꽃에 둘러싸여 있는 흙덩어리로 된 작은 봉분은, 그러나 아무 말이 없다.

시골길을 걸으면 길옆으로 얼마나 많은 큰 묘, 작은 묘가 있는지 볼수 있다. 사람은 누구나가 이 수많은 묘들을 보고 일반적으로는 얻기어려운 감정을 받지 않을까 싶다. 어느 작가는 그의 저작물에서 생과 사를 말하고, 묘 이야기를 하였다. 그리고 결국은 페시미즘(염세주의, 비관주의)까지 흘러간 당시의 페이소스는 아무리 생각해 보아도 분하고 유감스러운 지나간 과거에 일어난 단순한 한 페이지라고 매듭지어 버린다. 그렇지만 '미완성의 성녀' 채용신 양이 남긴 깨끗한 천곡(泉谷) 위의 산봉우리에 있는 쓸쓸한 묘지는 영원히 지워지지 않는 기억이 될 것이다.

밭머리에 꿰맨 듯이 늘어서 있는 초라한 주인 없는 오래된 무덤. 이곳저곳에 흩어져 있는 묘는 너무도 많다. 이런 상태로 간다면 죽은 자를 장사지낼 땅은 물론이려니와 산 사람들이 살아갈 땅이 없어질 위험성이 있다. 묘지가 있었던 땅 위에 집을 짓고 밭을 경작하고 있는지도 모를 일이다. 다분히 이같은 사항들을 고려하여 공동묘지제도가 실시되었을 것이다. 그렇기는 하지만 그렇게도 많은 묘지에 묘지를 나타내는 표식 하나 세우지 않는 것은 무엇 때문일까. 공동묘지는 이제 와서야 겨우 묘지 표식이나 석물을 세우는 관례가 생겨난 것도 '개화' 이후부터로써, 그러나 아직도 보편화는 되어 있지 않는 것이 현재 상황이다.

왠지 묘지와 비석은 이신동체(異身同體)와 같이 분명히 다른 것이기는 하지만 함께 있어야만 제격으로 보인다. 묘가 있는 곳에 비석이 없으면 확실히 한층 더 쓸쓸하다. 묘지는 인생 최후의 유기적인 유산이다. 비석은 그 유산의 등기부 같은 것이다. 그래서 묘지의 표식이나, 또는 일반적인 석비에 대해서 나는 대체로 의미 있는 것이라 여기고 있었다. 그러나 최근에 화려하게 세운 여러 종류의 석물이나 석비에 대해서는 어떤 종류의 경멸감을 안고 있다. 무슨무슨 신도비, 자선비, 송덕비, 기념비… 등등 그런 것들은 낡아 추레해져 있거나, 또는 쓰러져 거의 반쯤 묻혀있는 구읍내 초입에 서 있는 '현감'들의 선정비 같은 것으로써 멸시해도 좋은 대상이라고 본다. 왜일까? 그것은 대부분 돈과 권력의 화신으로써 만들어진 것이기 때문이다. 이 경우, 아무리 악독한 짓으로 돈을 벌었던, 아무리 부정을 저지른 자라 할지라도 비문에는 훌륭하고 선량하며 정의로운 사람이라 기록되어 있다.

사람들은 해괴망측한 궤변이라며 혀를 찰지도 모른다. 그러나 냉정하게 자기반성해 보는 것이 좋을 것이다.

그리고 반드시 없애지 않으면 안 될 것을 이야기 해 본다. 묘지가 있는데 표식 하나 보이지 않는 것은 얼마나 쓸쓸해 보이는가. 어느 조용하고 깨끗한 곳에 세워져 있는 아무개 거사, 아무개 산인, 아무개 선생 등의 극히 간소한 묘비를 연상해 본다. 생각은 고상한 것이다. 지난해 송도(松都)에서 있었던 시제 때, 본의 아니게 「열하일기(熱河日記)」를 쓴 저작자의 묘를 참배할 기회가 있었는데, 너무나도 의외로 그 모습이 살풍경하였다. '이것이 정말로 연암(燕巖)의 묘인가'라는 어리석은 질문을 연발할 정도였다. 감개무량이라 말한다면 조금은 이상하게 들릴지도 모르겠지만, 이것은 전혀 씨족적인 관념에서 나온 이야기가 아니다. 한 사람의 고매한 학자로서 그의 묘가 정말로 이런 모습으로 있었다는 것은 상상조차 할 수 없었던 것이다. 너무도 희한한 일이 아닐 수 없었다. 주인 없는 오래된 무덤과 아무런 차이점이 없었다. 묘지 뒤로는 도로이고, 앞쪽으로는 밭이며, 묘지 표식도 아무 것도 없이 결국에는 선산조차도 팔아 버렸다는 것이다. 얼마인가 전에 처음으로 대정(大正) 초에 조선연구회에서 발행한 「연암외집(燕巖外集 : 열하일기)」을 입수하여 읽어보니 곳곳에 묘지 이야기가 쓰여 있어서 묘한 느낌이 들었다. 연암 선생의 묘지 이야기가 나와 있어서 그 때의 기억이 새로워져 몸 둘 바를 몰랐었다. '연암선생(燕巖先生)'이라는 단 4자로 된 볼품없는 표석이라도 그의 묘지 앞에 세워 주고 싶다.

묘 이야기에 '지관' 이야기가 빠진다는 것은 건물 이야기를 하는데 목수 이야기가 빠진 것과 같이 격에 어울리지 않는다. 3명의 지관에 대해서 대략적으로 그려 보고자 한다. 한 사람은 아무개 주사인데 다른 사람의 묘지를 보아주는 기사로서 일생을 보냈는데도 불구하고 아무 것도 기록할 만한 것이 없는 일생이었다. 아내를 두 명이나 먼저 보냈기 때문에 가정적으로도 행복하지 않았으며, 깨끗한 의복을 입어보지도 못했으며, 빈곤도 피하지 못했다. 또 다른 한 사람은 상당히 괴이한 버릇을 가진 사람인데, 더구나 입버릇으로 '고소랑, 고소랑…'이라는 그의 특유의 말끝마다 조사를 붙여 말하는 버릇 때문에 처음 듣는 사람은 이야기의 실마리를 잡는데 애를 먹는다. 처음 만나는 사람으로서는 깜짝 놀랄 정도이다. 그래서 별명도 '고소랑'으로 통용되는 그도 이름이 상당히 알려진 지관일 뿐만 아니라, 일부 나이 먹은 구세대 사람들에게는 학자로써, 또는 뜻을 가진 지사(志士)로써 인정받고 있었다. 일찍이 "내가 정치를 하였다면 이렇게는 되지 않았을 것이다"라고 호언장담하는 그이지만, 실은 무엇 하나 내세울 것 없는 사람으로 학자도 아니며, 그렇다고 지사도 아니었다. 하찮은 재산과 문벌 덕택으로 사람들로부터 떠받들어진 것에 불과하였다. 마을의 어느 상민 노파를 집으로 끌어 들이는 등 매우 추한 모습을 보인 그저 노인네에 불과하였다. 아이도 없어 결국에는 어딘가 멀리서 양자를 데려와 후사를 삼았지만, 늘그막에 이르러서는 일가를 모두 거느리고 경성으로 이주하였다. 그는 끝내 객사를 하고 나서야 차가운 시체가 되어 선산으로 돌아왔다. 또 다른 한 사람도 역시 지관인데 그의 정체는 지극히 아리송한 수상적은 사람으로서 정신적으로 무언가 정상적이지 못한 것 같았다. 원적지는 전라도인데, 어떤 내용인지는 모르겠으나 좋지 않은 사연을 안고 경기도까지 흘러들어 온 것이다. 그는 어쩌다가 '접신(接神)'을 한다면서 신과 친밀하다고 자랑을 일삼는다. 이를테면 신과 접신하는 '지관'이므로 자기야말로 훌륭하다는 것이다. 그렇지만 그는 아내도 없으며 아이도 없어서 그저 단지 무같이 오로지 혼자 살고 있었는데, 요즈음은 거의 걸인 모습을 하고 있다. 무릇 '지관'이라는 사람들은 모두가 불행하다. 도선(道詵)의 후예라는 명예가 그들에게는 남아 있다고는 하지만, 도대체 백골이 산 사람에게 부귀영화를 가져다 준다고 맹신하는 우매한 사람이라는 불명예는 어찌 할 수 없을 것이다. 풍수설의 실제적이며 사회적인 근거는 별도 문제로 한다고 하더라도, 어찌되었건 조금이라도 과학을 믿는 백성이 되었으면 하고 바란다.

더불어서 이야기하지만, 작년에 동행하였던 제관 중에서 풍수지리설에 뛰어난 '지관'이라는 사람이 말하기를 "연암 선생의 묘지는 좋지 않다. 묘지가 이런 곳에 있어서는 묘를 지키고 돌보아 줄 후사가 있을 수 없다"라고 단언하였다. 땅 집고 헤엄을 치는 자이다. 이미 확실히 알려진 사실을 굳이 큰소리치는 것에 불과하였다.

그러나, 불쌍한 소녀의 무덤은 어떻게 된 일일까. 우선 묘지 이야기부터 해 볼까? '지관'에 의해서 선택되지 않았다는 것이 도리어 안심할 수는 있지만, 음습한 땅이 아니고 햇볕이 잘 드는 양지인 것이 마음속으로 은근히 불안해서 참을 수가 없었다. 친구에게라도 물어 보는 것은 오히려 괴로운 일이었다. 오로지 상상에 맡길 수밖에는 없었다. 중국의 어느 불란서풍의 산문가는 "위태로운 바위 절벽 아래로 내려가서 앉아 있는 매가 명상에 잠긴 모습을 상상해 본다. 그리고 살포시 앉아 있는 이 매는 시를 읊는다"라고 말했다. 이같이 「화몽록(畵夢錄)」의 저자(何其芳 : 중국의 시인 겸 문예평론가)는 어느 소녀의 '묘'를 이와 같은 모습으로 생각하였던 것일까. '계곡의 흐르는 물가에 세워진 작은 묘비 하나' '여기에 아름다운 한 영혼이 잠들어 있다. 이곳에 잠들어 있는 사람은 한 농부의 딸이다. 그녀의 16살 조용한 세월은 새로 이엉을 얹은 지붕 밑에서 떠났다. 그녀는 초원에서 풀을 뜯고 있는 양의 뿔끝처럼 새롭게 솟아올라 다시 태어 날 것이다. 이승의 풍진을 털어내듯 손을 씻으면서 그녀의 쓸쓸한 가슴에 대답하듯 옷 찢는 소리를 내는 연못가를 지나가 영면하였을 것이다. 그녀는 까만 눈동자, 까만색 머릿결, 연한 보리색깔 같은 살결을 가지고 있었다…' '그녀는 온화한 마음씨를 가지고 있었다. 그리고 그녀는 매우 상냥한 말씨를 사용했으며, 항상 겸양하는 마음씨를 가지고 있었다.' '그녀에게는 너무도 많은 소꿉친구들이 있었다…'

그러나, 솔방울처럼 많은 소녀들과 비교해 보아도 그 소녀는 너무나도 현격히 다른 성장과정을 가졌었다. 너무나도 고독한 소녀였다. 아름답게 웃기 직전의 모습은 차가운 서리가 내린듯 하였던 것이다. 어딘가 작은 묘지 안에 잠이 든 영혼, 그것은 슬픈 영혼이다.

'너는 어째서…' '…' 대답이 없다. '농가의 딸로 태어나 솔방울처럼 많은 농부의 딸들과 친구로 함께 하면서 강하게 살아갔으면 좋았을 것을…' '…' 역시 대답이 없다. '시골로 돌아가 낮에는 밭을 일구고, 밤에는 책을 읽고…' '…' '그렇지만 너는 그렇게도 무서운 짓을, 최후를 자신이, 스스로, 스스로…' '…' '도대체 너에게 있어서는 사랑이었나? 돈이었나? 그것도 아니라면 무엇이…?' '…' '고독하게 살았던 소녀, 고독하게 죽은 ○○○之墓' 이런 묘비라도 세워진 것일까.

초겨울의 해질녘. 들판은 오로지 회색의 적막과 새하얀 눈으로 덮여있다. 소녀의 작은 묘지에도 눈은 쌓여 있겠지. 까치는 왁자지껄 울면서 날아가고, 참새는 쨱쨱 소리로 열심히 지저귄다. 그럼에도 소녀는 변함없이 침묵을 지키고 있다. (1942년 11월)

(「동양지광」, 1943. 1)

목화 綿

　낡아서 추레해진 사랑채가 있는 객간(客間) 바깥벽에는 '면작보국(棉作報國), 계획생산, 목화는 탄약이다. 의류이다. ○○도(道), ○○도농회(道農會)' 운운이라 써진 흙이 묻은 포스터가 '국민총력○○동(洞) 부락연맹'이라는 간판과 함께 나란히 붙여져 있었다. 목화의 역할이 지극히 중대하다는 것이 절절히 느껴진다. 실제로 풍작으로 공판장에 산처럼 쌓여 있는 목화! 목화! 보기에도 그 정도로 엄청나게 쌓여 있는 목화를 보면 충분히 놀랄만하다. 4,5년 전부터 적극적으로 장려하고, 의무적으로 재배한 결과는 큰 어려움 없이 이 정도로 증산 성적을 올릴 수 있게 된 것이다. 지정된 밭과 지정된 면적에 한 차원 다른 요령으로 합리적으로 재배하고 관리를 하게 되면 거의 대부분은 지정된 수량을 쉽게 달성할 수 있었다. 그 정도로 진전된 재배기술, 초창기의 고난에 가득 찬 장려기간과 비교한다면 격세지감을 느낄 정도이다.

　목화농사는 밭을 일구어 씨앗을 뿌려두면, 그 다음부터 관리는 대부분 아내나 어머니들의 손으로 이루어졌다. 제초, 적심(摘心 : 곁순 자르기), 제췌아(除贅芽 : 여분의 봉오리 제거작업), 적엽(摘葉 : 입 따기 작업) 등등. 그리고 마지막으로 새하얀 면화 채취작업도 어머니 손에 의

지하지 않을 수 없다. 이렇게 어머니는 목화를 위해서 참으로 꼬박 1년 동안을 깨끗하게 바치는 것이다. 그 수고로움, 그 고마움을 어떻게 다 형언할 수 있겠는가. 만약에 허용되는 일이라면 그 목화로 어머님께 목화가 가득 들어간 따뜻한 옷을 지어 올리고 싶다.

목화는 그다지 보기 싫지 않은 꽃 중의 하나이다. 눈에 확 띄는 찬란한 요화는 아니지만, 조금도 촌스러운 점을 발견할 수 없다. 꽃이 떨어져 나간 자리에 남은 동그란 열매 같은 홀씨주머니야말로 어머니의 젖처럼 정겹고 믿을 만한 모습을 하고 있다. 더욱이 흐드러지게 개화한 다음에는 방긋 웃으며 열려진 입으로 하얀 면화가 수줍게 조용히 얼굴을 내밀 무렵에는 이미 나의 임무는 충분히 다 한 때이다. 완전히 피어오르고 난 다음에는 재빨리 진심이 가득 담긴 어머니의 손에 맡기고 기다리고 기다린다.

어머니는 추운 날에도 목화밭에서 목화를 따신다.

"나중에 천천히 따셔도 좋을 텐데요."

"좀 더 추워지면 손이 곱아져서 한층 더 어려워진단다."

오그라 들어간 목화나무조차에서도 목화를 하나하나 채취하시는 것이다.

이 밭, 저 밭, 곳곳에서 어머니들은 목화를 따고 있다. 이제부터 더욱더 합리적인 재배, 관리를 해서 한결같이 목화를 따는 어머니들의 부담을 감소시켜야 할 것이다. 그렇게 되기를 바란다.

오늘날의 목화 사용처(적어도 지금으로부터 약 40년 전에 미국에서 조선반도로 유입된 육지 면화가 들어온 이후의 일)는 비상시국에나 어울리는 평범하지 않은 것이다. 옛날 사람들 중에서 특히 가깝게는 문익점(文益漸) 선생의 지혜로 이 땅에 이식된 이후에 전개된 일들은 목화가 얼마나 간절하였었는지 상상이 된다. 하얀 목화를 정중하고 사려 깊은 마음으로 채취해서 늙은 부모와 어린 자식들에게 두터운 옷을 만들어 입히는, 그래서 즐겁고 감사하는 마음을 잃지 않았을 것이다.

고려시대의 면공(綿公) 문익점 선생은 확실히 뛰어난 재치로 이 땅에 사는 사람들에게 영원한 유공자가 된 것이다. 한 자루의 붓으로 이 땅에 사는 사람들을 추위와 야만적인 생활로부터 구해 주었던 것이다. 이웃마을에 문익점 선생의 십 몇 대 손인가 이십 몇 대 손인가, 어쨌든 문익점 선생의 후손임에 틀림없는 문(文) 아무개라고 하는, 세상물정에는 어두운 척 하지만 제 잇속에는 밝은 사람이 살고 있었다. 그는 할아버지 이래로 적지 않은 화제를 마을사람들에게 제공해 주는 정말로 재미있는 성격을 가진 주인공이었다. 어느 날, 우연히 어느 공적인 서류에서 면본(綿本) 아무개 라고 하는 새로운 성씨를 발견하고, 나는 조금 의아스러웠지만 즉시 그것이 곧 문아무개임을 생각해 내고서 비로소 과연 그럴만한 사람이라고 수긍이 되는 위인이었다.

그 뒤로 다른 사람에게 들은 이야기에 의하면, 내가 발견하였던 그것은 사실로서 면공(綿公)의 후손이기 때문에 다른 사람보다도 먼저 창씨령(創氏令) 발포 때 '면본(綿本)'으로 창씨를 하였다는 것이다.

그건 그렇고, 면본 청년도 그의 아버지에게 뒤지지 않을 정도로 세상물정 모르는 자인데, 여기에 덧붙여 성실하며 씩씩한 농민청년으로서 현재 동네의 애국반장을 맡고 있다. 저번에는 이 고장의 국민학교에서 주최하였던 '단기 국어 강습소'의 급장을 맡아, 이를 빌미로 자신을 스스로 추천해서 수료식 식장에서 당당하게 우등상을 받았다고, 학생들은 모두가 불쾌한 평판을 내 놓고 있었다. 더구나 그의 집은 면공(綿公 : 문익점)의 후예라는 짐을 지고 있어서인지 면화 재배에도 몹시 열심이며 공출에서도 상당히 우수한 성적을 내고 있는 듯하였다.

  목화는 어느 한 쪽 분야에서 뿐만이 아니고 여러 가지 숱한 로망스를 가지고 있다. 나의 기억에 따르더라도 몇 편의 작은 이야기들이 있다. 그러나 이것저것 모두 밝은 로망스만 있는 것은 아니다. 앞으로 내가 가진 목화에 관한 밝은 로망스가 나의 사랑하는 어떤 청년의 손으로 훌륭하게 책으로 엮어지는 것도 무의미한 일은 아닐 것이다.

(「동양지광」, 1943 .4)

등燈

 어느 날인가 석양 무렵이었을 것이다. 무심결에 앞문 쪽을 바라보자니 어린 학생들 4,5명이 작은 열을 지어, 무엇인지는 모르지만 급한 소식이라도 가져 온 것처럼 두렵고 당황스러운 모습으로 갈팡질팡 들어서는 것이었다. 그러나 그런 모습은 보통 때에도 역시 시골아이들 같은 세련되지 못한 행동이나 표정을 보아온 터였다. 무슨 일이라도 일어난 것일까라는 생각을 하면서도 한편으로는 신문지라도 얻으러 오는 것이겠지, 라고 생각하고 있었다.
 어린 학생들은 가끔씩 맡겨 놓기라도 한 양 "신문지 주세요!"라고 소리치며 들어오면 몇 장씩을 주었었다. 그렇게 주어도 아이들은 "…" 묵묵부답 고맙다는 말 한마디 하지 않고 할랑거리며 천천히 걷다가 마지막에는 뜀박질로 도망가듯 나가버리는 것이었다. 그런 것뿐만 아니다. 마치 종이에 걸신이라도 걸린 듯 한 농부의 아이들은 격일로 동네로 배달을 오는 우편배달부에게 "광고 주세요! 광고 주세요!"라며 소리친다. 나도 몇 번씩이나 심부름을 해 주었는데! 라며 우편배달부를 잡고 괴롭히며 졸라대어 결국에는 '광고'를 받아 들고는 좋아서 깡충깡충 뛴다고 한다. 그도 그럴 것이 헐렁한 시골의 우편집배원은 학교

교정에서나, 또는 배달하는 도중에 자신의 절대적인 의무인 그날 배달해야 할 출판물을 주저 없이 봉투를 뜯어 학생들에게 나누어 준다. 그 대신에 거리가 조금 떨어진 곳으로 가야 할 편지(이를 보면 의외로 서신류는 중요하게 생각하는 것 같다)를 중계 배달하도록 하는 것이 일종의 습관처럼 되어 있어서 '광고'로 통용되고 있는 무슨무슨 종묘(種苗), 무슨무슨 서점, 어느 어느 회사에서 애써서 보낸 카달로그는 물론, 동경이나 경성에서 출판된 정기간행물도 가끔씩 중간에서 분실되는 때가 있다. 다행히도 나에게 오는 우편물은 항상 집배원이 직접 들고 오지만 '광고'만은 자주 분실되는 수난을 겪고 있는 것은 이같은 사실과 연계되어 있을지도 모르겠다.

확실히 하고자, 신문지라고 말하는 것이냐? 라고 이쪽에서 먼저 찾아온 의도를 묻자 무엇이라 확실히 알아들을 수 없는 말을 다시 하고 있는 것이 아닌가. 그래서 재차 확인을 해 보니 누군가가 죽었다는 것이다. 죽었다는 것은 알아들었는데, 도대체 누가 죽었다는 것인지는 확실하지 않았다. "누가 죽었다는 것이야?"라고 놀래서 재촉하여 다시 되묻자 잠시 후 아이들 중에서 머리가 큰 놈이 눈을 둥그렇게 뜨고 입을 비틀면서 아무개 아저씨가 방금 죽었다는 대답만을 하고는 풀이 죽어 나뭇대기처럼 서 있기만 할 뿐이었다. 옆에서 아무 말 없이 서 있기만 하던 또 다른 한 아이는 눈물을 줄줄 흘리고 서 있었.

아~ 뭐라고! 아무개 아저씨가 죽었다고… 전혀 예상하지 못한 일이 일어났다. 순진한 아이들의 그 표정을 보고도 과연 일이 어떻게 된 것일까라고 생각할 겨를도 없이 불쌍하다는 생각이 파도처럼 밀려 와 그저 순진하게 서 있는 아이들을 차례차례 유심히 바라볼 뿐이었다.

"그것이 정말이야?"

"정말이구 말구요!"

머리가 큰 아이는 처음부터 일어난 자초지종을 이야기하기 시작했다.

그러고 보니 수 일 전부터 그가 병에 걸렸다는 이야기를 들은 기억이 있었다. 무엇이 원인인지, 특별히 어디가 아픈 곳도 없이 그저 예사가 아닌 고열 정도라고 했었다. 그러나 놀랍게도 피를 입으로 코로 콸콸 쏟아 낼 정도로 심해진 것은 1개월쯤 전이라고 하였다. 얼마 전 그가 오랜만에 사랑채로 놀러왔을 때 보니 왠지 쓸쓸한 모습이 바람이 빠진듯한 풍선 같은 모습을 하고 있어서 보기에도 상당히 우울해 보이기는 했었다.

아마도 빈곤의 위험에 핍박을 받고 있기 때문일 것이라 짐작을 했을 뿐이었다. 이제껏 그의 살림살이 상황, 특히 빚에 쪼들리고 있다는 것을 알고 있었기 때문에 "여보게, 힘을 내시게. 열심히 살게. 새끼를 꼬고, 가마니를 만들고, 장작나무도 준비하시게. 자! 힘을 내시게. 힘을!"이라고 충고를 반쯤 농담을 섞어 가면서 이야기를 하니, 그는 도리어 "아니요. 어차피 인생이란 것이 몇 살 못삽니다. 놀지 않으면 손해지요. 무정세월약류파(無情歲月若流波)…" 라며 무슨 노래 가사 말인지 무슨 소리인지 의미를 알 수 없는 말을 시조처럼 읊조리듯 소리를 크게 질러대기에 입을 닫을 수밖에 없었다.

"그렇지 않다네. 열심히 해서 이 역경을 이겨내야 해"라고 말을 해도 그는 점점 더 자학적 태도를 보이며 받아들일 마음을 보이지 않았다.

이상했었다. 그가 마음이라도 변한 것일까, 라고 그 때 조금 이상하다고는 느꼈었지만 지금 와서 생각해 보니 그는 이미 상당히 이전부터 죽음에 대한 예감으로 정신적으로 어두운 그림자에 싸여 있었던 것은 아닐까 하는 생각이 든다. 인간이 죽을 날이 가까워져 오면 마음도 변한다는 이야기가 있다. 이는 점점 자신의 생명이 분수령에 도달했음을 느끼게 되어 사람들에게 말하는 것도 완연하게 바뀐다고 하는데 그것은 사실인 것 같다.

그는 보통 사람에게 뒤지지 않을 정도의 성실함과 '교제'를 잘 모르는 순박한 농민청년이었다. 어머니 뱃속에서부터, 그리고 태어나서도 그다지 '행복'이라 할 만한 것은 그에게 약속되어 있지 않았지만, 나이 30에 아내와 4,5명의 자녀를 키우며 한 집의 가장으로서, 그리고 무엇보다도 사랑하는 아내와 자녀들을 위해서 열심히 살아 왔던 것이다. 최근 2년간은 두 차례나 근로보국단의 당번이 되어 다른 면민(面民)들과 함께 먼 지방으로 가서 임무를 충분히 다하기도 했었다. 불과 얼마 전에 근로보국단 임기를 마치고 막 돌아와서 몇 일만에 병으로 눕게 된 것이다. 그리고 결국에는 돌아오지 못할 곳으로 넘어진 것이었다.

하찮은 장례비는 일가친척이 중심이 된 종중에서 갹출하였기 때문에 여기서 특별히 언급할 만한 것은 없다. 그러나 그가 남긴 가족을 위해 같은 동네에 사는 면사무소 직원인 아무개 청년을 중심으로 하여 적지 않은 위문금을 동네 청년들이 자진해서 모았다는 것이다.

또 다른 장정 이야기다. 마을에서는 일을 잘한다고 평판이 자자한 그 장정도 수 일 전에 이 세상을 떠났다. 젊은 청년들의 힘이 부족하고 있음을 절감하고 있는 요즈음 시대에 어느 모로 보나 안타까운 일이다. 그는 어릴 때부터 끊임없이 빈곤과 싸워 왔었다. 최근에 들어서서야 겨우 근면하게 살아 온 보상으로 집안사정이 안정되어 생계에 대한 전망이 보였건만, 박복하게도 과로가 원인(공공의사의 진단에 따르면 폐렴이라 함)이 되어 두 번 다시 일어나지 못했다. 듬직한 가장을 잃어버린

아내와 아이들만 남은 유족들의 생활문제에 대해서는 친족을 중심으로 이에 대한 부조방안을 강구한다는 이야기가 전해지는데, 이 또한 '미담(美談)'으로서 훌륭하게 널리 알려야 할 이야기이다. 여기에도 동네 애국반장인 아무개 청년을 중심으로 적지 않은 위문금이 모아졌다는 이야기가 전해진다.

그런데 일찍이 없었던 이와 같은 장한 일이 일어나는 것은, 오늘날 그들 모두가 가난하기는 하지만 성실한 농민들로써 그런 선량한 행동을 하는 것은 누구의 권유나 혹은 체면상으로 하는 행위가 아닌, 진심에서 우러나온 각자의 양심적인 심정의 발현이라 할 수 있을 것이다. 피동적인 체면상으로 하는 행위는 아무리 형식적이라 할지라도 불유쾌함을 지울 수 없지만, 이런 경우에는 단순히 인간이 본래 가지고 있는 자비심과 선량함만이 존재하고 있는 것이다. 대개의 경우 청년들이 하는 일들에 대해서는 일반적으로 부모나 노인네들이 반대하는 경우가 많다. 그리고 결국에는 뒤에서 험담과 뒷이야기가 반드시 남는다. 그런데 이번에는 '좋은 일했다!' '잘 했네. 이번 일은! 기쁘다! 믿음직스럽다!'라며 모두가 이렇게 칭찬을 하는 것이었다. 그 정도로 죽은 사람을 위해 사람들의 진심어린 '진리'가 들어가 있었던 것이 아닐까 생각하였다. 좌도 없고 우도 없는 초연한 진리, 그 진리야말로 인간에게 영원한 것이다. 구체제적인 유습인 '교제'를 좋아하는 '유지(有志)'를 닮아서는 안 된다. 한 개인의 명예와 안전과 이익을 위한 것이라면 교제는 할 수도 있다. 더욱이 얄궂게도 시류에 편승해서 가면을 쓰고 앞에 나서서 춤추는 짓도 할 수는 있겠지만 진실로 자신이 살고 있는 마을을 위한 것도 고려해 보는 여유를 가지지 않아도 과연 괜찮을까? 머리 속으로는 다른 생각을 가지고 있으면서 입으로만 하는 것은 안 될 일이다. '파란 보자기의 개똥,으로는 아무짝에도 소용없는 일이다. 그것이 아니라면 현재 농촌청년 중에서 어떤 자들처럼 '권력'을 동경해서 스스로를 잘났다고 뽐을 내며 향당(鄕黨 : 향리에서 태어나서 그곳에 사는 마을사람)을 무시하게 된다. 즉, 큰 사랑을 버리고 소리(小利)에 미쳐 날뛰게 되는 것이다. 그렇기 때문에 향당에서 살고 있는 부모나 노인들의 반감을 사게 되며, 결국에는 깊은 적개심까지도 불러일으키는 경박함을 범하지는 않을까 걱정된다. 청춘의 빛나는 청년들이 가져야 할 영원한 의의까지는 그만 두고라도 오늘날 시류에 편승해서 자신이 얻을 소리만을 탐내는 것은 결코 존재하지 않기를 바랄 뿐이다. 존경받는 인생, 억만금을 주고도 살 수 없는 청춘, 정의심에 불타오르는 청년을 더욱 더 높은 지위로 올릴 생각을 해 나가지 않으면 안될 것이다. 작은 선량함이 있기에 큰 선량함이 있는것이다. 작아도 선한 것은 반드시 그 빛을 내뿜게 되는 것이다. 구석진 시골의 쓸쓸한 농촌이라고 해서 제군(諸君)들을 소외시킬 수 있을 것인가? 아니다. '가슴에 코스모폴리탄처럼 큰 뜻을 품고 있는 사람이라면, 아무리 문화가 빈곤한 한촌(寒村)에 틀어 박혀 있다 한들 그것은 세계적인 존재이다'라고 말할 수 있다. 즐거움도 위로도 감사도 자존심을 가지고 살아야 한다.

  가난한 쌈지 주머니를 털어서 50전, 30전을 옛날친구나 이웃사람을 위해서 솔선해서 희사하는 그들 젊고 가난한 농부들의 선량한 교제 행위는 하등의 아무런 한 개인을 위한 명예라든가 안전이라든가 이익이라든가 하는 협잡물이 개재되는 것을 허락하지 않는 듯하다. 작은 명예를 얻기 위함도 아닌 듯하다. 물론 그들이 체면을 차리기 위해서 하는 것도 아니다. 어떤 불안으로부터 도망치려 하는 것도 아니다. 어떤 이익을 도모하고자 하는 것도 아니다. 단지 순수함 그 자체에서 출발된 것이다. 아름다운 사람, 선량한 마음, 오로지 이것만이 있을 뿐이다. 상호부조의 정신, 이 정신은 고난에 직면할수록 더욱 더 발휘되지 않으면 안 된다. 그렇게 되면 될수록 커지게 되고 빛을 내게 되어 있다.

   요시다 겐지로(吉田絃二郎) 선생은 "한 개의 등(燈)을 밝히는 가난한 사람은 대개의 경우, 만 개의 등을 밝히는 부자들보다도 진실한 정토(淨土)를 볼 수가 있을 것이다"라고 말했다. 이 같은 경우, 이른바 가난한 자가 밝히는 한 개의 등으로부터 출발하는 것임에 틀림없다. 요시다씨는 또한 이웃사랑에 대해서 이런 말도 하였다. "우리들은 작지만 이웃을 위해서 한 그릇의 물을 퍼 올리는 인간이 되지 않으면 안 된다. 타인을 위한 지팡이를 찾아 주지 않으면 안 된다…" 그런 정직하고 평범한 사람들이나 정직한 소시민들이 가장 존경받는 때가 되었을 때 비로소 우리들의 마을이나 우리들의 도시 생활이 밝아지게 된다….라고 하였다. 요시다씨는 또한 몇 가지 좋은 시사점을 우리들에게 제시해 주었다. "한 인간, 한 남자나 여자, 한 가족, 우리들의 살고 있는 하나의 마을에는 얼마나 많은 존엄한 생명들이 살아가고 있는지를, 그리고 끊임없이 생성되어서 살아가는지를 알아야 한다. 우리들은 한 인간을, 한 남자와 여자를, 하나의 마을을 존경하지 않으면 안 된다. 그와 같은 것들의 내면에 있는 존귀한 가치를 발견하지 않으면 안 된다. 그리고 그와 같은 것들을 소중히 여기지 않으면 안 된다. 이와 같은 것을 존경하지 않으면 안 되는 것이 예를 들어 18살이나 20살밖에 되지 않은 악인(惡人)들 때문에 인생에 대한 희망을 잃어버린다 할지라도 오직 한 사람의 진실하고 선량한 사람을 만나게 된다면 우리들의 절망은 회복될 수 있다." 라고 밝히고 있다.

   자신들이 살고 있는 마을을 사랑하고, 아름답게 만들지 않으면 안 된다. 대의를 보고 소의를 보지 않는 것은 흡사 줄기를 보고 잎사귀를 보지 않는 것과 같이 근시적이며 편협한 사람에게만 있는 것이다.

  오늘날 한 마을과 한 고을을 위해 절취부심, 성의를 다하는 아름다운 영혼을 소유한 자, 이름 없는 청년이 얼마나 존귀한 존재인가라고 하는 것은 반드시 동경에서 발행되는 출판물에만 나타나는 것은 아닐 것이다. 지난날들의 여러 가지 기억들은 하나의 과거지사이지만, 현재로 한정한다 해도 행복은 수없이 많이 살아 있는 아름다운 전설을 우리들은 가지고 있는 것이다. 내가 어느 한 존경할 만한 노인을 알고 있는데, 그이만 보아도 '교제'를 좋아하는 작자들에게 있어서는 단순히 보아 넘길 존재가 아님은 분명히 깨달을 수 있을 것이다. 그는 온 생애를 자신이 살고 있는 마을의 아동교육을 위해 깨끗하게 일생을 헌신하였다. 게다가 이름을 알리는 것도, 이익을 얻는 것도, 그 어떤 욕심도 내지 않은 그는 원장이라든가 회장이라든가 하는 '명예'가 붙은 직함조차도 모조리 타인에게 양보한 것을 보면 충분히 알고도 남음이 있다. 그래서였을까, 어느 한 청년은 보통 사람과는 달랐다. 다른 대부분의 청년들이라면 도회지에 나가서 작은 지위라도 얻고, 쥐꼬리만 한 돈이라도 벌면 제일 먼저 오만무례(傲慢無禮)를 배워서 이를 흉내를 내고 향당(鄕黨)을 무시하며, '교제'를 너무도 좋아해서 그런 행동을 흉내 낸다. 그러나 그 청년은 옛날의 가난하고 어려운 환경 속에서 쓸쓸하고 불우한 집안에서 성장하였음에도 그 노인이 하는 일에 정신적이며 물질적인 원조를 아끼지 않았다. 나는 '이 청년을 보아라!'라고 외치고 싶다. 이와 같은 행동이야말로 자신의 고향마을을 사랑하고 이웃을 사랑하는 아름답고 숭고한 마음의 표현이지 않은가.

  농촌은 아름다운 마음을 지닌 주인공들이 '교제'라고는 인연도 없이 성실하고 선량한 청년들의 손으로 비로소 밝게 빛나게 될 것이다. 오늘날 여러 측면에서 의미를 지닌 청년들을 농촌은 요구하고 있다.

(「동양지광」, 1943. 5)

가마니ㄸ

 푸른색을 머금고 있는 산에서는 산비둘기가 구구 소리를 내며 쉴 새도 없이 울고 있었다. 할미꽃이 잔디밭 이곳저곳에 흐드러지게 피어 있었던 것도 생각해 보면 상당히 이전부터였음을 알아챘다. 현해(玄海) 진달래 꽃봉오리는 지금 알맞게 물오른 귀여운 처녀의 그 무엇과도 같이 부풀어 올라 빨간색을 살짝 보이기 시작했다. 2,3일 지나면 꽃은 온 산으로 훌륭하게 퍼져나가면서 불꽃처럼 피어오를 것이다. 여기저기서 가냘픈 참새들이 짹짹댄다.
 도대체 너희들의 어디에 그렇게도 아름답고 다양하고 다채로운 성량(聲量)을 숨겨 놓고 있었느냐. 희한한 일이로구나, 아니 괴이하다 할 뿐만이 아니다, 충분히 경탄할 만한 가치가 있다. 너희들이 울며 지저귀기 시작하면, 어디선가 제비가 한 마리 날아와서 짹짹 울기 시작하면 봄은 확실하게 이 강산에 도래했다는 것을 상징하는 것이다. 봄이다. 봄 농사가 시작되었다. 나도 모르게 어느새 매일 흙과 함께 친하게 지내는 자신을 돌아보는 것만으로도 그것은 충분한 증거가 되리라. 봄을 기뻐하는 한편으로는 건강을 걱정하며, 노동력이 부족함에 대해 고민을 하면서도 날이 갈수록 아름답게 익어가는 보리밭을 바라보고 있자면 한숨을 내쉬며 자위하게 된다. 그렇지만 이것도 한 열흘 전쯤의 일이다.

　오늘 들에 나가 일을 하는데, 곡우를 맞이하여 봄비가 보슬보슬 내리기 시작하였다, 어느새 온몸이 비에 젖어 척척한 채로 집으로 돌아왔다. 밭농사라는 것이 빗속일지라도 고집스럽게 손길을 붙잡아 놓고 쉽게 떨어져 주지를 않는다. 이미 이제는 일에 치이는 시기가 된 것이다. 그렇지만 봄비를 그리워했었다. 온 산등성이는 진달래로 뒤덮여 있으며, 작은 숲속에서는 이름 모를 작은 새들과 참새들의 울음소리와 지저귐이 성대하게 들려왔다. 우연(雨煙) 때문일까, 평야는 회색빛으로 칠해져 있어서 한층 더 조용하게 보였다. 저 봄비 내리는 우연의 장막 속에 봄처녀는 둘러싸여 있을 것이다. 빗속을 걸으면서 망중한(忙中閑)의 꿈을 꾸어 보았다. 어떻게 하면 좀 더 많이 증산하여 능률을 올릴 수 있을 것인가, 라는 등의 고민도 이 순간만은 깨끗하게 잊어버리고, 여전히 내리고 있는 창밖의 비를 바라보면서 책상 앞에 앉았다. 조금은 안정되는 기분이 들었다. 그런데 매일같이 팔을 사용하는 농기구 일 때문인지 펜을 집어 들자 손이 잘 움직이지 않을 뿐더러(원래부터 오른쪽 팔 관절이 고장이 나서 글씨 쓰기가 고통스럽기는 했었다), 머리도 둔해졌는지 좀처럼 생각들이 정리되지 않았다. 그리고 사색의 세계로도 들어가지 못하고 있었다. 역시 글을 쓴다는 것은 너무 바쁜 사람에게는 사색도 도망을 가버리는 '고고(孤高)'한 산물일지도 모르겠다. 무사시노(武藏野)의 고독한 감상가(感傷家 : 감상주의. 센티멘털리즘)나 이토이가와(糸魚川 : 일본 북해도의 하천 이름)의 늙은 시인의 경우는 나에게 그다지 선망의 대상은 아니지만, 그 정신적인 여유는 가능하다면 나에게도 영원히 지속되기를 바랄 뿐이다.

그런데, 소위 반농반필(半農半筆)을 당분간 '이상(理想)'으로 삼으려는 사람에게는 두 번 다시없을 좋은 기회이다. 때맞춰 내려주는 비가 이런 기회를 만들어 준 이 소중한 시간에 반드시 몇 장이라도 써 놓지 않으면 안 될 듯싶었다. 어쨌든 내리는 빗속으로 보이는 파란 보리밭은 말로는 표현할 수 없는 너무나도 믿음직스러운 광경이었다. 오늘 함께 일을 한 아무개 장정은 춘궁(春窮)의 괴로움을 호소하면서 "최소한 보리라도 풍작이었으면 좋겠다…"라고 몇 번이고 강조하던지 그 심정이 한편으로 이해도 되었다. 그는 이 지역 내에서도 가장 가난한 빈농으로 살아가고 있다. 그러나 성실하고 근면하게 열심히 일을 하는 그이지만 항상 가혹한 빈궁에서 벗어나지 못하고 있다. 초겨울부터 봄에 이르기까지는 가마니를 짜서 근근이 생활을 연명하고 있었다. 어떻게 해서든지 그와 같이 근면하고 성실한 농민이 생활이 안정되었으면 하는 절실한 희망을 가져 본다. 올해 가마니 할당 수량은 350장이었다. 오로지 부부 둘이서 그 많은 목표량을 잘도 돌파하였다 한다. 볏짚으로 만든 물품들에 대한 전체적인 출하 관련 총결산은 3월 말까지이었지만 며칠전에 4월 중순으로 연기되었는데, 그것이 다시 5월 상순까지로 연기 되었다고 한다. 이같이 연기가 된 것은 이렇게 성실하게 사는 장정을 위한 것은 아니다. 이전에 자유출하를 실시할 때에도 가마니를 짜서 내다 팔지 않으면 당장 생활이 곤란하기 때문에 가능한 최선을 다해 힘을 쏟았던 그였다. 지금이야 의무적으로 할당량이 있어서 절대적인 독려 속에서 놓여 있지만 말이다. 그는 누구보다도 열심히 가마니를 만들었다. "정말로 뼈골이 부서질 정도였어요…"라며 그는 가마니 만들 때의 고생을 띄엄띄엄 이야기를 하는 것이었다. 누구라고 할 것 없이 모두가 이 장정처럼 기일 내에 할당된 수량을 돌파하였다면 억지로 기한을 맞추기 위해서 연기할 필요도 없었을 것이다. 각 마을에는 몇 명인가는 불성실하거나 도박과 태만에 빠져서 몸이 풀려 있는 사람들이랄지, 일부 특수한 사람들 때문에 의도한 대로 진척되지 않았기 때문에 연기까지 해 주었을 것이다.

  한 청년이 있었다. 그는 원래 같은 성씨를 가진 씨족의 숙부뻘 되는 친족의 사후 양자로 들어갔었는데, 불과 수년도 지나지 않아서 얼마 되지는 않지만 양자로 들어간 집안의 유산을 탕진하고, 마지막으로는 가옥마저 매각 하였다. 그렇게 되자 드디어 가족을 데리고 자신이 태어난 생가로 돌아가 버릴 정도의 파렴치한이었다. 그는 지금도 변함없이 부랑생활을 계속하고 있다고 한다. 소소한 집안일마저도 별거를 하고 있는 백발이 성성한 노부부에게 맡겨놓고는 주막집을 자신의 집인 마냥 드나들고 있다고 한다. 그러니 애시당초 가마니를 짜려고 하는 마음조차도 없는 것이다. 이같은 상황으로 보아 주막은 병폐는 있어도 이익은 없는 백해무익한 존재라 할 수 있는 것이다. 그의 아내도 역시 변변치 않은 사람이라서 그 지아비에 그 아내라는 격언에 잘 어울리는 극히 불성실한 여자로써 이웃과 공동으로 작업을 하려고 들지를 않았다. 유유자적하게 아이를 등에 둘러업고는 지향하는 곳도 없이 어슬렁어슬렁 이곳저곳으로 놀러만 다닌다. 결국에는 소환장이 날아오는 형국을 자초하였다. 일이 이렇게까지 되면 어느새 그의 모습은 동네에서 자취를 감추고 만다. 그러나 다시 그 소환기일만 지나면 느닷없이 어디선가 불쑥 얼굴을 내민다. 몇 번이고 이런 짓을 되풀이하고 있었는데, 춘궁기를 맞이한 요즈음 어느새 또다시 전 가족이 모습을 보이지 않았다. 강습소에 다니는 그의 장남도 보이지 않았다. 소문에 의하면 멀지 않은 곳에 있는 아내의 친정 동네로 가서 기생(寄生)하는 생활을 하고 있다고 한다. 결국 가마니 한 장도 만들지 않고 넘기는 사람이었다. (단, 이런 장정도 지도와 생활환경에 따라서는 아마도 선량하고 건실한 사람으로 변화될 수도 있을 것이다) 또 다른 사람의 이야기다. 그는 남들이 모두 아는 유수의 부유한 자인데 일찍부터 교제를 좋아해서 '교제광(交際狂)'으로 불릴 정도였다. 그는 생산이나 출하 성적이 항상 제일 늦는다. 어차피 이러쿵저러쿵 변명을 늘어놓아 호도하려는 검은 배짱을 가지고 있었으리라. 이른바 가면을 쓴 '유지' 중의 한 사람이다. 이와 같은 부류를 제외하면 성실한 장정 가족과 같은 농민들이 결코 적지 않은 숫자라 할 수 있다. 한 가지 예를 들어보면 어느 30여 가구가 살고 있는 조그만 부락의 8천매에 가까운 목표수량이 떨어졌는데, 이 많은 숫자를 전부 처리하였다고 한다.

일찍이 나는 고향의 중요한 산출물 중의 하나가 되어 있는 가마니를 주제로 혹은 소재로 몇 편인가 변변치 못한 소설을 쓴 적이 있다. 내용은 여기에 소개할 수는 없지만, 지금은 그 때 당시와 비교해서 시대도 변했으며, 사용처도 넓어졌으며, '기술'도 많이 진보되어 있다. 그렇지만 무엇보다도 가옥구조에서 오는 가마니 직조 작업장은 예전과 변함없이 중요한 문제라 생각한다. 이는 너무도 원시적인 광경이다. 햇볕이 잘 드는 밝은 가옥으로 변화가 요망되는 운운하고 있는 오늘날, 일반적으로 보편화될 수 있도록 하는 실질적이고 진심어린 재검토가 필요하다고 생각한다. 사람들의 근육에만 의존하고 있는 가마니 직조용 볏짚 다듬기 방법도 크게 개선해야 할 사항이며, 가마니 직조 작업장은 물론 이거니와 후생적인 측면에서 보아도 긴급하고 절실하게 개선이 요구되는 당면문제라 할 수 있다. 우선 임시대책으로서는 공동작업장을 설비하자는 의견도 있는 것 같지만, 가마니 만들기 작업은 주로 날씨가 추운 동절기에 이루어지는 일이며, 작업장 면적을 많이 필요로 하며, 남녀노소가 섞여 있어서 일하는 능력이 한결 같이 고르지 않다는 등의 문제를 놓고 보았을 때 공동작업장을 설치하는 것도 사실상 상당 기간 어렵다는 것이 현재 상태임에는 틀림없다. 혼자서 작업을 할 수 있는 가마니 직조기계를 보급하는 방법은 어떨까하고 생각해 본다. 어찌되었건 가마니 만들기에서도 '창조의 환희'를 느낄 수 있도록 해 줌으로써 비로소 능률도 쑥쑥 올라갈 것이다. 본격적인 생산증강은 설비의 개선과 아울러 가옥 개량도 함께 이루어져야만 가능할 것이며, 또한 그에 대한 필요성을 통감하여야만 가능할 것이다. 어느 주재 경찰관은 독려를 하면서 잠간 잠간씩 어느 부락을 순회하던 도중에 가마니 작업장 광경을 보고 가슴이 너무 아파 가엾은 한 노파와 한 소년을 위해서 금일봉을 증정하였다고 하는데, 이와 같은 도의심을 일반지도원들도 배워서 몸에 익히는 것이 좋을 듯하다. 여기에서 어떤 재미있는 사례들을 일일이 나열하지는 않겠다. 소개를 하게 되면 그 사람에게 미치는 영향을 고려해 볼 때 허용되지 않을 일도 있기 때문이다. 창조의 환희! 즐거움에 찬 농민의 모습이여! 어떤 사람은 가마니를 만들어 시장에 내다 팔아서 논밭을 사기도 하였다. 또 어떤 사람은 생활의 여유를 가질 수 있었다. 한 해에 천 매 가까운 수량을 생산한 사람도 있다고 한다. 아마 틀림없이 이런 사람에게는 창조의 환희도 더불어 뒤따랐을 것이다.

어느 처녀는 가마니 만드는 일보다는 공장이 좋다면서 행방을 감추었지만, 다시 가마니 짜는 농촌으로 되돌아 와서는 더구나 이번에는 농가로 시집을 가게 되어 농민이 되었다고 한다. 도회지로 나갔다가 다시 돌아오고, 돌아 와서는 또 얼마 못되어 다시 나가 버리기를 몇 번이고 되풀이하면서 정착하지 못하고 부평초같이 살았던 아무개 청년은 옛날에는 천시 받던 상민층이었는데, 지금도 항상 인간적으로 차별을 받고 있다. 그러나 성실하고 강건한 그 청년은 가마니를 만들기에서는 선수이다. 지금은 노무자로서 후쿠오카(福岡)현의 어디에서 열심히 일을 해서 번 돈을 가끔씩 고향집으로 부쳐오고 있다고 한다. 그 청년이 동네에 있었을 때는 동네의 야학, 강습소도 훌륭했었다. 또 다른 청년 이야기다. 어렸을 때 어머니와 사별하고 맹인인 부친과 어렵고 괴로운 생활을 함께 하는데, 농한기에는 반드시 가마니를 짜서 가난한 생계를 유지해 왔었다. 그런데 이번 봄에 사할린의 어딘가로 역시 노무자로 출동하였기 때문에 그 집에 할당된 수량은 약간의 볏짚을 공출하는 대신에 다른 사람이 와서 대신 만들어 주었다고 한다. 사할린으로 출동한 그로부터 자신은 건강하며 돌아가서 갚겠다는 편지가 왔었다고 한다.

가마니는 주로 부녀자나 소년들이 만들고 있지만, 시어머니와 며느리가 상호 연계해서 짜는 광경도 그다지 어렵지 않게 볼 수 있는 풍경이다. 며느리가 바늘을 싹싹하고 넣으면 시어머니는 가마니틀 바디를 콩콩하고 밑으로 쳐 내린다. 마치 손이 날아다니는 듯 민첩하게 움직인다. 설비만 개량된다면 그들은 창조의 즐거움에 가득 차서 능률을 쑥쑥 올릴 수 있으리라고 생각한다.

가마니 출하 성적에 따라서 얼려서 말린 명태를 특별배급 받을 수 있다. 과연 한해에 몇 차례나 바다고기나 육고기를 먹을 수 있을지 모를 농민들에 있어서는 몹시도 즐거운 소식중의 하나이다. 아무개 농민은 (예를 들어 그 농민의 이름을 도양(道陽)이라 하자) 태어나서 처음으로 명태를 두 손 샀다. 도양이라는 사람은 타 지역에서 흘러 들어온 사람인데, 부부와 자녀가 2명으로 전 가족이 4명이다. 그런데 이 도양이란 사람이 약간 모자란 듯 보여 같은 동료들인 농민청년들로부터 항상 웃음거리가 되고 있었다. 그러나 그는 내심으로는 매우 음흉해서 자칫하면 금세 근성이 비열하기가 이를 데 없는 야성적인 개인주의로 변하고 만다. 대소의 차이는 조금 있지만 사실은 이같은 근성이 일반적으로 살아가는 이 땅의 사람들로부터 완전하게 사라져 버렸으면 하고 바라는 그런 음흉한 짓거리를 발동시키고 마는 것이다. 자신의 일이라면 뼈가 부서질 정도로 열심히 하지만, 공공적인 일이거나 혹은 다른 사람의 일은 가능한 사보타쥬를 한다. 그는 처와 둘이서 하루에 가마니를 평균 10장을 짠다. 하루 종일 낮에는 가마니를 짜고, 그날 밤에는 내일 짤 새끼를 꼰다. 이와 같이 작업을 매일같이 계속해서 총 수백 장을 만들었지만, 결국에는 과로로 코로 피를 토할 정도로 축 늘어져서는 드디어 며칠간 잠만 잤다고 한다. 전형적인 농민인지는 모르겠으나 근본적으로 다시 고쳐졌으면 한다. 몸과 마음을 닦아서 새롭게 태어나듯 새 사람으로 만들어질 필요성을 통감하고 있는 형편이다.

그런데, 가마니 만들기는 4월 말 경이면 거의 종결되는데, 이로써 남녀 모두가 어둡고 불결한 집안의 작업장으로부터 탁 트인 논밭으로 해방되게 된다. 물론 도양이도 해방되었다. 농사철이 되어서 도양이와 함께 일할 기회가 있어서 주의 깊게 그를 살펴보았는데, 너무도 그 추접스럽고 혐오스러운 근성의 밑바닥이 뻔히 보여서 불쾌하기가 이를 데 없었다. 담배를 하루에 적어도 50회는 피울 것이다. 모내기를 해야 할 못자리를 비롯해서 목화씨앗 파종 등등 봄철의 농사철이라고는 하지만 예년에 없이 바빴다. 크게 마력수를 높이지 않으면 안 될 이런 시기임에도 불구하고 도양이는 항상 그렇듯이 느릿느릿하기만 하였다. 자신을 위해서 하는 가마니를 짤 때의 민첩함은 전혀 다른 모습으로, 그 성실함은 어딘가로 보내 버렸는지 아무리 생각해도 괴이하기만 하다.

그런데 도양이와는 정반대의 성격을 가진 어느 청년이 있었다. 그는 집안을 위해서, 그리고 동네를 위해서 성실하게 일을 해서 해가 갈수록 가산도 늘어가고 있다. 그리고 가마니 제조 할당량도 구역 내에서 제일 많지만 훌륭하게 완수하였다.

5월이 되었다. 가마니를 만들었던 농부들의 봄이 드디어 본격적으로 도래한 것이다. 날이 갈수록 파란색으로 짙어져 가는 들판에서 봄을 캐고 있는 농부들의 모습! 논에서는 시끄럽게 울어대는 개구리들의 울음소리. 아이들의 버들피리 소리도 모두 모두가 정겹게만 들리고, 꽃들의 수많은 '종족(種族)'들도 무수히 일시에 들고 일어서는 듯 증가한다.

세월은 정말 빠르다. 이제 와서 이렇게 말하는 것도 조금 어색하지만 햇볕이 쨍쨍한 날에는 벌써 들판에 나가 일하기에는 상당한 더위가 느껴진다. '매일같이 무슨 할 일이 그리도…' '매우 더워졌네요' '비가 내리지 않아서 큰일이네요' 등등 이 즈음에는 만나는 사람들마다 이런 이야기를 나눈다. 비가 내려 주었으면 하는 바램을 가져본다. '교제광'인 고용인과 그 옆에서 한 장정이 못자리에 물을 대고 있다. 땅 주인인 당사자는 손을 뒤로 하고 뒷짐을 진 채로 일하는 모습만 바라보고 있다. 술이라도 취해서 기분이 좋은 것일까. 이와 같이 끊임없이 남의 힘에 편승만을 노리는 용렬하기 그지없는 개인주의자. 소위 '시골유지'도 우리들이 도양이라 부르는 자와 같은 전형적인 농민과 함께 근본적으로 몸과 마음을 닦아서 새 사람으로 거듭날 필요가 있는 부류들이다.

(「동양지광」, 1943.7)

풀草

　좋아하는 사람이나 사물에 대해 애착을 가지는 애상(愛想)이 가장 중요하다고 말한 정치가 탈레랑(1754~1838. 프랑스의 정치가. 프랑스혁명 시 삼부회 의원. 나폴레옹 제정 치하에서 외무장관. 나폴레옹 몰락 후 왕정복고에 협력하여 다시 외무장관. 빈회의에서는 프랑스 전권대사로서 자국영토 보전에 성공)은 말했다. 하지만, 농민에게는 제초(除草)가 제일이라고 나는 말하고 싶다. 잡초를 뽑는 곳이 곧 농민의 마음이 가 있는 곳이다. 농민의 일생은 잡초와의 싸움이라고 하는 것은 대단히 적절한 말일 것이다. 잡초를 뽑는다는 것, 잡초와의 싸움이 몇 만 년, 몇 천 년을 거쳐 내려온 유구한 세월 속에서 계속해서 인류의 생존과 번영을 가져다 준 것이다. 또한 제초작업이야말로 앞으로도 끊임없이 계속해서 역사를 만들어 나갈 것이 틀림없다.

　와다 덴(和田傳 : 소설가. 카나가와 태생. 농민문학가로서 농민의 토지에 대한 집착과 농촌의 변화 등을 씀)씨의 『농촌생활의 전통』이라는 책을 읽어 보니, 서양인에 있어서는 잡초에 대한 개념이 매우 옅어서 한마디로 말하자면 그다지 열심히 잡초를 뽑지 않는다고 쓰여 있다. 아마도 기계의 발달로 그와 같은 경향으로 흐른 것이 아닐까하는 생각을 하지만, 이 땅에 있어서는 우리가 직접 보기에도 주작인(周作人) 선생의 소위 '동양인의 비애'와도 상통되는 것을 발견할 수 있다. 여기에서는 너무 딱해서 불쌍하게 여겨질 정도로 잡초와의 싸움을 하는 모습을 볼 수 있다. 맨손과 호미로 잡초 한 뿌리, 한 뿌리를 정성을 들여 뽑아낸다. 밭에서 사용하는 것은 짧고 날카로운 호미를, 논에서 사용하는 것은 크고 긴 호미를 각각 사용한다. 이것이 전통이다. 이것이 '자연과 인생에 대하여 느끼는 차분한 정감'이다. 백면서생(白面書生)의 창백한 손보다 누런 얼굴에 거친 손의 농민이 알짜배기 진품이다. 우리들의 선조는 잡초를 뽑아내는 일속에서도 삶을 되새기도록 전해 주셨다. 논밭에는 웃음과 눈물과 탄식과, 그리고 희망이 남겨져 있다. 들판에서 일하는 마을 처녀는 마른 논에 그대로 볍씨를 뿌려 밭곡식처럼 가꾸다가 물을 대준 다음에는 잡초 뽑기로 늙어간다는 말은 무슨 의미일까. 울다 지칠 정도로 힘겹게 우는 어린아이를 밭머리에 뉘어 팽개쳐 놓고 바쁘게 김을 매는 엄마의 마음을 생각해 보아야 할 것이다. 어린아이는 울다 지쳐서 뜨거운 햇살 아래 그대로 잠이 들어 쌕쌕거리며 자고 있다. 온몸은 흙투성이고 온몸의 구멍구멍마다에는 그리고 다른 중요 부위에는 파리떼가 덕지덕지 붙어 있다. 그럼에도 엄마는 자신은 돌보지 않고 치마를 풀어 흔들어 아기에게 바람을 만들어 준다. 이와 같은 고생 끝에 얻어진 쌀을 하루아침에 술과 도박으로 날려 버리는 아비도 있다. 눈물 없이는 들을 수 없는 전설 같은 이야기다.

그렇지만 예전부터 전해지는 것이지만 약간은 영리하고 약삭빠른 자는 농촌을 떠날 것을 꿈꾸며 잡초 뽑기를 거부하며 청운의 꿈을 꾸었다. 이것이 원인이 된 것일까. 결국에는 깊은 사회적 근거가 있겠지만 사실은 이것이 비정상적이라는 점이다. 이런 종류의 '영리하고 약삭빠른 마음'이야말로 인간에게 있어서 크나큰 약점인 것이다. 이에 대해서는 옛날부터 여러 가지 가련하고 불쌍한 이야기가 전해져 내려오고 있다. 하지만 여전히 지금까지도 우리 농민들은 이런 류의 '영리하고 약삭빠른 마음'으로부터 탈피하지 못하고 있는 것 같다. 어느 도(道) 어느 면(面) 어느 리(里)에 살고 있는 모관(某貫) 모씨(某氏)라고 하는 토반(土班)의 일족은 '개화' 직후에 무슨 이유에서인지 잡초 뽑기보다는 붓을 잡는 일에서 '고급스러움'과 '안락하고 태평스러움'을 배웠다. 보통학교라도 나온 청소년이라면 모두가 남김없이 농촌을 떠나거나, 혹은 살던 마을을 떠나는 것을 유일한 이상으로 가진다. 이를 무한한 영예라고도 생각한다. 가지고 있는 모든 수완을 다 동원해서 글을 써 보려는 운동을 했음에도 불구하고 결국에는 누구나가 할 수 있는 것으로 끝나고 만다. 물론 붓을 들어 집필하는 일이 나쁘다는 것이 아니다. 아무려면 미친 사람이 아닌 이상 그런 무모한 말을 할 수는 없을 것이다.

"아이쿠! 똥이다! 이런 비루한 농사짓는 일을 하지 않으면 밥 먹을 수 없을까 보냐!"라고 소리치며 어느 농민청년은 잡초 뽑는 호미를 개구리에게 던져 버리고 그 발로 도시로 도망쳐 나갔다. 한때의 호경기로 잘 풀려서 큰돈을 벌어서 지금은 어느 군(郡)에서 최고의 공직까지 획득하여 일류 '유지'가 되었다는 것이다. 이같은 이야기는 의외로 농민들 사이에서는 입지전적인 훌륭한 인물로 알려져 있다. 호미를 개구리한테 던진 다음에 바로 잡초 뽑기가 싫어서 농사일은 그만 두었다고 하는 이야기가 유명한 일화가 되어 있는 것이다.

그렇다고 해서 잡초를 뽑는 마음이나 잡초와의 싸움 때문에 자연과 인생에 대해서 느낄 수 있는 차분한 정감을 교류하는 전통이 조금도 상처를 받지는 않았을 것이다. 아직도 의연하게 절대 다수의 농민들은 잡초를 뽑고, 잡초와 싸우고 있으며, 오히려 붓을 잡고 집필을 하고 있는 사람보다도 잡초를 뽑는 농부들에 의해서 이 세상의 이야기 소재들이 지켜져 나가기 때문이다. 잡초 뽑는 것을 비천하다고 마음속으로 생각하는 무리들에게는 진리에 가득 찬 영원무궁한 영예로움은 약속되지 않는다. 기생적(寄生的)이며 고식적(姑息的)인 마음으로부터 나올 것이라고는 배신과 부정이며, 일을 하는 사람들에게는 살아갈 앞날에 광명이 약속되어 있을 것이다. 싫증내거나 게으름 피우지 않고 지칠 줄 모르고, 그리고 쉬지 않고 꾸준히 성실하게 일을 하는 정직한 농부의 모습을 보라. 그런 마음을, 마음속 깊이 가지고 있는 사람이야말로 영원한 영예를 획득할 것이다.

"뭐라고! 거짓말이다! 그 반대다. 오히려 그런 사람은 점점 빈궁과 침체만이 있을 뿐이다. 흥, 어디에나 있는 그렇고 그런 사람이 되기는 싫다. 평범하였던 최 아무개 같은 사람을 보아도 잘 알 수 있을 것이다. 그런 사람은 손발에 흙 묻히지 않고도 그런 식으로 해서 벼락부자가 되었다. 허허. 도대체 무슨 신의 가호를 받은 것일까. 시절이 이런 시절인데 물자가 없다고? 그것은 새빨간 거짓말이다. 술은 정종과 약주만 있을 뿐이다. 흐흐, 삼현육각(三絃六角)은 흥겨운 연주를 하고 있고, 기생은 학처럼 춤을 추고 있고, 권주가가 흐르는 자리, 기생의 얼굴에는 지폐가 붙어 있고…"

또 다시 이런 식으로 말을 해오면 응대하기가 곤란하다. 사실 나는 그런 것들이 이상스럽게만 보일 뿐이다.

잡초를 뽑는 이야기라도 진지하게 이야기해보자. 잡초를 보고도 그대로 내버려 두는 농민은 하농, 잡초를 보고 차근차근 뽑는 농민은 중농, 잡초가 보이기 전부터 나오지도 못하게 김을 매는 농민을 상농이라고 말하고 있다. 상농의 마음이 전통적인 우리 농부들의 마음인 것이다. 우리들의 성실한 늙은 부모는 잡초가 보이기 전부터 철저하게 제초 작업을 하는 것이다. 잡초들이 일시적으로 속임수를 써 본들 농부의 눈에는 금세 발견되고 만다. 잡초는 정직하게도 무럭무럭 자라나기 때문이다. 이즈음이 되면 청년들은 잡초를 뽑는 마음을 우리들의 늙은 부모들로부터 배우지 않으면 안 된다. 뽑아내면 다시 살아서 올라오고, 살아 올라와서는 무성해지기 때문이다. 불모지같이 잡초가 전혀 자랄 수 없는 땅으로 만든다는 것은 절대로 있을 수 없는 일이다. 그러므로 농부들의 일생은 잡초와의 싸움인 것이다. 불모지. 불모지는 절대로 안 될 일이다. 잡초가 잘 자라기 때문이다. 그렇게 잡초가 솟아올라 다시 무성해 지는 것을 잘 뽑아내는 것이 중요한 작업이다. 우리들의 늙은 부모는 그와 같은 것을 잘 알고 있다. 잡초가 잘 자라지 않는 토지에는 팥이나 녹두 같은 작물이 적당하다는 것을 잘 알고 있다.

 나도 처음에는 잡초에 대한 개념이 너무도 박약했었다. 농부가 왜 저토록 잡초 뽑는 일에 매달릴까라고 생각했었다. 그런 마음을 가지는 한편으로는 연민의 불쌍함 마저도 가진 적이 있었다. 하지만 지금에 와서 겨우 제초의 중요성을 의식하기에 이르렀고 몸으로 체험하면서 드디어 제초의 중요성을 느끼게 된 것이다. 제초 일을 마친 후의 자부심이라는 것은 상쾌하기 이를 데 없다. 깨끗하게 제초를 한 후의 기분은 너무도 상쾌해서 얼마나 유쾌한지 모른다. 잡초가 자라고 있는 작물들 속에서 자라나는 것을 보면 우선 기분이 나빠져서 참기가 어렵다.

 잡초와 싸워서 이긴 농부는 대개는 빈곤으로부터 빠져 나오지만, 잡초에 진 농부는 항상 곤궁 속에서 신음하게 된다. 내가 잘 아는 어느 상농은 제초에 있어서도 일반적인 가난한 농부와는 구별된다. 그가 경작하는 논밭에서는 거의 잡초가 보이지 않는다. 땅주인이 근면하고 성실한 농민인지, 아니면 경작을 게을리 하는 태만한 농부인지를 식별하는 것은, 그 사람의 논밭에 잡초가 있는지 없는지를 보면 단박에 충분히 알 수 있다. 어느 유지의 논밭에는 잡초가 많다는 평판을 받고 있다. 물론 유지이기 때문에 제일 좋은 토지를 소유하고 있지만, 누가 보더라도 완연하게 눈에 뜨일 정도로 여느 논밭과는 다름을 발견할 수 있다. 그 다름이란 것은 경작을 오로지 머슴에게만 맡겨 놓고 있기 때문일 것이다. 어느 농민의 밭에는 잡초가 너무도 가득 차게 무성해서 곡식을 잡초 속에서 골라 수확하는 것이 빠를 정도였다. 그에 대한 이유를 묻자 느릿느릿 이렇게 대답하였다.

"이 주변의 논밭에서는 원래부터 잡초가 잘 자랍니다. 저 들판 쪽은 뽑지 않아도 잡초가 자라지 않아서 작물도 잘 돼요"라고.

나는 즉시 그것이 거짓임을 알았다. 그런 변명을 하는 사람이니까 그는 항상 가난에 허덕이고 있다고 생각하였다.

직접 호미를 들고 일을 하지 않는 사람이라도 마땅히 잡초를 뽑는 마음을 몸소 체험하여 아는 것이 중요하지 않을까하고 생각한다. 단순히 농민청년들 뿐만이 아니다. 우리의 젊은이들은 정직한 우리들의 늙은 부모들이 잡초를 뽑는 마음, 즉 잡초와의 싸움을 우리들이 배워야할 마음이라고 생각한다. 이 마음은 사랑하는 마음이며, 인고(忍苦)의 마음이며, 진취적인 마음인 것이다.

(「동양지광」, 1943. 12)

소牛

　가축을 기르는 농가의 증식과 육성문제는 적어도 이 마을에서는 이미 해결된 것이 아닐까 하는 정도로 정착되어 있다. 마을을 돌아보면 무엇보다도 가장 먼저 눈에 띄는 것은 집집마다 외양간에는 큰 소, 작은 소를 키우고 있으며, 집집마다 쌓여 있는 가마니들을 볼 수 있다. 조선금융조합연합회의 아무개 씨가 농한기의 농촌을 시찰하고자 해서 우리 고장에 왔을 때, 나는 그와 함께 오랜만에 면내(面內)를 둘러보았다. 최근의 농민들의 생활실정과 정신적인 동향 등 여러 가지 살아 있는 교훈을 한층 더 우리들의 것으로 받아들였다는 측면이 있지만, 여기에서는 주로 소로 '갱생(更生)'을 하게 된 어느 빈농 일가족에 대해서 말하고자 생각한다.

　나락(쌀) 공출이 끝나고 나면 시간이 조금 남는데, 요즈음은 그렇게 조금 남아 있는 시간은 가마니 짜기에 쫓기고 있어 소위 '농한기'라고 하는 말은 이미 오랜 옛날이야기가 되어 있었다. 농부들은 농번기 때보다도 더 바빠진다. 다망한 와중에 예전보다 더 근면해지지 않을 수 없다. 힘없이 비칠비칠하거나 느릿느릿한 행동을 취한다는 것은 이미 통용되지도 않을 뿐더러 거의 목숨을 걸고 일을 한다.

그의 작은 초가집 문 앞에 도착했을 때 주인공 아낙은 잠깐 틈을 내서 빨래를 하고 있었다. 얼굴에는 고생의 흔적이 역력하게 씌어진 이제 50살을 인생 고개를 막 넘긴듯 한 그녀는 일상적인 친절함으로 우리를 응대해 주었다. 말을 잘하는 모습에서는 나와는 비교도 할 수 없을 정도로 달변가임을 알아챘다. 그런 모습은 사실은 이 농촌 아낙네뿐만이 아니라 촌마을을 돌아다니면서 통감하였다. 이 땅의 농부들이 언제부터 그렇게 달변으로 변명을 훌륭하게 연설하게 되었는지 그저 놀랍기만 할 뿐이었다.

"가마니는 어느 정도 짰습니까? 책임수량에는 아직 도달하지 않았겠지요?"

"할당받은 수량을 이미 돌파하였습니다." 라고 그녀의 아들이 카드 종이를 들고 와서 보이는 것이다.

"아, 그렇습니까. 약속된 기일까지는 아직 많이 남아 있는데요. 2월 말까지 인데요."

"네, 네, 그렇지만 이미 책임수량을 다했습니다."

카드 종이에 기입되어 있는 책임수량은 200매, 출하수량 합계란에는 200매라고 역력하게 쓰여 있어서 그것이 사실임을 증명하고 있었다. 부부와 자식을 합해서 3명밖에 안 되는 이 가족이 잘도 해냈다고 생각하였다. 이미 다른 사람의 2배나 3배쯤을 이미 해냈다는 것이 아닌가.

"바깥양반은?"이라고 옆에 서 있기에 물어보니, 재봉실 배급을 받으러 소재지에 나갔다는 대답이다. 이 집의 바깥양반은 지난달에 다른 도(道)로 나가서 근로보국대로 임무를 마치고 막 돌아온 참이었다고 한다. 그럼에도 가족 모두가 한마음이 되어서 열심히 일해서 가마니 직조 능률에서 놀라울 정도의 힘을 발휘한 것이다.

"바깥양반은 최근 성실하게 지내고 계십니까? 아니면 가끔은…"

"아니요, 나이도 나이인지라 지금은 그런 일은 절대로 하지 않고 살고 있습니다."

"요즈음에도 두 분이서 시장에 나가십니까?"

"예, 예, 그렇습니다. 그렇지만 아무도 믿지 않기 때문이 그러는 것은 아닙니다. 그저 단순히 가마니를 팔기에 편리해서 같이 나가고 있습니다. 네, 네."

부인은 자신의 남편에 대한 일과 집안일, 그리고 마을일 등 모든 것에 대해서 말을 해 준다. 그런 와중에도 불성실한 남편을 비호하는 말도 하지만, 그 남편을 사랑하는 마음에는 기특함도 느껴졌지만, 남편을 업신여기는 주제 넘는 아니꼬움도 어렴풋이 서려 있었다.

나는 이들 가족에 대해서는 오래전부터 상세하게 알고 있었기 때문에 지금까지의 경과를 다소간은 주의 깊게 보는 것을 소홀히 여기지 않았던 것은 사실이다. 그녀의 남편은 젊었을 때부터 술과 도박을 탐닉해서 얼마 되지도 않은 가산을 탕진하고, 결국에는 집마저도 날려버린 자였다. 그래서 아내와 자식을 고생의 나락으로 떨어뜨리기도 하였다. 더구나 중년기를 넘긴 지금까지도 그다지 후회하는 기색도 없이 가족을 돌보지 않고 있는 것이다. 지금으로부터 5,6년 전에 그의 부인이 한번은 단단히 결심을 하고 남편을 '선도'의 길로 인도하고자 했었다. 이렇게 되기까지는 눈물겨운 이야기도 있지만, 어쨌든 그때는 그녀의 남편도 아내의 진심어린 마음에 크게 깨달아 즐겁게 그녀의 뒤를 따라 갔던 것이다. 이들의 자식은 독자인데 진취성이 풍부한 소년으로, 도리어 아비가 자식에게 배우지 않으면 안 될 처지에 놓여 있다고 말하면 조금은 이상하게 들릴지도 모르지만, 이 또한 사실임에 어쩌랴.

작은 초가집, 변변치 못한 생활이기는 하지만 지금은 부락 안에서 평판이 평온하며 유쾌하고 화목하게 가정을 꾸려가는 중이다. 마당 끝자락의 있는 외양간에서는 소가 무럭무럭 크고 있었다. 동네 사람들의 선망의 대상인 것은 물론이려니와, 바꿔 말하면 그것은 그들 일가족의 커다란 희망이기도 하였다. 동네 대부분의 집에서 키우는 소는 금융조합의 식산계(殖産契)에서 맡겨 키우는 예탁사육소임에 비해서 이 집의 소는 온전히 자신들의 소유인 것이다. 원래부터 소를 사랑하는 이 땅의 백성들이다. 매년 봄과 가을에 두 차례는 떡을 만들어 신불에게 바친다. 시루떡을 만들어서 집안에 있는 이곳저곳 중요한 곳에 바친다. 이때 농부들은 반드시 외양간에도 정성스럽게 바치는 것을 잊지 않는다.

"저 소는 우리들의 유일한 자본입니다. 헤헤헤."

"아. 그러시군요."

부인의 소를 사랑하는 마음이 알알이 보이는 구슬처럼 투시되는 듯했다.

배움의 시기를 놓친 일 잘하는 소년은 지게를 지고 생글생글 미소를 지으며 땔감이라도 해 오려는 듯 산으로 올라가려 하고 있었고, 어머니도 싱글싱글 웃고 있었으며 덩달아 소도 빙그레 웃는 것 같았다.

"이것도 크고, 저것도 무럭무럭 자라면 조금은… 헤헤헤"라고 웃으면서 말꼬리를 흐리는 부인의 마음에는 희망이 넘실넘실 흘러넘치고 있었다.

'이것'이란 자식을 이름이고, '저것'이란 소를 가리키고 있었다.

나는 이렇게 유쾌하고 믿음직스러운 모습에서 깊은 감흥에 휩싸인 채 허술한 외양간에 누워있는 붉은 소를 바라보면서 서서히 일어나 그 집을 뒤로하고 나왔다.

집집마다 울리는 가마니 짜는 소리, 그리고 집집마다에는 많은 소들이 있다. 바쁜 겨울날. 그러면서도 동시에 한가한 햇볕이었다.

"정말로 소가 많네요. 놀랐습니다."라고 동행한 손님은 몇 번이고 놀라워했다.

소를 키우는 마을, 앞길에 영예가 있어라! 나는 진심으로 기원 드리고 있었다.

(「동양지광」, 1944. 3)

토끼兎

여름날 밤이었습니다. 밤이슬이 대지를 적시고 있어서 마치 이 세상이 연기에라도 싸여 있는 듯 한 느낌의 밤이었습니다. 마을에서 조금 떨어진 산자락의 밑에 있는 농원도 눅눅한 밤이슬 '연막'에 삼켜 있어서 조용히 잠을 자는 듯 했습니다. 새근새근 잠자는 소리가 살며시 들릴 듯 말 듯 할 정도의 느낌이었습니다. 그렇지만 사실은 청아한 정적만이 흐르고 있었습니다.

몇 시쯤이나 되었을까, 잠을 자다가 눈이 떠져 뒤척이고 있었는데, 어렴풋이 무슨 이상한 소리가 들려서 작은방에서 자고 있던 나는 본능적으로 귀를 쫑긋 세워 들어 보았습니다만 확실히 그 소리는 사람 인기척은 아니었습니다.

'무슨 소리일까?'

건너방에서 곤히 자고 있던 소년 머슴도 언제부터인가 눈을 뜨고 무어라 투덜거리고 있었습니다. 콩콩거리는 소리가 한 번 더 들려왔습니다. 소리가 들려 온 곳은 다름이 아니라 측간 처마 밑에 있는 토끼장에서 토끼가 발을 구르는 소리였습니다.

그런데 무슨 일이라도 일어난 것일까요. 산에서 짐승이라도 내려온 것일까요. 나는 마음을 다시 고쳐먹고 힘을 내서 자리에서 일어났습니다. 소년머슴도 일어났습니다. 아마도 주인이 일어나 주어서 좋았을 것입니다. 희미한 어둠 속에서 새하얀 토끼는 긴 귀를 세우고 새빨간 눈을 두리번거리며 펄쩍펄쩍 뛰고 있었습니다. 그 이상은 아무 것도 변한 낌새는 없었습니다.

깊은 밤 임신한 토끼로서는 오롯이 혼자 있는 것이 무서웠기 때문일 것입니다. 그런 생각을 하면서 나와 소년은 그 자리에서 돌아섰습니다. 방으로 돌아와서도 잠시 동안은 이후의 동향에 주의를 기울이고 있었습니다만, 토끼는 그 상태가 진정되어 그대로 잠이 든 것일까 두 번 다시 정적을 깨지는 않았습니다.

다음날 아침, 일찍 일어나 제일 먼저 토끼를 사육하고 있는 토끼장 쪽으로 가서 살펴보았습니다. 아, 그런데 그곳에는 너무도 신기한 일이 벌어져 있었습니다. 얼마나 귀여운 것들인지요. 엄청난 흥분이 밀려 왔습니다. 그리고 조용히 혼잣말을 하였습니다. '어서 오세요. 그리고 어미토끼는 정말 장한 일을 하였네요.'라고. 그러면서 나는 머슴소년을 불렀습니다.

"어이, 빨리 이리 와 보거라."

"네."

이유도 모른 채 소년은 그의 버릇인 고양이 등을 앞으로 내밀고 비틀비틀 뛰어왔습니다.

"어라!"

소년은 서 있는 자리에서 그만 소리치며 감탄해마지 않았습니다.

새롭게 만든 새하얀 털로 된 둥지집 속에는 빨간 피부를 한 새끼토끼가 우글우글하고 있는 것이 아니겠습니까. 숫자를 헤아려 보니 여섯 마리였습니다. 우선 어미토끼에게 콩깍지가 붙은 콩 줄기와 신선한 참외 껍질로 노고를 치하하고 위로해 주었습니다. 편안하고 조용하게 지낼 수 있도록 토끼장 위치를 바르게 해 주었습니다. 잠시 후에는 동쪽에서 태양이 솟아올라 뜨거운 여름날이 곧 시작되려 하고 있었기 때문이었습니다.

여섯 마리의 유복자들인 새끼토끼는 하루가 다르게 성장하였습니다. 새하얀 털이 나고 얼마 지나지도 않았는데 어느새 눈을 뜨고 걷기 시작하더니 곧 장난치며 놀기 시작하였습니다. 작은 코를 씰룩거리며 연한 먹을거리를 오물오물 먹는 것이었습니다.

"아이 귀여워. 정말 귀여워" 라며 떠드는, 여름방학을 맞이해서 농원으로 놀러 온 아이들에게 아낌없이 사랑을 받는 것이 기쁜 것일까요. 어미토끼는 그렇게 사랑받는 모습을 조용히 바라보고 있었습니다. 그리고 어미토끼는 아이들을 향해서, '아비가 없이 태어난 불쌍한 유복자 새끼들입니다. 부디 귀여워해 주세요.' 라고 말하는 듯 하였습니다.

아비토끼는 지금으로부터 1개월 전에 사육장으로부터 탈출을 기도해 드디어 성공은 하였습니다만, 그만 개에게 물려 그 자리에서 죽어버리고 말았습니다. 그 사건이 일어난 것은 공교롭게도 그날 따라 소년머슴이 토끼먹이 주는 것을 잊어버린 날이기도 했습니다. 그래서였는지 소년은 책임감을 느끼고 슬프게 울었을 정도였습니다. 그래서인지 이 아비 없는 어린 토끼들에게는 매일같이 하루에도 몇 차례씩이나 잊지 않고 맛있는 먹이를 주고 있습니다. 콩잎을 깍지가 붙은 채로 주거나, 참외껍질이나, 그밖에도 토마토나 호박, 또는 푸성귀 등을 대접하고 있었습니다. 그러면 엄마토끼는 감사의 표현인지 포도알 같이 큰 눈망울을 반짝이며 눈을 깜빡거려 주었습니다.

그러던 어느 날의 일입니다. 나는 쓸쓸함을 느껴 토끼라도 볼까 하는 마음으로 토끼장으로 갔습니다. 가서 본 순간 나는 다시 한 번 깜짝 놀라지 않을 수 없는 장면과 직면하게 되었습니다. 상자 안은 어미토끼만이 깡충깡충 뛰고 있을 뿐이었습니다. 새끼토끼는 한 마리도 보이지 않았습니다.

'어찌된 일일까요.'

소년과 나는 둘이서 사방팔방으로 찾으러 돌아 다녔지만, 한 마리만 어렵사리, 그것도 저녁 무렵이 되어서야 발견하였습니다. 그 녀석들은 저희들의 고향이 그리워서 탈출을 감행한 것일까요. 넓고 넓은 하늘과 드넓은 대지, 그곳이 원래 그들의 선조가 살았던 곳이기 때문일 것입니다. 며칠이 지난 어느 날 옆집의 콩밭에서 돌아오지 않고 있던 한 마리를 발견한 소년은 손뼉을 치며 좋아했습니다. 그 용맹스러운 새끼토끼는 엄마의 사랑에 크게 깨달은 바가 있었는지, 그 이후로는 일단 토끼장으로부터 탈출을 해도 토끼장 근처를 떠나지 않고 가까운 곳에서 놀았습니다.

드디어 가을이 깊어져 농원을 떠날 시기가 되었습니다. 토끼들도 마을 속에 있는 집으로 이사를 하게 되었습니다. 그 사이에 새끼토끼는 상당히 커서 두 마리는 다른 사람에게 분양을 하였고 네 마리는 어미토끼와 다른 별도의 토끼장으로 옮겨 주어 형제들끼리 사이좋게 지내고 있었습니다. 마을의 아이들이 가끔씩 토끼를 구경하러 와서 귀여워해 주기 때문인지 토끼는 매우 행복한 듯 보였습니다.

만추가 깊어진 어느 날, 나는 들판에서 일을 마치고 집으로 돌아 왔는데, 왠지 큰 소동이라도 있었던 것 같은 흥분된 공기가 흐르고 있었습니다. 소년머슴은 무엇인가 겁에 질려서인지 망설이며 머뭇거리며 고양이 등을 하고 상당히 슬픈 표정을 지어 보였습니다.

"무슨 일이라도 있었느냐?"

"저… 토끼가 죽어버렸습니다."

소년은 자초지종을 이야기했습니다. 토끼 사육장 쪽으로 가 보니 과연 소년에게 들은 그대로 새끼토끼 한 마리가 죽어 있는 것이 아니겠습니까. 용감한 새끼토끼답게 사육장에서 탈출한 순간, 그 토끼는 무참하게도 개에게 물렸던 것입니다.

"아, 아쉽구나. 아쉬워…"라고 중얼거리고 있는데, 옆에서 소년은 울상을 짓고 있었습니다. 슬퍼했습니다.

"이제는 어쩔 수 없다. 앞으로는 더욱 더 귀여워해 주자."

그로부터 얼마 지나지 않아 겨울이 되기에 토끼를 위해 방한 설비를 정비해 주기도 하고, 사료도 꼼꼼하게 주의를 기울여 주었습니다. 새끼토끼는 몰라볼 정도로 컸고, 식욕도 대단했습니다. 어미토끼는 쓸쓸하게 상자 속에서 꼼짝하지 않고 있었습니다.

해가 바뀌어 희망이 샘솟는 새해를 맞이하였습니다. 전쟁은 더욱 더 점점 그 가열 찬 열기가 하늘을 찌르고 있었습니다. 조용한 농촌에까지 그 영향이 미칠 정도로 점점 더 심해져 갔습니다. 여느 해와 마찬가지로 동네에서는 '모피공출(毛皮供出)'을 하게 되었습니다. 모피공출은 이미 완료되었지만, 끝내 어미토끼는 세 마리의 아이토끼들을 남겨 놓고 읍내로 끌려갔습니다. 소년은 동네의 끝자락에 서서 어미토끼가 떠나는 것을 바라보고 있었습니다. 그것도 모르는 새끼토끼 삼형제는 자신들의 집에서 깡충깡충 뛰어 다니고 있었습니다.

(「동양지광」, 1944. 5)

땅土

산에서는 끊임없이 아름다운 새소리가 들려왔다. 참새가 올해 들어서 처음으로 우는 소리였다. 겨울 동안 노래를 잊고 있었던 그녀는 새롭게 봄을 맞이해서 다시 노래를 부르기 시작한 것이다. 밭에서 일하고 있는 사람들을 불러서 그 소리를 들어 보라고 일러 주었지만, 그 장정은 잠깐 빙그레 웃을 뿐이었다. 그리고 아무렇지도 않은 듯, 그다지 감동도 없는 듯 한 모습이었다. 나는 가만히 서서 잡목림에서 흘러나오는 아름다운 소리에 잠시 취해 있었다. 무심하게 들으면 단순히 그저 그렇게 들리지만, 유심(有心)하게 들으면 정이 듬뿍 들어간 소리임을 알 수 있다. 아름다운 소리일 뿐만 아니라 깨끗한 소리이다. 봄이 되어야만 퍼져 나오는 성스러운 소리인 것이다.

이 성스러운 소리를 듣기 위해서라도 봄은 오지 않으면 안 되리라. 매년마다 봄이 되면 참새 소리를 듣고, 그리고 깊은 정감에 취하는 것도 언제부터인지 하나의 나의 습관이 되어 버렸다.

어느 일요일, 딸이 동네 소녀들과 함께 들판에 나가서 풀을 뜯고 있는 작은 양처럼 채취해 온 신선한 봄나물을 먹고 봄 내음을 느낀다. 참새의 아름다운 높은 노래소리를 듣고 봄을 느끼며, 할미꽃과 푸르른 보리 싹을 보면 봄이 왔음을 절감하게 된다.

　봄과 만난다는 것은 왠지 모를 즐거움이 있다는 것을 최근 들어 몇 년 전쯤에 처음으로 알게 되었다. 사계절이 있고, 그 계절마다 변해가는 모습이 우리들의 생활에 얼마나 많이 삶에 대한 보람을 느끼게 해주는지 고맙기가 이를 데 없다. 봄은 봄으로서, 여름은 여름으로서, 가을은 가을로서, 겨울은 겨울로서 각각의 때에 따른 즐거움을 지니고 있다. 특히, 봄은 생명의 탄생과 갱생기로서 경사스러운 계절이다.

　한 젓가락의 봄나물은 무엇이라 표현할 수 없는 얼마나 고마운 감미로움인가. 어머니와도 같은 땅은 얼마나 믿음직스러운가. 또한, 따스한 태양 광선은 또 얼마나 감사한 선물인가.

　한 톨의 쌀의 숭고함은 날마다 영글어 간다. 그럼으로 한 톨의 쌀도 소중하게 여기지 않으면 안 된다. 이것은 우선 쌀을 키워 주는 대자연에 대한 감사한 생각과, 그리고 그렇게 되기까지 만들어 준 농부의 고생을 생각해야 하기 때문이다. 대자연에 대한 감사의 마음은 봄이 되면 점점 더 커지게 된다. 농부에 대한 감사함도 농사철이 되어야만 깊이 느껴지게 된다. 백성의 마음, 즉 우리들의 마음인 것이다. 자기 자신이 일을 직접 해보고 나서야 비로소 진실로 농부들의 고생을 알 수 있게 되는 것이다. 작년 겨울부터 우물터의 물이 갑자기 격감해져서 동네사람들이 큰 곤란을 겪지 않을 수 없었는데, 며칠 전에 우물을 더 깊이 파서 수량이 다시 풍부해졌다. 이때 사람들은 누구라고도 할 것 없이 모두가 물에 대한 감사의 마음을 강하게 가졌을 것이다.

　작년 이맘 때 참새 노랫소리를 들으면서 함께 일했던 청년들은 지금 이 자리에는 한 사람도 남아있지 않다. '춘궁(春窮)'을 호소하던 어느 성실한 장정도 며칠 전에 '근로보국대' 임무가 떨어져 출동하게 된 것이다. 그들이 없어지고 나자 그들에 대한 감사한 마음은 절실한 그 무엇으로 남아 있다. 그들의 고생과 그 공적은 크기만 하였음을 절실하게 느낀다.

변화무쌍하기만 한 이 세상, 결코 우수에 젖어 감상에 젖어 있는 이야기만 할 수는 없다. 나는 몸으로 이 세상을 살아가지 않으면 안 된다. 바로 내 눈앞에서 많은 청년들이 차례차례 그곳으로 가는 것을 지켜보고 있다. 이제야 떠나보내는 사람의 마음을 알겠다.

그 청년들이 가는 행선지라는 것도 대부분 각각 임무의 성격이 달라서 친우들과 헤어져서 가게 된다. 이것이 또한 인간의 '운명'을 생각토록 한다. 그저 돌아 올 때까지 열심히 일하고 자기수양을 태만히 하지 말고 건실한 청년으로 다시 돌아오기를 바랄 뿐이다. 최근에 다시 한 번 오랜 한 친구를 맞이하면서 인정의 아름다움, 청순함, 강건함을 맛보았다. 10년이 조금 안되던 어느 해에 헤어진 그와 나는 최근이 되어서야 겨우 만나게 되었다. 헤어질 그 당시를 떠올리면서 나는 감격하지 않을 수가 없었다. 인정이란 이같은 것일까 하고 깊이깊이 반성도 하였다. 일개 군(郡)에서 최고로 중요하고, 최고 책임자라는 중책을 맡고 이곳으로 온 그 분은 그 짧지 않은 세월 동안 나에 대해서 전혀 잊지 않았었다고 한다. 나는 사람의 정이라는 것을 강하게 느낌과 동시에, 한편으로는 현재의 자신에 대해서 다시 한 번 생각을 고쳐먹지 않을 수 없었다. 진심어린 정성은 통한다, 아울러 마음에서 우러나온 정은 통한다는 것을 통감하게 되었다.

오늘도 밭에서 일을 하면서도 감사와 희망에 부풀어 깨끗하게 갠 하늘을 올려다보며 뜨거운 가슴을 식혀 내렸다. 물론 인간으로서 살아가는 한 고뇌로부터 초탈할 수는 없을 것이다. 그렇지만 흙과 친해지는 즐거움과, 흔들리지 않는 안정감을 얻게 되는 것은 누구도 어찌할 수는 없을 것이다. 예전 나의 친우는 내가 흙과 어울려 친하게 지내는 생활을 부러워하며 자신도 '낙향'해서 강하게 뜻을 세우고 싶다고 말하지만, 과연 그렇게 할 수 있을지는 의문이다.

흙투성이가 되기도 하고, 손은 항상 찰싹 달라붙은 독한 소독약인 석회유(石灰乳) 속에 담가야 하기 때문에 손등은 물고기 비늘처럼 들고 일어나 거칠다. 손바닥은 흡사 나무껍질 같이 벌어진다. 나는 언제부터인지는 모르지만 손을 물끄러미 쳐다보는 습관이 생겨서 스스로 이상하다고 생각한 적이 있다. 거울은 거의 보지 않지만 손은 자주 보는 편이다. 가끔 조금씩 아픔을 느끼기 때문일 것이다. 삽질을 멈추고 농담을 반쯤 섞어 같이 일을 하고 있던 농민청년의 손과 비교해 보니, 내 손이 더 거칠게 보일 때 깜짝 놀라 그만 크게 웃고 말았다. 오랜 세월 동안 진정한 농부로 살아온 손보다 내 손이 더 거칠었던 것이다.

지금은 몸도 마음도 좀 더 크게 변화시키지 않으면 안 되는 시기라고 생각하고 있다. 일시적으로 공리주의적인 관점에서 탈피하여야 하는 시기라고 생각한다.

만물을 키워 내는 흙에게는 아무런 공리적인 마음이 없을 것이다. 그저 오로지 희생만이 있을 뿐이다. 푸르른 보리 싹에게 무슨 공리심이 있을 수 있겠는가. 보리밭에 거름을 주는 농부의 마음에도 공리심은 존재하지 않을 것이다. 있다면 증산에 대한 마음일 것이다. 그것이 오로지 그가 가지고 있는 단 하나의 공리심이라 말할 수 있을 것이다. 일렬로 열을 지어 보리밭에서 김을 매는 부인들의 마음에도 공리심은 존재하지 않을 것이다. 흙의 마음이 아마도 그런 마음일 것이다. 보리밭에 봄은 무럭무럭 뻗어 나간다. 봄비라도 내려 주면 들판의 윤기는 더해지고 흙은 웃는다. 나무를 세우고 고구마를 챙겨 놓았다. 그리고 밭으로 나가서 고구마(馬鈴薯)를 심었다. 어디선가 종달새 소리가 무성하게 들려온다. 하늘 위로는 비행기가 굉음을 내면서 머리 위로 지나간다. 기차 기적소리는 가까이에서 울려오고 있다. 그리고 당연한 일이지만 고구마를 자르면서 물이 들어 검게 변색된 거친 손으로 재빨리 고구마 종자를 띄엄띄엄 흙 속에 심는다. 그리 멀리 떨어지지 않은 곳에서는 한 무리의 부녀자들이 나물을 캐고 있다. 불과 며칠 전에 야생 나물에 대해 단편적이나마 '지식'을 조금 배웠다. 옛날부터 부녀자들이 야외에 나가서 나물을 캐는 것은 여러 가지 면에서 매우 큰 의미를 가지고 있다. 들판에는 농부들의 소박한 모습들이 보이고, 물을 준비하고, 논을 일구고, 씨앗을 파종한다. 증산과의 전투는 이미 시작되었다. (3월 25일)

(「동양지광」, 1944. 6)

물水

우리 평야에서는 지금 생산전쟁이 벌어지고 있다

평야에는 여러 가지 생활과 관련된 전설이 전해져 내려온다. 특히 앞으로 고향마을을 떠나게 될 많은 농민청년들의 수많은 살아있는 전설이 이 평야에 남겨질 것으로 예상된다. 지금부터 이야기할 물과의 싸움도 전설의 하나일 것이다.

우리 마을과 가까운 평야 일대는 오랜 옛날부터 홍수로 상당히 유명했었다. 소위 포촌(浦村)이라고 하는데, 그곳에는 양반이라 하는 자들은 그다지 거주하지 않는 곳이다. 그런 곳이기 때문에 여름 홍수시기라도 되면 주민들은 매우 시달림을 당하고 있었다. 그곳은 정확하게는 수원, 진위(振威 : 평택) 2개 군(郡)의 경계를 이루고 있는 곳이다. 동북쪽으로부터 흘러드는 2개의 작은 하천이 합류하면서 그다지 크지 않은 폭풍우라도 불어 닥치면 강은 금방 범람하게 되어, 순식간에 일대의 평야가 물 천지가 되어 버린다. 강물은 꾸불꾸불 서해를 향해서 조금씩 흘러가기 때문에 4,5일이 지나도록 물은 쉽게 빠지지 않는다. 만약에 계속해서 비라도 내리게 되면, 거센 탁류는 좀 더 오랜 시간 동안 이 일대에 머물러 있게 된다. 어렸을 때 직접 목도한 경험과 더불어 대정(大正)년간인 기미년, 임술년 무렵으로 생각되는데, 그 당시의 홍수는 어마어마한 것이었다. 당시의 홍수는 탁류가 눈에 보이지도 않을 정도로 이 근방을 온통 뒤덮었다. 마을이란 마을은 모두, 논이라는 논도 모두, 밭이라고 하는 밭도 물론, 모든 것들을 하나도 남김없이 모조리 홍수물이 삼켜버려 일대장관을 이루고 있었다. 누런 황토물이 흐르면서 내는 폭포수 같은 소리와 하얀 물새들이 울면서 날아가는 풍경은 얼마나 가슴이 벅차도록 장쾌한 것이었던가. 그런데 그때 "도와주세요! 사람이 죽어요!" 라는 울부짖는 소리가 있었다. 초가집 지붕위로 올라가 있는 사람들의 울부짖는 광경은 처참한 모습임에 틀림없었다. 이때 용감한 청년들이 서둘러 작은 배를 띄워 탁류 속을 헤쳐 나가서 겨우 그들을 구조해 주었다. 그렇게 홍수에 큰일을 당한 그곳에 사는 농민들은 산이 있고, 나무가 있어서 직접 수해를 입지 않은 우리 마을을 한없이 부러워했었다. 그러면서 하는 말이 "아, 살기 힘든 곳이다! 내년에는 반드시 이 땅을 떠날 거야!" 라며 울부짖듯 소리 지르는 것이었다. 그러나 홍수가 지나고 나면 그때 했던 그런 맹세는 까맣게 잊고 묵묵히 근면하게 일한다. 무엇보다도 경작지가 넓기 때문에 홍수만 없다면 그 어떤 땅보다도 살아가기 좋은 곳이기 때문이다. 농부들은 넓고 비옥한 땅을 욕심낸다. 이 같은 두 가지 조건만 구비된다면 다른 사소한 불편이나 일시적인 재해는 충분히 참고 견뎌낸다.

    아무개 참봉도 이 들판마을로 이사 와서 살고 있었다. 그는 첩실을 강 건너편에 두고 홍수 조짐이 보이면 재빨리 안전한 방법으로 그곳으로 탈출하는 것이었다. 그 참봉은 조선 말기 항간에서 가득 흘러넘치던 무슨무슨 주사, 무슨무슨 선달, 무슨무슨 참봉 등등의 허위 관직과는 달리 조선왕조의 모 왕릉을 지키는 수호관으로 진짜로 일을 하였던 진짜 참봉이었다. 그도 역시 땅 때문에 가난한 백성들이 사는 이 들판으로 이사를 온 것일 것이다. 아마도 그도 뿌리 깊은 구체제 양반은 아니고 극히 최근에 생긴 새로운 양반일 것이라고 생각은 되지만, 어찌되었건 그들 일족이 이 들판마을의 왕이 된 것은 숨길 수 없는 사실이다. 그는 지주로서, 게다가 마름으로써 토지 관리인 역할까지도 동시에 하는 데도 불구하고, 마을 사람들이 그에 대해서 악감정이나 적대감을 가지지 않았던 것을 보아도 그 참봉에 대한 인품은 어느 정도 추측할 수 있었다.

그리고, 이 참봉의 가장 큰 공적은 무엇보다도 마을의 풍치를 위해서 황구지천의 둑을 따라서 가득히 포플라 나무를 심은 것이라 할 것이다. 그 평범한 들판마을에 나무 한 그루도 없었다면 이야말로 얼마나 살풍경한 모습이었을까. 그런데 다행히도 이 참봉은 그런 정도의 앞을 내다보는 식견을 가지고 있었던 것이다. 내가 어렸을 때 그는 둑에 포플라 나무를 심은 공로로 당국으로부터 적지 않은 상금을 받았었다. '상급'을 매우 좋아하는 백성들은 선망에 찬 시선으로 이 이야기를 해서 귀에 닳도록 들은 기억이 있다. 그 참봉이 그런 상급을 받았었다는 사실 여부는 차치하고라도 그의 공적은 이 마을이 계속되는 한 영원히 살아남아 전해질 것이다. 포플라 나무로 된 성곽은 황구지천을 따라서 양쪽으로 나란히 높이 솟아 있는 것이 마치 마을을 지켜주고 수호병 같아 보인다. 아울러 다행인 것이 그 참봉의 아들도 매우 성실한 청년으로써 부친이 남긴 명물이 된 포플라 나무 유물을 잘 지키고 있다.

옛날부터 이 평야에서는 청년들에게 어떤 전설이 전해져 내려오고 있다. 포플라 나무 그늘에서 전설은 입에서 입으로 전해지고 있는 것이다. 당시에 포플라 나무 그늘 밑에서 이야기를 나누고 있었던 청년들 중 한 명인 참봉의 아들은 이제는 군내에서 유일한 젊은 인텔리 면장으로 활약하고 있다. 그도 포플라에 대해서는 너무도 잘 알고 있을 것이다. 그럼에도 강은 매년마다 몇 명씩인가의 남자나 여자, 또는 아이를 집어 삼킨다. 그래서 반드시 매년 황구지천에서는 위령제 행사가 무당에 의해서 거행된다. 이 날은 사람들이 모여서 인산인해를 이룬다. 구경꾼들을 위해 황구지천에서 거행되는 행사는 하루 종일 이루어진다. 그러나 옆에서 물은 아무런 말도 없이 묵묵히 흐를 뿐이다. 여기에는 많은 슬픈 전설이 깃들어 있다. 우리들의 아이를 위해서, 혹은 수많은 그 아이들의 엄마가 희생되었다는 것과, 가정불화 때문에 황토강에 몸을 던지지 않을 수 없었던 사연 등등이 전해지고 있는 것이다.

최근 상류 쪽 일부에서 하천공사가 진행되고 나자 그다지 큰 홍수는 없어졌다. 이전과 같은 큰 수해는 지금은 그다지 없을 뿐만 아니라 농사철에는 황구지천의 양쪽에 양수발동기가 설치되어서 가뭄에도 대비하게 되었다. 수리시설이 불충분한 다른 마을에서는 가뭄피해를 입지만, 이 주변은 그리 큰 가뭄피해가 없다. 앞으로 하천공사가 완성되면 예전과는 완전히 다른 비옥한 들판이 될 것은 기정사실이다. 물도 사람에 의해서 나쁘게 될 수도, 좋아질 수도 있게 된 것이다.

소위 천수답이라고 하는 여타 논들은 모내기를 할 수가 없었음에도 이 강 주변에 있는 논들은 이미 이앙작업이 완료되어 있다. 끊임없이 계속 돌아가는 양수기가 힘 좋게 붕붕거리며 돌고 있다. 올해와 같이 오랜만에 보는 심한 가뭄에도 물 부족을 그다지 심하게는 느끼지 않았다. 물은 양수기 펌프꼭지와 호스를 통해서 끊임없이 뿜어져 나오면서 논으로 논으로 흘려보내고 있다. 다른 곳은 수원(水源)으로서 불충분한 재래식 저수지나 보(洑)에는 몇 십 명인지도 모를 동네사람들이 모여 담배를 피우면서 감질나게 졸졸 흐르는 물을 바라보며 헛된 시간을 보내고 있다. 그러다가 누군가 한 사람이라도 보이지 않으면 즉시 물이 나오는 구멍에 손을 대어 본다. 소위 '아전인수(我田引水)'라는 것도 정도껏 하라는 말이 있다. 그런데 그런 사태라도 벌어지면 싸움이 일어나기 마련인데, 이쯤 되면 서로가 내가 맞네 네가 틀리네를 떠들어 댄다. 이같은 불쾌한 광경에 비해서 이곳에서는 양수기를 이용해서 논에 물을 잘 댈 수 있는 모습을 볼 수 있다. 얼마나 자연스러우며 유쾌한 광경인가. 좀 더 편리해 졌으며 경제적인 시설인 것이다. 벼가 무럭무럭 자라서 훌륭하게 쌀을 수확할 것을 상상하면 그 고마움이란 진심으로 크게만 느껴진다.

"기계 고장도 없고 기름만 충분하면 그것으로 좋습니다."

양수발동기의 '기계운전원'인 청년은 말한다. 동네의 많은 청년들 중에서 겨우 2,3명만이 기계를 알고 있다. 이 청년은 매년 이 시기가 되면 '기계운전원'으로서 중요한 임무를 가지지만, 한 가지 고민은 그 운전기술이라는 것이 단순히 사람이 하는 것을 어깨너머로 보고 배운 것이라는 것이다. 배우지 못한 무학인 그로써는 아무런 그럴듯한 논리도 없이 운전을 할 수밖에 없다. 기계고장이라도 나면 기계가 그만 멈춰버리게 되는데, 그럼에도 그는 당황하지도 않는다. 보통 사람이라면 어찌할 바를 몰라할 텐데 그는 그런 모습도 없이 그저 묵묵히 끈기 있게 수리를 마친다. 그래서 결국에는 기계를 되살려 낸다. 이렇게 되기까지는 예사롭지 않은 고생이 있었을 것이다. 실제로 그는 학교는 물론 강습소나 한문서당이라도 다닌 적이 없었다. 그의 부친은 생전에 도박에 빠져서 가난한 생활을 면할 수 없었다. 그렇기 때문에 자식들의 교육에는 눈 돌릴 여유도 없었으며, 항상 기진맥진한 힘겨운 생활모습이었다. 1년간 피와 땀을 흘려 부지런히 일해서 번 수입으로 가끔은 송아지라도 한 마리 사지만, 그런 즐거움도 일순간으로 끝내고 만다. 도박꾼에게 속아서 투전판에 가져다 바치고 마는 것이었다. 도박판에서 자주 어울렸던 아무개는 지금은 면내(面內)에서 '유지' 소리를 들으며 무슨무슨 직위까지 가지고 있지만, 청년의 아버지는 가난한 농부였을 뿐이었다. 그리고 서러운 마음을 안은 채로 결국에는 이 세상을 떠나고 말았다. 그 청년의 아버지는 그 '유지' 같은 음흉한 성품을 지니지 않은 너무나도 정직한 사람이었던 것이다.

그러나, 그 음흉한 유지라는 자는 자신의 아들을 위해서라도 도박을 하지 않을 수 없었다 한다. 그렇게 해서라도 돈을 벌어서, 어떤 일을 해서라도 아들들을 가르치려고 하였던 것이다. 어떤 것이라도 한번 보고 써보면 외워서 알 정도의 재능을 지닌 청년이 되었다고 한다.

"동생은 매일 강습소에 잘 다니고 있는가?"

"네, 그렇습니다."

"자네가 동네일로 이렇게 나와 있으면 집안일은 곤란하지 않겠나?"

"아니, 그다지…"

대답을 다 마치기도 전에 청년은 물이 흐르는 수로 쪽으로 걸어갔다.

나는 잠시 동안 감사의 마음이 들어 여러 가지를 생각해 보았다. 동생은 매일 청년특별강습소에 다니고 있었던 것이다. 자신의 집안일에 쫓기면서도 마을 사람들을 위해서 이렇게 기계를 돌보아주고 있으니 미안한 마음이 들었다. 논으로 흘러드는 물 한 방울 한 방울에는 모두가 그 청년의 진심이 들어가 있는 것이다. 이 청년에게 깊은 사례를 하지 않으면 안 될 것이다. 어떤 작은 좋은 기회라도 생기기라도 하면 물불을 가리지 않고 개인적인 이익을 노리는 그런 무리들과 비교해 보면, 이 청년은 얼마나 양심적인가.

'타인이야 어찌되건 자신만 이익을 얻으면 그것으로 좋다는 풍조이지 않은가. 요즘 사람들의 입에 회자되는 아무개를 보자. 원래 그 사람들도 모든 것에 정직하였기 때문에 그렇게 되지는 않았다. 자신의 이익을 챙겼기 때문에 그렇게 성공한 것이다.' 라고 하는 것이 요즘 세태인 것이다.

예를 들면 어떤 읍내에서 일류 지주이자 부호로 알려진 차 모씨, 양 모씨, 홍 모씨 등을 들 수가 있다. 그러나 그같은 견해는 크나크게 잘못된 망령된 생각이다. 도무지 그같은 자들이… 다만 그들에게 반성의 날이 오기만을 절실하게 바랄 뿐이다.

나는 황구지천에 앉아서 여러 가지 일들을 생각해 보았다. 사람에 대해서, 물에 대해서 등등. 물길을 따라서 위와 아래로부터는 양수발동기 소리가 끊임없이 들려왔다. 예전에는 홍수로 넘쳐흐르던 물 때문에 괴로워하던 이곳 평야가 지금은 물에 굶주려서 물을 구하고 있다. 그리고 앞으로 수리시설이 완비되는 날을 상상해 본다. 전력화와 기계화!를 기대해 본다.

하늘에는 한 떼의 뭉게구름이 조용하게 떠있다. 종달새가 쩍쩍 울며 날아 내려가다가 다시 날아오르고, 날아올랐다가는 다시 내려간다. 들판에 흩어져 있는 마을의 초가지붕 위에서는 몇 줄기인가 저녁연기가 피어 올라오고 있다. 그리고 천천히 흘러오다가 서서히 포플라 나무 사이로 사라져서는 하늘로 날아간다.

평야의 저 끝머리에는 아직 농부의 일하고 있는 모습이 보인다. 소가 음메 소리를 내며 울고 있다.

"비가 내려 주면 좋겠는데…"

한 장정이 내가 앉아 있는 옆으로 와 앉으면서 이렇게 한마디 하는 것이다.

"도대체 어찌된 일일까요? 근년에는 마치 정해진 듯이 비가 부족해서 물이 그립기만 하네요."

"…"

나는 잠깐 동안 대답에 궁핍함을 느낀다.

어찌되었건 물에 대한 소중함과 고마움을 몸소 체험하게 된 것도 하나의 좋은 시련이 되지 않았을까 하고 생각해 본다. 사람들은 물에 대한 고마운 생각을 과학적인 입장에서 되찾을 필요가 있다고 생각하였다. 어느 노부부는 성실하고 진실한 표정으로 이렇게 말한다.

"물을 낭비하면 용궁의 용왕님이 노하셔서 물을 주지 않아요. 최근의 젊은 사람들은 물을 소중하게 사용하지 않아 곤란합니다. 지금 물이 없어 가뭄이 든 것은 그 죄값을 치르고 있는 것인지도 모르겠네요."

나는 그저 유쾌하게 웃어 넘겼지만, 옛날 사람들이 물을 얼마나 소중하게 여겼었는지를 느꼈을 때, 마음속으로 조용히 옛날 사람들의 생각에 어떤 경외로운 감정이 일어났던 것이다.

물을 소중히 여기는 것은 중요하다. 물 한 방울이 결국은 생명의 한 줄기이기 때문이다. 물이 없이는 생산전(生産戰)도 있을 수 없다. 그래서 가뭄을 이겨 나가고자 이렇게 모두가 한 마음으로 물을 구하고 있는 것이다. 날이 저물어도 물을 구하고자 하는 손길은 쉴 틈이 없다. '기계운전원' 청년은 황혼이 저무는 어스름 속에서 유령처럼 빨리 달려온다. 그의 동생이 도시락을 들고 와 양수발동기 천막집에서 기다리고 있는 광경도 얼마나 감사의 극치를 보여주고 있는 것이냐.

(「동양지광」, 1944. 10)

해 제

유격적 장르로서의 수필과 우회적 저항

김 재 용 (문학평론가, 원광대 교수)

박승극은 「반도의광」 1943년 1월호에 발표한 수필의 필자 약력 난에 자신을 수필가로 적고 있다. 소설가라든가 평론가라든가 하는 말은 없고 오로지 수필가라고 자신을 소개하고 있다. 그 동안 소설가와 평론가로만 알고 있던 우리에게는 매우 낯설게 보인다. 하지만 일제하에서 박승극이 발간한 단행본이 소설집이나 평론집이 아니고 수필집이라는 것을 고려하면 이러한 자기소개가 뜬금없는 일은 아니다.(검열로 인하여 소설집과 평론집은 출판하지 못하였다고 본인 스스로 밝힌 바 있다). 1938년에 『다여집』이란 수필집을 발간하였고, 1940년 이후 오로지 수필만을 발표했었다는 사실을 고려하면 더욱 그러하다.

1938년에 발간된 『다여집』에 실린 글은 1933년 4월 옥에서 나온 이후 틈틈이 쓴 것들을 모아 놓은 것이다. 1933년 이전에 발표한 것들은 검열의 탓인지, 아니면 마음에 들지 않아서 그런 것이지 분명치 않지만, 전혀 들어 있지 않다. 그리고 시간이 흐를수록 점점 많아져 1938년에 발표된 글들이 다수를 차지하는 것을 보아 수필가로서의 자의식을 한층 강화시켜 나갔음을 알 수 있다.

농조사건으로 영어생활을 하다가 풀려난 1933년 무렵은 우리 문학계와 사상계 전체에서 큰 변화가 일어날 때이다. 카프 내에서도 얻은 것은 이데올로기뿐이라고 하면서 문학의 현실성을 부정하는 논의들이 나오기 시작하였고, 진보적 운동을 하던 이들이 하나씩 전향선언을 하기 시작할 때이다. 그나마 운동의 지향을 지속하던 이들에게 있어서도 집단적 주체는 과거의 것이 되어가고 뿔뿔이 흩어져 각개약진을 하던 시대이다. 바로 이러한 시점에서 박승극은 소설과 평론 대신에 수필을 유격적 양식으로 간주하고 이를 적극적으로 활용하기 시작하였다. 검열의 눈을 피하여 자신의 생각을 드러내기 위해서는 수필이란 장르가 잘 맞는 것으로 생각했던 것 같다. 소설과 평론 대신에 점점 수필에 강화하였고, 1938년에는 이것들을 모아 수필집을 내기에 이른다.

『다여집』이 출간되었을 때 구 카프 작가로부터 호평을 받았는데, 임화의 서평과 달리 이기영의 서평은 이 책이 갖는 특징을 제대로 짚어내고 있다.

> 흔히 글은 사람과 같다 한다. 글이 앞서는 이가 있는데 내가 보기에 박형은 글과 사람이 똑 같다고 생각한다. 나의 이 말이 틀리지 않다면 『'다여집』은 마치 박형의 인격을 거의 정신적으로 뭉쳐 논 것 같다 할 것이다. 그의 건실한 사상과 간간한 문장과 그러면서도 정열적인 것이 우선 그렇게 보인다. 실로 『다여집』은 박형의 면모를 약여케 한다. 과거의 그의 언동이 젊은이로서는 지나칠 만큼 침착결백하고

또한 사회악에 정면으로 부닥쳐온 긴장된 생활경험이 풍부하였던 만큼 그의 문장에는 로맨틱한 영롱이 없는 대신에 준엄한 기상이 어디나 나타난다. 한 말로 말하면 이것이 박형의 특징이오 장점이다. 따라서 그에게는 아기자기한 문장의 아로새김이나 화려한 문채를 갖추지 못한 것을 탓할는지 모르나 만일 이 두 방면을 쌍전치 못하다면 나는 차라리 후자보다도 전자를 추들기에 주저치 않겠다. 그것은 더욱 현하와 같이 속악한 문자가 횡행하던 시절에 있어서는 다른 무엇보다도 제일 큰 강미를 갖는 시대의 양심인 때문이다. 또한 수필에 있어서는 그것이 쓰기에 쉽다고 내남없이 함부로 끄적이어서 가득이나 수확이 적은 수필단을 더 한층 타락시킴이 없지 않은 이즈음에 박형의 『다여집』과 같은 건전한 내용을 포함한 수필집을 보게 된 것은 여간 반가운 일이 아니다.

이기영을 비롯하여 구 카프의 작가들로부터 큰 호응을 받았던 박승극은 더욱 수필에 박차를 가하였다. 1940년에 이르면 중요한 선택을 하게 되는데, 그 동안 자신이 해왔던 모색이 당대의 혼란스러운 사회적 흐름에 제대로 대응하지 못하고 빗나갔던 것을 반성하고 농민문학의 길을 걷기로 결심한다. 한때 출판사 등을 하면서 시대의 탁류를 거슬러 가보려고 하였지만 그것 역시 결국 자기가 갈 길이 아니라고 판단하고 고향 마을로 내려와 완전히 뿌리를 내리면서 농민과 함께하는 농민문학의 길을 걸었다. 1940년 1월 「조광」잡지에 발표한 '생활적인 문학'은 이러한 새로운 길을 알리는 선언에 해당한다. 이후 박승극의 진로를 보여주는 글이라 전문을 인용할 가치가 있다.

제약 속에서 생활을 영위해야 되는 것이 오늘날까지의 인간이라면 그것은 확실히 슬픈 운명이 아닐 수 없으리라. 지나간 한때에는 주어진 제약 속에서도 이상과 현실의 통일을 위하여 정열을 발휘할 수 있었다. 그러나 이 제약이 일층 강화되는 시기 사람들은 자체에게 부여된 슬픈 운명에 지질리어 동요 방황하지 않으면 안 되었다. 결국 소부대는 현실에서 물러나 은둔하였고 소부대는 현실에 휩쓸려 추종하기에 이르렀다. 한데 이상과 현실이 상반될 때 거기서 깨끗이 떠나는 것을 고귀하게 여기고 기실 그것이 안일한 소업도 아니지만 우리는 이에 대하여 절통한 반성을 해봄이 필요치 않을까? 현실 즉 세상과 등져 청백하게 산다는 것이 이상을 만족시키는 것과 보다 가까운 거리의 것이 될 수 있을까? 고기가 물속에서만 사는 것과 같이 사람이 시대를 초월해 살 수 없는 것은 뻔한 진리다. 이 엄연한 현실에 눈을 가린대자 현실이란 시대의 물결은 제대로 치받고 에워싼다. 그리하여 이상은 이상만으로 대굴대굴…극히 값없는 슬픈 결과를 지을 것이다. 그것으로서 체관한다면 문제는 단순하다. 하지만 인간이란 그렇듯 단순한게 아니다. 현실을 회피하고 물러나기엔 오로지 소극과 퇴보와 내지 죽음의 길만이 약속되었다. 우선 이 엄연한 현실 속으로 뛰어들어 생의 의의를 찾아야 할 것 아닌가? 이것은 물론 청백한 은둔과 타락된 추종과는 근본적으로 구별되는 것이다. 문학이 인간 일생의 사업으로 적은 것인지 아닌지는 단정하기 어려우나 어쨌든 한 사람의 문학가로서 비록 한 가지 일에라도 집착하고 싶다. 여러 가지 의미에서 오늘날을 '신세대'라고 한다면 문학의 신세대는 무엇보다도 재래의 편협한 문단 분위기를 털어버려야 할 것을 요구한다. 전체적으로는 자체에 대한 절통한 반성이다. 홍수처럼 범람해진 소극적인 소비적인 문학과 결별하는 것은 은둔과 추종에서 벗어나는 문학적 신세대의 당연한 과제다. 시대적인 생활적인 문학의 길을 찾아가자. 그의 하나로서 흙의 문학-농민문학을 힘껏 쥐고 놀란다. 흙 위에 버티고 서서.

이 글이 갖는 시대적 의미를 파악하기 위해서는 당대 문단 및 지식인의 일반적인 상황에 대한 이해가 필요하다. 일제 말의 문학은 협력과 저항으로 양분되었다. 협력의 경우 조선인과 일본인 사이의 차이를 일정하게 보존하면서 일본국민화를 주장하는 유진오식의 협력과, 차이를 무화시키면서 일본국민화를 부르짖는 이광수식의 협력이 함께 동거하는 상황이었다. 박승극은 이들 모두를 가리켜 '타락된 추종'이라고 부른다. 저항의 경우 박세영이나 신석정처럼 침묵을 통한 저항이 있고, 박승극처럼 글을 지속적으로 발표하면서 우회적으로 저항하는 것이 있다. 박승극은 전자를 가리켜 청백의 은둔이라고 하면서 가장 올바른 저항은 아니라고 비판한다. 검열의 제약을 받는 가운데서도 구체적 생활의 기반 속에서 시대의 탁류에 맞서는 글을 줄곧 발표하는 것이 바른 길이라고 생각하였다. 박승극에게 그 생활의 기반은 바로 농촌이었다. 수필 등을 통하여 농민의 삶과 희망을 말하는 농민문학이 그가 이 시기 이후 걷고자 하였던 길이다.

이 무렵의 농민운동은 과거 1920년대 말과 1930년대의 그것과는 매우 다르다. 일제의 총동원체제가 판치는 시대에 농촌에서 농민들과 같이 하면서 그들의 나아갈 길을 함께 모색하고 새로운 문명을 열겠다고 하는 것은 결코 쉬운 일이 아니다. 그는 검열이 허락되는 한 모든 수단을 통하여 농민들의 삶과 미래에의 희망을 가꾸어 나갔다. 『다여집』에 실린 수필들이 때때로 지식인의 회의가 깃들어 있는 반면, 1940년 이후의 수필들은 그 시대적 어려움에도 불구하고 농민들의 희망을 잘 드러내고 있어 다소 대조적이다. 그는 수필을 유격적 장르라고 생각하였기에 잡지의 성격을 탓하지 않고 발표하였다. 당시 농민들을 대상으로 금융조합에서 발간하던 「반도의광」에는 한글로 수필을 발표하였고, 지식인을 대상으로 친일시인인 김용제 등이 발간하였던 「동양지광」에는 일본어로 수필을 발표하였다.

친일 글로 도배하였던 「동양지광」에 발표한 박승극의 일본어 수필들을 보면 놀랍게도 식민주의에 협력하는 그 어떤 흔적도 찾아볼 수 없다. 1945년 패망 직전까지 그가 발표한 일본어 수필에서 오로지 농민이 처한 비참한 현실과 이를 증언하는 관찰로 일관하고 있다는 점은 참으로 놀랄만하다. 당시 그 어떤 지식인에서도 찾아보기 힘든 모습이다. 유격적인 장르인 수필을 통하여 시대의 증인으로 남고자 하였던 그의 이러한 자세는 매우 드문 것으로, 한국근대문학사 특히 일제말의 문학사에서 귀한 것이라 할 수 있다. 문학사에서 제대로 자리매김되지 못하였던 박승극의 면모를 종합적으로 고찰할 수 있는 시점이 점점 가까워진다.

조사·정리 | **홍 일 선**(시인)

1909. 12. 14	수원군 양감면 정문2리 348번지 포당동에서 반남박씨 아버지 朴興陽(1892. 11. 10 생)과 예안이씨 어머니 李仁緖(1886. 6. 20 생) 사이 7남매 중 장남으로 출생.
1912. 9. 13	남동생 勝泰 출생. (1913. 8. 3 사망).
1914. 7. 27	남동생 勝禹 출생. 1948년 8월 입북. 6·25전쟁 당시 마포구 인민위원장.
1916. 8. 27	여동생 勝辰 출생.
1919. 2. 18	여동생 勝浩 출생. 6·25전쟁 기간 보도연맹 관련자 예비검속 때 학살당함.
1923. 3. 1	양감면 사창리 소재 보신(普新)강습소 2학년에 편입학.
4. 30	여동생 勝福 출생.
1924. 3.	배재고보 입학. 이후 반남박씨 일문이며 배재고보와 고향 선배인 박팔양 시인의 영향을 받아 민족문학에 눈을 뜸.
1925. 8. 25	이적효, 이호, 심훈, 송영, 박세영, 김홍파 등에 의해 1922년 9월 조직된 '염군사(焰群社)'와 박영희, 안석영, 김형원, 이익상, 김기진, 김복진, 장학년 등에 의해 조직된 '파스큘라'가 결합, 프로문예운동 '조선프롤레타리아 예술가동맹(KAPF)' 결성.
9. 20	여동생 勝具 출생.

1926. 2. 1	카프 준기관지 『문예운동』창간. 김기진, 박영희, 이기영, 이상화, 안석영, 홍명희 등 참여.
1927. 7	카프 기관지 『예술운동』을 박영희, 이북만, 한식, 김두용 등이 창간.
1928. 1. 31	경북 영천군 영천면 성내리 71번지 출생의 孔太玉과 결혼.
3.	배재고보 4학년 재학중 일제 치하에서의 식민지 교육에 회의를 품고 학문을 중단, 일본대학으로 유학을 결심.
3.	일본 동경으로 유학, 일본대학 정경과 입학.
8.	사상관계로 일본대학 출학, 귀국. 이후 카프 맹원으로 가입, 반일 민족해방운동에 투신.
1928	고향 정문리에서 빈농, 무산자의 미취학 청소년들을 위한 신흥학당 운영.
	일제 치하에서 합법운동 공간 확보를 위하여 「조선일보」수원지국 운영.
	이후 수원기자동맹 및 신간회 수원지회에 주도적으로 적극 참여하여 활동.
	이 시기, 평생의 사회주의 민족해방운동 동지 張桂文, 金時中, 邊基在, 金榮相, 具直會 등 만남.
1929. 4. 23	카프 수원지부 결성, 준비위원장으로 피선.
5. 11	카프 수원지부 주최 문학강연회 개최. 초청 문인으로는 朴八陽, 朴英熙, 金基鎭, 朴和, 尹英鼎, 宋影, 윤완희(赤駒). 박승극이 사회를 보았고, 김기진이 개회사, 박팔양과 윤기정은 문학강연, 임화는 「우리 오빠와 화로」시 낭송, 일제의 연사 제한으로 강연을 못한 소설가 송영은 「水原行」을 『朝鮮之光』6월호에 기고.
6.	김두용, 이북만, 성자백 등이 주도한 카프 동경지부에 의해 기관지 『無産者』창간.
6.	『朝鮮之光』6월호에 1920년대 일제하 참담한 농촌현실 속에서 소작농이 '주의자'로 전이되는 과정을 핍진하게 묘사한

	소설「농민」을 발표하면서 등단.
8. 12	카프 수원지부 제1회 정기대회 개최. 지부장 朴勝極, 서무 權舜會, 교양 孔錫政, 조직 엄익홍, 조사부 黃應善, 鄭光秀, 金鳳喜 등 참여.
8. 24	프롤레타리아 연극(제목 〈泃車〉, 〈순례〉, 〈梁上君子〉)을 수원극장에서 공연하려 했으나 검열로 취소. 서무부 위원 정광수 검거됨.
1930. 1.	수원 조선청년동맹 위원장으로 활동.
3. 29~30	조선 최초의 프롤레타리아 미술전람회를 화성학원에서 개최. 조선 내외 각 곳에서 출품한 작가로는, 朴和(일본 동경), 金○(원산), 金○來(수원), 李定鉉(해주), 金泉水(평양), 朴凡辰(수원), 禹聖奎(수원), 朴勝極(수원), 金正元(수원), 邊基在(수원), 郭炳英(수원), 李相大(서울), 錢悳○(부안), 黃應善(수원), 엄익홍(수원), 車在化(수원), 姜湖(서울), 형평사 수원지부 회원들. 총 출품 작품 150여 점. 입장료 5전. 프로 미전 폐막일에 박승극, 공석정, 우성규 등 일시 검속되었다가 석방.
10.	카프 기관지 『예술운동』 폐간. 이후 카프 개성지부의 양창준, 이적효, 민병휘, 엄흥섭 등에 의해 문예 대중잡지 『群旗』 발행으로 세칭 '반카프 사건' 발생. 『군기』에 참여한 맹원 제명으로 일단락됨. 『군기』를 대신하여 카프에서는 기관지 前線』을 발행하려 했으나 일제의 원고 압수로 무산됨.
12. 30	장녀 赤緖 출생.
1931. 3.	「조선청년총동맹 해소론」을 『해방』 3월호에 발표하여 침체된 사회주의 민족해방운동 진영에 신선한 충격을 줌.
5.	고향 양감면에서 방정환 등이 주창한 '어린이날'의 개량성에 반대하여 '무산소년(無産少年) 데이'를 선포하려다가 김시중, 장주문, 구직회, 한중석 등 동지들과 함께 검거됨.
6.	카프 1차 검거사건 발생. 박영희, 김기진, 임화, 김남천 등

	6.	『비판』3~4호에 박승극 자신이 직접 체험한 수원청년동맹 등 활동과정에서 마르크스주의에 입각한 노동자들의 집단투쟁을 그린 소설「재출발」발표.
	11.	'수진 적색농민조합사건'으로 박승극, 장주문, 남상환, 김영상, 이원섭 투옥. 이후 25차례 구속. 남상환은 병보석으로 출옥한 후 4일 만에 죽음.
1932. 1.		최초의 문학평론인「푸로문학운동에 대한 감상 - 1932년에 대한 我等의 희구」를『비판』9호에 발표.
	6.	김남천을 발행인으로 카프 기관지『집단』을 발행하려 했으나 일제의 검열로 무산.
1933. 7.11~13		평론「문필가의 당면한 부분적 임무」를「조선중앙일보」에 연재.
	9. 2	평론「푸로 작가의 동향 - 임화의 문예시평을 논함」을「조선일보」에 발표.
	9. 3	평론「푸로 작가의 동향 - 김남철의 과오에 대하여」를「조선일보」에 발표.
	9. 5	평론「푸로 작가의 동향 - 小부르적 망동을 경계함」을「조선일보」에 발표.
	9. 6	평론「창작의 기술문제 - 이기영의〈鼠火〉를 중심으로」를「조선일보」에 발표.
	9. 7	평론「최근 문단의 일별 - 문인들의 활동상태」를「조선일보」에 발표.
	9. 30	평론「최근의 푸로 시단 - 권환의 시편들」을「조선일보」에 발표.
	10. 4	평론「권환의 시편들」을「조선일보」에 발표.
	10. 5	박용만의 희곡「신숙주와 그의 부인」평을「조선일보」에 발표.
	10. 6	단편「손잡는 무리」평을「조선일보」에 발표.
	12.10~14	평론「이기영, 권환, 송영 3씨의 공저『농민소설집』:농민문제에 관련하여」를「조선일보」에 연재.

1934. 1. 13~14		평론「객랍 서거한 로서아 문호 루나찰스키의 추억」을 「동아일보」에 연재.
	2.~12.	카프 2차 검거사건 발생. 이기영, 박영희, 백철 등 60여 카프 맹원 검거.
	3. 13~15	평론「조선에 있어서의 자유주의 사상」을 「조선중앙일보」에 연재.
	3.19	차녀 革緖 출생.
	6.	평론「문학유산의 계승과 창조적 활동에 대하여」를 『문학창조』6월호에 발표.
	6. 5~9	평론「문예와 정치 - 정치의 우월성 문제」를 「동아일보」에 연재.
	7. 14~31	평론「조선에 있어서의 자유주의 사상」을 「조선중앙일보」에 연재.
	9. 11~13	평론「문예시평 - 창작에 대하여」를 「조선일보」에 연재.
	11.	「문단시평」을 『신인문학』11월호에 발표.
	11. 3~4	「문예시평」을 「조선일보」에 연재.
1934.		카프 수원지부 해산.
1935. 2.		평론「문예시평 - '문학의 현계단', '구인회란 무엇인가', '문학의 당파성', '문학단체 조직에 대한 문제'」를 「조선중앙일보」에 발표.
	3.	평론「조선문단의 회고와 비판」을 『신인문학』3월호에 발표.
	3.11~30	평론「사실주의 소론 - 신창작 방법의 음미를 위하여」를 「조선중앙일보」에 연재.
	4.	카프 수원지부장으로서 카프 해소의 과정과 고뇌, 그리고 반제, 반일운동 조직의 뼈아픈 분파주의를 그린 소설「풍진」을 『신인문학』4~6월호에 3회 연재.
	4.	평론「2월 창작평」과「김동인씨의 난평을 박함」을 『조선문단』4월호에 발표.
	5.	평론「중국 여류작가 정령에 대하여」를『조선문단』23호에 발표.

5. 21		김남천, 임화, 김팔봉의 협의 하에 김남천이 카프해산계를 제출함으로써 카프는 해산됨. 어려운 정세 속에서도 카프는 일본의 나프(NAPE)보다 오래 활동함.
6.		평론「조선문학의 재건설 - 상반기 창작 및 평론의 비판과 일반 문학문제에 관한 詩究」를『신동아』6월호에 발표.
8.		평론「예술동맹 해산에 제하여」를『신조선』8월호에 발표.
8.		소설「그 여인」을『신인문학』8월호에 발표.
8.		시론「고 이관용 박사를 추억함」을『신조선』8월호에 발표.
9. 8~11		시론「문화옹호 국제작가회의 경과 - 빠르뷰스의 부음을 듣고」를「조선중앙일보」에 기고.
9. 16		장남 平緒 출생(1936. 1. 31 사망).
10.		평론「문예시평 - '마음의 기사'여 눈초리를 돌려라」를『신인문학』10월호에 발표.
10.		소설「색등 밑에서」를『신인문학』10월호에 발표.
10. 13~16		평론「이북명씨의〈초진〉에 대하여」를「조선중앙일보」에 연재.
11. 2~8		평론「문예사평 - 전환기의 문학」을「조선중앙일보」에 연재.
12. 14~22		평론「창작방법의 확립을 위하여」를「조선중앙일보」에 연재.
12.		평론「문예시감」을『신조선』12월호에 발표.
12.		소설「화초」를『신조선』12월호에 발표.
1935.		소설「평범한 이야기」발표.(게재지 미상)
1936. 1.		소설「풍경」을『신조선』1월호에 발표.
1.		소설「추야장」을『신인문학』1월호에 발표.
2. 25~3.1		평론「1936년을 맞은 각국 문단 개황고」를「조선중앙일보」에 연재.
3.		「문학의 일보전진 - 신년의 전망」을『비판』3월호에 발표.
3.		소설「백골」을『비판』3월호에 발표.
4. 9~10		평론「노동자에 서는 작가」를「조선중앙일보」에 연재.
6. 3~7		「창작방법론고」를「조선중앙일보」에 연재.
1937. 2.		시론「문화옹호 국제대회 - 런던대회의 점묘」를『비판』2월호에

		발표.
	2.	평론「오늘의 문학의 길 - 어떤 것이 본류이냐」를 『비판』2월호에 발표.
	3.	평론「퇴영과 저조난류 - 신춘 창작평」을 『풍림』3호에 발표.
	3.	첫 문학평론집이 되었을 『시대와 문학』을 비판사에서 발간 예정으로 조판까지 마쳤으나 검열로 취소(1938년 6월에 발간한 기행수상집 『다여집』에 기술).
	5. 6	차남 大緖 출생.
	5.	평론「그의 인간사상과 작품 문단에 대하여 - 이기영 검토」를 『풍림』6호에 발표.
	7. 7	중·일전쟁 발발.
	7. 11~13	평론「문필가의 당면한 부분적 임무」를 「조선중앙일보」에 3회 연재.
1938.	6.	박승극의 첫 기행수상집인 『다여집』발간.
	8.	서울 명동 모 다방에서 『다여집』 출판기념회 개회(金時中 증언).
	9.	시인 朴和 「조선일보」에 『다여집』서평 기고.
	11.	시론「지성옹호문제 사견」을 『비판』11월호에 발표.
1939.	1.	평론「동아일보 신인문학 콩쿨에 대하여」를 『조선문학』1월호에 발표.
	4.	1930년대 말 일제의 강압적 전시체제 하에서 일제에 기생한 지방 토호들이 농민 대중들을 착취하는 이야기를 묘사함으로써 농민문학의 한 전형을 제시한 중편소설「술」을 『비판』4월호에 발표.
	5.	평론「문예시평 - 장편소설 〈길〉」을 『조선문학』5월호에 발표.
	6.	평론「상반기 창작계를 총결산하면서 - 병아리떼를 보는 것과 같다」를 『비판』110호 6월호에 발표.
	7.	평론「저작 수난기」를 『비판』111호 7월호에 발표.

	10.	소설 「눈」을 『신세기』 10월호에 발표.
	11. 23	삼녀 貞緖 출생(1948. 10. 28 사망).
1940. 1.		평론 「생산적인 문학」을 『조광』 1월호에 발표.
	2. 24	평론 「농민문학의 옹호 - 시정적인 것의 반성」을 「동아일보」에 발표.
	2. 25	평론 「농민문학의 옹호 - 사이비 농민문학을 논함」을 「동아일보」에 발표.
	2. 27	평론 「농민문학의 옹호 - 흙의 구성원과 함께」를 「동아일보」에 발표.
	2. 28	평론 「농민문학의 옹호 - 농민문학의 길」을 「동아일보」에 발표.
	9. 19	평론 「문학시감 - 예술은 길고」를 「매일신보」에 발표.
	9. 20	평론 「문학시감 - 문단 분위기」를 「매일신보」에 발표.
	9. 23	평론 「문학시감 - 비평시비론」을 「매일신보」에 발표.
	12. 17~24	평론 「생산문학의 전망 - 새로운 주제의 방향」을 「매일신보」에 연재.
1942. 1. 20		사녀 信子 출생(1944. 10. 6 사망).
1944. 5. 25		오녀 順緖 출생(6·25전쟁시 사망 추정).
1945. 8. 15		일제 패망. 조국 해방. 이후 수원군 인민위원회 위원장 추대.
	8. 16	조선문학건설본부 참여.
	9. 17	조선프롤레타리아문학동맹 결성대회 참가.
	11. 8	군정포고령 위반으로 체포. 해방 이후 구속 문인 1호. 박승극 구속으로 여운형과 이강국 등 수원에 급히 내려옴.
	12. 23	수원군인민위원대표대회 개최. 미군정 요인도 참석. 1,200여 인민 참석하여 성황리에 '군정협력의 건' 등 상정 처리.
	12. 28	모스크바 삼상회담 신탁통치 결의안 채택.
	12.	1931년 '동척'에 반대하여 수원·평택지방에서 발생한 수진적색농조사건의 전개과정을 통하여 선진 농민들과 주의자들의 희망찬 내일을 가늠해 보는 소설 「항간사」를

		『신인문학』12월호에 발표.
	12.	수필「상투와 꽃과 인민위원회와」를『예술운동』창간호인 12월호에 발표.
1946. 1.		수원인민위원회 주최 찬탁대회 개최(수원극장).
	2.	수필「그날 밤」을『우리문학』창간호 2월호에 발표.
	2. 8~9	조선문학가동맹 창립대회 중앙상무위원으로 선임.
	2. 17	민전 경기도지부 결성 준비위원회 조직.
	3. 1	서울 민전 주최 3·1절 기념대회 개최. 수원에서 1백여 명, 양감에서 20여 명 상경 참여.
	3.	수필「감방의 기록」을『인민』3월호에 발표.
	3.	시「옛정」등 30여 편을『인민』등에 발표.
	8.	평론「전쟁과 문학」을『학생월보』8월호에 발표.
	10.	대구인민항쟁 발발.
	11.	소설「떡」을『문학』11월호에 발표.
	12.	남조선노동당 수원군당 개편대회 개최(위원장 박승극, 총무부장 김시중, 조직부장 고종규).
	12.	해방공간의 혼란스러운 시점에서 이데올로기의 갈등과 인간의 낭만적 사랑을 제시한 소설「사랑」발표(47년 7월에 발간된, 조선문학가동맹 농민부위원회가 편찬한 작품집 『토지』에 수록).
1947. 1.		평론「농민문학의 신과업」을『협동』1월호에 발표.
	2. 15	민족주의민주전선 창립대회 때 경기도 대표로 조봉암 등과 함께 참여. 민전 중앙위원, 민전 경기도 사무차장 및 선전부장 역임.
	4.	해방 직후 아직도 득세하고 있는 친일파들과 계속 투쟁해야 하는 주의자들의 고난에 찬 발자국이 성성한 소설「길」을『문학평론』3호에 발표.
	6.	소설「별도 성내다」를『신조선』5호에 발표.
1948. 8.		이 시기에 가족과 함께 입북 추정. 아우 朴勝禹도 함께 입북.

	8. 15	대한민국 정부 수립
	8. 25	해주 남조선인민대표자대회에 임화, 김남천, 송영 등과 함께 참석.
	9. 9	조선민주주의인민공화국 수립.
	10.1~11.6	소설「밥」이「남선경제신문」에 연재됨.
1949. 8.		조선민주주의인민공화국 최고인민회의 대의원 피선.
	10.	문화선전성 문학예술부장.
	10.	문화선전성 기관지『선전자』편집인으로 활동.
	10.	시론「문학예술 공작원에게」를『선전자』10월 창간호에 기고.
	11.	평론「선전자로소의 문학예술의 분야 - 조국의 평화통일을 위한 투쟁에 있어서」를『선전자』11월호에 발표.
1950. 6. 25		6·25전쟁 발발. 전쟁시 수원군인민위원장으로 활동.
	6. 28	서울 인민군 입성. 아우 朴承浩, 오랜 동지 장주문, 정방훈, 정모씨 등 보도연맹 관련자 4명 예비검속 후 양감면 야산에서 피살.
1950		이후 국립출판사 사장 역임.
1953. 7. 27		휴전협정 조인.
1954. 4. 3		향리 정문리에서 어머니 李仁緖 사망.
1956. 7.		소설「제 2작업반장」을『조선문학』7월호에 발표.
1957. 12.		소설「어느 젊은 부부의 이야기」를『조선문학』12월호에 발표.
1958. 8. 10		『현대조선문학전집』(조선작가동맹출판사)에 소설「술」,「평범한 이야기」,「어느 비오는 날의 이야기」와 평론 등 수록.
1960년대		청진의과대학교 노동당 책임자로 있으면서 창작활동에 전념(비전향 장기수였던 최남규[당시 청진의대 교수] 증언). 4. 19 4월혁명.
1962. 12.		소설「어머니의 품」을『조선문학』12월호에 발표.
1963. 9.		소설「크나큰 길」을『조선문학』9월호에 발표.
1964. 9.		소설「보리고개」를『조선문학』9월호에 발표.
1970. 10.		소설「밤하늘의 별들」을『조선문학』10월호에 발표.

1970년대 초	개성시당 고위 책임자로 복무. 북한의 가족으로는 부인 孔太玉과 赤緖, 革緖, 大緖가 있음.
1980. 7. 5	향리 정문리에서 아버지 朴興陽 사망.
1988. 5. 25	『한국근대단편소설대계』(35책, 태학사)에 소설 「길」 수록.
9. 1	『해방공간의 문학』(돌베개)에 소설 「길」 수록.
1992. 3.	정영진이 평론 「'정치문인' 박승극의 궤적」을 『현대문학』 3월호에 발표.
2000. 6.	조남현이 평론 「박승극의 실천·비평·소설」을 『한국문화』 25호에 발표(서울대 한국문화연구소 발간).
2001. 5. 1	『박승극문학전집』 전 3권 중 제1권(소설) 발간(학민사).
2005. 7.	6·25공동선언실천을 위한 남북작가대회에서 북쪽의 김철(1933-2009) 시인으로부터 방승주선생의 1980년대 근황을 전해들음.
2011. 12. 10	『박승극문학전집』 전 3권 중 제2권(수필) 발간(학민사).

박승극문학전집 · 1  소설

1929년 「농민」으로부터 1946년 「떡」에 이르기까지 일제의 한국 농촌 수탈과 소작 농민의 저항을 그린 농민소설, '주의자' 소설 17편 수록

목 차

- 술 • 평범한 이야기
- 사랑 • 풍진
- 농민 • 재출발
- 그 여인
- 색등 밑에서
- 항간사(巷間事)
- 화초 • 추야장
- 풍경 • 백골
- 어느 비오는 날의 이야기
- 떡 • 길
- 밥

이 땅의 문학인들에게 해방은 분단의 대단원을 알리는 아픈 단초에 다름아니었다. 그리하여 반세기를 넘어서도 치유되지 못하고 있는 민족의 분열은 문학을 포함한 예술분야에 자폐적 불구상황을 초래하여 곳곳에 거대한 진공지대를 만들어 놓았다.

그리고 그 진공지대에 박승극의 문학 또한 오랜 세월의 푸른 이끼를 쓴 채 폐사지처럼 아프게 누워 있는 것이다.

해방 전후 가파른 민족문학전선에서 탁월한 리얼리스트로서 민족모순의 정곡을 찌르는 예리한 필봉으로 문학평론을 펼쳤던 박승극 선생은 그렇게 돌보지 않은 채 철저히 유폐되어 있었던 것이다.

이제 우리의 가슴과 시각 속에서 망망히 잊혀져 버린 박승극 선생의 문학을 복원한다. ─서문중에서